Miltiadis O

Klima-Kommunismus

Gleichheit in Zeiten der Erderwärmung

UNRAST

Bibliografische Information der Deutschen Bibliothek
Die Deutsche Bibliothek verzeichnet diese Publikation in der Deutschen Nationalbibliografie; detaillierte bibliografische Daten sind im Internet über https://www.dnb.de abrufbar.

Miltiadis Oulios
Klima-Kommunismus
Gleichheit in Zeiten der Erderwärmung
1. Auflage, März 2024
ISBN 978-3-89771-384-0

www.unrast-verlag.de – kontakt@unrast-verlag.de
Mitglied in der assoziation Linker Verlage (aLiVe)

Umschlag: Marvin Feldmann, Münster
Satz: Andreas Hollender, Köln
Druck: Multiprint, Kostinbrod

Inhalt

Warum Kommunismus?

Klima-Sünder sind keine Arschlöcher. Die meisten Menschen, die mich kennen, halten mich für einen korrekten Typen. Das war nicht immer so. Es gab Zeiten, da habe ich zwei Döner am Tag verputzt und bin zwei Mal im Jahr nach Griechenland geflogen. Ich war jung und brauchte dafür kaum Geld. Ja, ich war eine Klimasau. Heutzutage mache ich so etwas nicht mehr. Ich gehöre zu den Menschen, die sich ein leidlich funktionierendes Klimagewissen antrainiert haben. Sie auch? Dann gehören wir beide zu einer größer werdenden Minderheit. Denn, machen wir uns nichts vor, die Mehrheit tickt anders.

Einer meiner Freunde zum Beispiel fährt seinen Sohn mit dem Auto zum Taekwondo-Training in die Innenstadt. Luftlinie 800 Meter. Mit dem Rad ginge das schneller. Mein Freund ist ein humorvoller und gebildeter Mensch, aber mitnichten bereit, irgendetwas an seinem Verhalten zu ändern. Weniger Autofahren? Oder gar weniger Fleisch essen? Der Zukunft seiner Kinder zuliebe? So einen Vorschlag quittiert er mit lautem Gelächter. Ich habe eine Freundin, die eine echte Partyqueen ist. Eine herzensgute junge Frau, aber Klimaschutz ist mit ihr nicht zu machen. Drei bis vier Mal im Jahr fliegt sie gutgelaunt mit dem Billigflieger ans Mittelmeer. Zum Abfeiern.

Die meisten Menschen sind wie die beiden. Sie kümmern sich nicht ernsthaft darum, wie wir den Klimawandel aufhalten können. Sie kümmern sich nicht darum, wie wir auch in Zukunft auf diesem Planeten unter akzeptablen Bedingungen leben können. Sie kümmern sich um ihre Familie, ihre Freunde, ihre Arbeit, ihre Hobbys – nicht um das 1,5-Grad-Ziel. Sie registrieren die Meldungen über zunehmende Extremwetter und Naturkatastrophen. Ja, sie machen sich durchaus Sorgen, aber das war es dann auch. Freiwillig ihren Lebensstil zu verändern, ist für sie keine Option. Und jetzt sind Sie an der Reihe. In den folgenden Zeilen haben Sie Platz einzutragen, welche klimaschädlichen Verhaltensweisen Sie persönlich bisher nicht grundlegend geändert haben und auch nicht freiwillig ändern werden. Sozusagen als kleinen Reminder für die Zukunft. Seien Sie ehrlich. Los geht's.

Rufen wir uns an dieser Stelle noch einmal in Erinnerung, um was es geht. Was auf dem Spiel steht. Die Schlechte-Laune-News müssen leider schon am Anfang dieses Buches kommen: Nie dagewesene Waldbrände in Sibirien, der Outback Australiens in Flammen, Hitze-Rekorde in Kanada, ein Drittel Pakistans unter Wasser, Dürren in Frankreich, Spanien, Italien, die Ahrtalflut in Deutschland, Extremregen und Überschwemmungen mit Hunderten Toten im Nigerdelta in Westafrika, Hurrikane wie Harvey in den USA, Dürren in Ostafrika und der Sahelzone, nie dagewesene Überschwemmungen nach Unwettern in Libyen, Griechenland und anderen Regionen. Lassen wir lieber das Aufzählen. Viele Naturkatastrophen der vergangenen Jahre, die im Zusammenhang mit dem Klimawandel stehen, haben wir schon längst wieder aus unserem Gedächtnis gelöscht. Ein Blick in die Nachrichten genügt, um die Liste fortzuführen.

Dass dieser Zusammenhang besteht, steht in den meisten Fällen außer Frage. Darauf weist die Wissenschaftlerin Friederike Otto hin, die sich mit ihrem Team darauf spezialisiert hat, den Zusammenhang von Klimawandel und der steigenden Anzahl von Naturkatastrophen anhand großangelegter Datenanalysen zu beweisen. Zwar ist »nicht immer [...]

der Klimawandel der Schuldige«[1], wenn Wetterereignisse immense Schäden an Mensch und Natur anrichten, in den meisten Fällen aber doch – so das Ergebnis der zahlreichen Attributionsstudien.[2] Und auch dort, wo falsche politische Entscheidungen, kriegerische Konflikte oder mangelnde Vorsorge die Ursache sind – etwa bei den jährlich verheerenderen Waldbränden in Griechenland oder den Hungerkrisen in Regionen Ostafrikas – kann uns dies nicht beruhigen. Denn der Klimawandel verschärft solche Probleme zusätzlich.

Nachdem infolge des heißesten Sommers seit Beginn der Wetteraufzeichnungen im September 2023 eine Extremregenfront über das Mittelmeer gezogen war, ging die libysche Hafenstadt Derna in den Fluten unter. Auch, weil Staudämme in dem Land, in dem faktisch Bürgerkrieg herrscht, nicht ausreichend gewartet wurden und den Wassermassen nicht Stand hielten. Laut den Vereinten Nationen kamen durch die Überschwemmungen mehr als 10.000 Menschen ums Leben. Libyen ist ein Beispiel dafür, welchen Schaden Extremwetterereignisse, die zum Normalzustand zu werden drohen, in Regionen anrichten, die schon mit vielen anderen Problemen zu kämpfen haben, betont die Hilfsorganisation *International Rescue Committee*:

> »Von Klimawandel und Konflikten betroffene Gemeinden werden bei den globalen Klimaschutzbemühungen oft ausgeschlossen. Sie erhalten einen unverhältnismäßig geringen Anteil an Finanzmitteln und die Bereitstellung von Maßnahmen ist abhängig von Regierungen und formellen Institutionen, die in Konfliktgebieten oft nicht vorhanden sind.«[3]

---

1 Friederike Otto, Wütendes Wetter, Auf der Suche nach den Schuldigen für Hitzewellen, Hochwasser und Stürme, Ullstein, Berlin 2020, 142.

2 Damit sind Berechnungen gemeint, mit denen Wissenschaftler:innen herausfinden, inwieweit die Häufigkeit oder Stärke von Hitzewellen, Dürren, Starkregen oder Stürmen dem Klimawandel zugerechnet werden können und nicht den üblichen Wetterschwankungen entsprechen. Eine extreme Hitzewelle wie zum Beispiel im Sommer 2017 in Südeuropa würde demnach ohne den Klimawandel alle hundert Jahre vorkommen, so Otto, mit der aktuellen Erderwärmung aber alle zehn Jahre. Bei einer um durchschnittlich 1,5 Grad wärmeren Erde müssten wir alle vier Jahre mit solchen Extremhitzen rechnen, bei plus 2 Grad alle zwei Jahre. Ebd. S. 6, 38. 208.

3 IRC warnt: Überschwemmungen in Libyen sind beispielhaft für direkte Folgen von Klimawandel und Konflikt, Pressemitteilung Tripolis, Libyen, 15. September 2023.

Der Weltklimarat IPCC präsentiert in jedem seiner Berichte nüchtern die zunehmende Wahrscheinlichkeit von Extremwettern und Hurrikanen. Die Erderwärmung, die nach der Industrialisierung im 19. Jahrhundert eingesetzt und seit den 1970er-Jahren rasant zugenommen hat, sei »beispiellos«. So etwas habe es in den vergangenen Jahrtausenden nicht gegeben. »Es ist eindeutig, dass der Einfluss des Menschen die Atmosphäre, den Ozean und die Landflächen erwärmt hat.« Die dafür verantwortliche Zunahme von Treibhausgasen in der Atmosphäre ist »eindeutig durch menschliche Aktivitäten verursacht«. Die Konzentration von Kohlendioxid sei so hoch wie seit zwei Millionen Jahren nicht! Sollte sich dieser Prozess fortsetzen, würden Extremhitzewellen, die einmal in zehn Jahren auftreten, alle zwei Jahre vorkommen. Starkregen würden ebenso wie Dürren doppelt so häufig die Menschheit plagen. Vorausgesetzt, die Erderwärmung wird auf zwei Grad begrenzt.[4]

Bei dem derzeit unzureichenden Klimaschutz, sagt der Weltklimarat allerdings eine Erderwärmung um 2,8 Grad bis zum Ende des Jahrhunderts voraus.[5] Eine Reihe renommierter Klima-Wissenschaftler:innen wirft dem IPCC vor, dass er noch zu sehr die optimistischen Szenarien in den Vordergrund rücke. Aus Angst, sich unbeliebt zu machen und der Panikmache beschuldigt zu werden, stelle er pessimistische Szenarien weniger ins Rampenlicht. Das sei nicht lauter, denn wenn die Emissionen weiter anstiegen wie bisher, steige auch die Wahrscheinlichkeit, dass es zu einem Klimawandel katastrophischen Ausmaßes komme. Mit Massensterben infolge von Wetterextremen, Hungerkatastrophen, Massenflucht und Seuchen sowie einem ›Endgame‹, in dem sich unsere Gesellschaften nicht mehr an die Erderwärmung anpassen können.[6] Es droht mithin das Ende der menschlichen Zivilisation, wie wir sie bisher kannten, zum Ende des Jahrhunderts.

---

4 IPCC, 2021: Zusammenfassung für die politische Entscheidungsfindung, Bern, Februar 2022.

5 IPCC, 2023, Synthesis Report of the IPCC Sixth Assessment Report (AR6)

6 Luke Kemp, Chi Xu, Joanna Depledge, Kristie L. Ebi, Goodwin Gibbins, Timothy A. Kohler, Johan Rockström, Marten Scheffer, Hans Joachim Schellnhuber, Will Steffen and Timothy M. Lenton, Climate Endgame: Exploring catastrophic climate change scenarios, Massachusetts Institute of Technology, Cambridge, in: PNAS March 2022.

Welche Gefahren bei drei Grad Erderwärmung bestehen, illustriert der Klimaforscher Stefan Rahmsdorf an einem plastischen Beispiel. Die wärmeren Temperaturen lassen schon heute die arktischen Eisschilde schmelzen. Ab einem bestimmten Kipppunkt würde sich das vollständige Auftauen nicht mehr aufhalten lassen. Die Folge wäre ein rasanter Anstieg des Meeresspiegels. Dies stelle eine konkrete Bedrohung für mehr als 130 Millionenstädte und rund 200 Atomkraftwerke dar, die heute an den Küsten liegen. Noch Fragen? »Ohne sofortige, entschiedene Klimaschutzmaßnahmen könnten bereits meine Kinder, die derzeit das Gymnasium besuchen, eine 3 Grad wärmere Erde erleben«, konstatiert der Wissenschaftler. »Niemand kann genau sagen, wie die Welt aussehen würde – zu weit wäre sie außerhalb der gesamten Erfahrung der Menschheitsgeschichte.«[7]

Es ist illusorisch zu glauben, dass wir ohne politische Regulierung des klimaschädlichen Massenkonsums auch nur den Hauch einer Chance besäßen, in dem immer kleiner werdenden Zeitfenster, das uns bleibt, das Notwendige zu tun, um die Erderwärmung nicht eskalieren zu lassen.

Es ist also höchste Zeit, konkret zu diskutieren, welche Begrenzungen des individuellen Konsums in Industrie- und Hoch-Emissions-Ländern wie Deutschland notwendig sind. Denn es wird nicht ausreichen, bloß mehr Windräder und Solaranlagen aufzustellen. Doch darüber wird in den öffentlichen Debatten noch viel zu wenig gesprochen. Wenn wir ehrlich sind, wird aber mit jedem verpassten Klimaschutzziel immer deutlicher: eine Regulierung ist der Schlüssel zum Erfolg jeglicher Klimaschutzpolitik. Und darum geht es in diesem Buch.

Wir drücken uns gerne um diese Auseinandersetzung, weil sie an den Grundfesten einer liberalen Gesellschaft zu rütteln scheint. Weil man den Leuten doch nicht vorschreiben könne und dürfe, wie sie zu leben haben. Immer mehr Menschen dämmert aber die Erkenntnis: Je länger wir damit warten, desto heftigere Maßnahmen werden am Ende nötig sein.

Besser wäre es, wir beginnen jetzt damit und finden heraus, wie diese Regulierung demokratisch begründet werden und gelingen könnte. Was würde sie für jeden Einzelnen und jede Einzelne in der praktischen Kon-

7 Stefan Rahmsdorf. Klima und Wetter bei 3 Grad mehr. Eine Erde, wie wir sie nicht kennen (wollen), in: 3 Grad mehr, Klaus Wiegandt (Hrsg.), Bonn, 2022, S. 29.

sequenz bedeuten? Welche Argumente sprechen dafür, welche dagegen und welche möglichen Varianten sind denk- und machbar? Welche politischen Schwierigkeiten müssten dabei bewältigt werden? Und was zum Teufel hat das alles mit Kommunismus zu tun?

Jedem ernst zu nehmenden Vorschlag für die Lösung der Klimakrise wohnt eine kommunistische Erkenntnis inne. Wir wissen, dass wir als Menschheit nur noch eine begrenzte Menge an Kohlendioxid, Methan und anderen Treibhausgasen in die Luft blasen dürfen, wenn wir die Erderwärmung idealerweise auf ein Plus von 1,5 Grad Celsius im Vergleich zum vorindustriellen Zeitalter begrenzen möchten – so wie es die Staatengemeinschaft auf der Pariser Klimakonferenz 2015 beschlossen hat. Dieses Budget wird bezeichnender Weise auf jede Nation und jedes einzelne Individuum heruntergerechnet. Nur wenn wir wirklich akzeptieren, dass jeder Mensch gleich viel wert ist, ergibt es Sinn, jedem Menschen dasselbe Recht auf die verbleibenden CO_2-Emmissionen zuzugestehen. Selbst wenn wir mittlerweile davon ausgehen, dass das 1,5-Grad-Ziel nicht mehr zu schaffen ist, wir aber verhindern möchten, dass die Erderwärmung die 2-Grad-Marke überschreitet, gilt dasselbe. Die Menge an Kohlendioxid und anderen klimaschädlichen Gasen, die wir emittieren dürfen, mag dann größer sein, aber sie bleibt sehr begrenzt.

Ausdruck findet diese Erkenntnis in der Idee des persönlichen Klimakontos, die längst die Fachkreise verlassen hat. Immer mehr Menschen ist sie geläufig. Meist regt sie noch zu belächelten Gedankenexperimenten an, nach dem Motto: ›Wie gut würde ich mit meinem CO_2-Budget auskommen?‹[8] Grob gerechnet verbleiben jedem Menschen auf diesem Planeten jedoch nur noch wenige Tonnen CO_2, die er oder sie pro Jahr emittieren darf, damit wir wirklich klimaneutral werden und die Erderwärmung stoppen können. Basierend auf den Daten des IPCC dürfen nur noch rund 230 Milliarden Tonnen in die Atmosphäre emittiert werden, um das 1,5 Grad-Ziel einzuhalten.[9] Geteilt durch rund acht

8 Alle haben ein Klimakonto? Was dann?, in: Tagesschau.de am 23.03.2023.

9 Siehe: So schnell tickt die CO_2-Uhr, Mercator Research-Institute on Global Commons and Climate Change, online: https://www.mcc-berlin.net/forschung/co2-budget.html (abgerufen Januar 2024) Einer neuen Studie zufolge müssten wir schon 2035 klimaneutral werden, um die durchschnittliche globale Erwärmung auf 1,5 Grad Celsius begrenzen zu können. Siehe hierzu: BR24, Neue Studie: Viel weniger vom CO_2-Budget übrig als gedacht,

Milliarden Menschen, ergeben sich 28,75 Tonnen pro Person. Aufgeteilt auf 17 Jahre, wenn wir im Jahr 2040 klimaneutral sein wollten, blieben etwa 1,7, also weniger als zwei Tonnen CO_2 pro Jahr. Warten wir bis 2050, blieben nur 1,06 Tonnen pro Jahr. Beim 2-Grad-Szenario, das die oben beschriebenen häufigeren Dürren und Überschwemmungen in Kauf nimmt, würden – die ambitionierte Zielmarke 2040 vorausgesetzt – jeder Person rund sieben Tonnen jährlichen Kohlendioxid-Ausstoßes verbleiben. Zum Vergleich: Der durchschnittliche Ausstoß in Deutschland liegt derzeit bei rund elf Tonnen pro Person.

Fällt Ihnen etwas auf? Grundlage solcher Berechnungen ist die Annahme, dass jedes menschliche Wesen bei der Zuteilung von Ressourcen gleich zu behandeln ist. Dass jedem und jeder exakt derselbe Anteil zusteht. Was für eine reizende kommunistische Idee? Wo, bitteschön, funktioniert die Welt denn so? Richtig! Im Kapitalismus eher selten bis nirgends. Der Sozialstaat garantiert zwar ein Existenzminimum. Das heißt aber, er garantiert dem Obdachlosen einen Schlafplatz, keine Millionärsvilla. Nicht einmal das Konzept der Menschenrechte sieht dies vor. Jeder Mensch besitzt zwar dieselbe Würde und jedes menschliche Leben exakt denselben Wert und beides ist durch den Klimawandel bedroht. Aber hinsichtlich der Zuteilung von natürlichen Ressourcen existiert diese Form der radikalen Gleichheit auch im Konzept der Menschenrechte nicht. Für den Klimaschutz aber ergibt genau diese und nur diese Herangehensweise Sinn. Daraus ergeben sich jedoch revolutionäre Konsequenzen.

Wenn wir nur noch ein begrenztes Budget in Bezug auf klimaschädliche Gase besitzen, die wir in den kommenden Jahren ausstoßen dürfen, dann ist es nicht nur logisch und fair, dieses Budget auch in der Praxis auf alle Menschen aufzuteilen – zu gleichen Anteilen für jeden Mann und jede Frau, jedes Kind und jede non-binäre Person, jeden Alten und Jungen, jeden Armen und Reichen, jeden aus dem globalen Süden, Norden, Osten und Westen. Es wäre auch am effektivsten, was den Klimaschutz angeht. Und konsequent zu Ende gedacht, würde das bedeuten, dass wir eine andere Gesellschaft erschaffen müssten. Wie könnte es auch anders

7.11.2023 abrufbar unter: https://www.br.de/nachrichten/wissen/neue-studie-deutlich-weniger-vom-co2-budget-uebrig-als-gedacht,TuYez8W

sein, wenn uns doch die Gesellschaftsform, in der wir heute leben, den Klimawandel eingebrockt hat. Es lohnt sich nicht nur, es ist notwendig, ja nahezu alternativlos, für eine andere Gesellschaft zu kämpfen, wenn wir die Klimakrise überwinden wollen. Das ist es, was wir als kommunistischen Kern der Klimapolitik bezeichnen können.

Wir sollten daher das Kind ruhig beim Namen nennen. Die Klimakrise verhilft der Idee des Kommunismus zu einem unverhofften Comeback. Es ist ein Kommunismus ohne Schlangestehen und ohne Stalin. Einer allerdings, bei dem wir die Atmosphäre unseres Planeten als unser letztes Gemeingut begreifen und die Idee des Klimakontos zu Ende denken. Um sie realisieren zu können, müssen wir eine neue Kultur des Teilens entwickeln. Klima-Kommunistas streiten dabei für eine Klimapolitik, die jene Menschen belohnt, die schon klimafreundlich leben und derzeit zu Recht wütend sind über steigende Energiepreise. Der Klima-Kommunismus wird ein liberaler, demokratischer Kommunismus sein. Keiner, der uns jenseits des Luxuskonsums vorschreibt, wie wir zu leben haben. Sondern einer, bei dem wir die Möglichkeit zu einem freien und nachhaltigen Leben gleichermaßen auf alle Mitglieder der Gesellschaft verteilen.

Viele Akteure, Laien wie Experten, gestehen sich mittlerweile implizit oder explizit ein, dass der Charakter des Kapitalismus wesentliche Ursache des Problems ist und insbesondere seine Wachstumsdynamik eigentlich überwunden werden müsste. Auch wenn die Schlussfolgerungen, wie mit dieser Erkenntnis umzugehen sei, sehr unterschiedlich ausfallen. Die einen glauben, ein klimaneutraler Kapitalismus, der auf einer Kreislaufwirtschaft basiert und den Rohstoff- und Energieverbrauch reduziert, sei inklusive nominellem Wirtschaftswachstum möglich. So wie es die Europäische Kommission im Sinne ihres Green New Deals tut. Andere halten das für Greenwashing und Wunschdenken. Wir müssen uns aber eingestehen, dass wir nicht genau wissen, wie eine funktionierende nichtkapitalistische Wirtschaft aussehen könnte.

Der Klimawandel legt nahe, die Bedeutung des Terminus Kommunismus zu verschieben und ihn auf den Bereich des Konsums anzuwenden. Klima-Kommunismus ist Konsum-Kommunismus. Anders als in der klassischen Kritik am Kapitalismus, die darauf hinwies, dass der gesellschaftliche Reichtum von allen erschaffen und erwirtschaftet wird, aber zum größten Teil von den Besitzenden der Produktionsmittel illegitim angeeignet werde. Das Ziel war damit eine gerechtere, am Prinzip der Gleichheit orientierte Verteilung der Güter, der Einkommen und damit eine allgemeine Angleichung und Anhebung des Lebensstandards.

Die kommunistische Antwort auf die Frage, wie dies zu erreichen sei, setzte auf die Vergesellschaftung der Produktionsmittel, der Fabriken, Betriebe, der landwirtschaftlichen Flächen. Ganz gleich ob sie durch den Staat, durch Räte oder in libertären Kollektiven erreicht werden soll – für die Lösung der Klimakrise ist diese Frage nicht mehr relevant. Denn ein höherer Lebensstandard, also nach bisherigen Maßstäben mehr Warenkonsum, bedeutet eben auch höhere Emissionen. Mal abgesehen davon, dass der Kapitalismus diesen mittlerweile besser hinbekommt, als es die verschiedenen Kommunismen bislang je geschafft haben. Die Frage der Vergesellschaftung bleibt dennoch relevant. Allerdings in Bezug auf die Möglichkeiten, Energie zu verbrauchen, Güter und Dienstleistungen zu konsumieren und damit klimaschädliche Gase auszustoßen, die das Gemeingut, das die Erdatmosphäre darstellt, belasten – mit existenziellen Folgen für alle. Je mehr Zeit wir beim Klimaschutz verlieren, desto energischer müssen wir für eine so verstandene Vergesellschaftung eintreten. Klima-Kommunismus eben.

Wie lässt sich solch ein Klima-Kommunismus im Detail empirisch begründen und – noch schwieriger – praktisch umsetzen? ›System Change, not Climate Change‹ ist der Slogan mit dem viele Klimaschutz-Aktivist:innen längst kokettieren. Er ist auf *Fridays for Future*-Demonstrationen ebenso präsent wie bei den Blockadeaktionen gegen den Braunkohletagebau von *Ende Gelände* bis *Lützi bleibt*. Erstaunlicherweise seltener bei den Klimakleber-Aktionen der *Letzten Generation*. Mit dem System meinen viele Aktivist:innen den Kapitalismus, der aber häufig auf das Profitinteresse großer Konzerne und deren Schutz durch die Politik reduziert wird. Das andere K-Wort – also Kommunismus – als Alternative wird kaum ausgesprochen. In der Wissenschaft und Politik herrscht hingegen ebenso mehrheitlich Konsens darüber, dass zwar massive Veränderungen unserer bisherigen Energie- und Klimaschutzpolitik notwendig sind, was einer Systemveränderung gleichkäme, eine Ablösung des Kapitalismus ist damit aber explizit nicht gemeint. Sie wird weder befürwortet noch dezidiert erforscht.

Dieser Widerspruch ist wiederum bezeichnend für die politische Ökonomie der Klimakrise. Die Effektivität des herrschenden Wirtschaftssystems drückt sich in der tendenziell unendlichen Ausweitung unserer Konsummöglichkeiten aus, die eben jene Erderwärmung hervorruft, die begrenzt und aufgehalten werden muss. Die gesellschaftlichen Kräfte, die von diesem Wirtschaftssystem am meisten profitieren, sind für den größten Anteil der klimaschädlichen Kohlendioxid-Emissionen verantwortlich und besitzen zugleich einen überproportionalen Einfluss auf die politische Entscheidungsfindung.

Hinzu tritt die historische Erfahrung des 20. Jahrhunderts. Der Kapitalismus ist siegreich aus der Systemkonkurrenz mit dem Kommunismus hervorgegangen. Trotz aller Krisen kann er nach wie vor von diesem politischen Kapital zehren. Alternativen zum *System* sind seitdem aus unterschiedlichen Gründen diskreditiert und gelten als kaum diskutabel. Selbstverständlich gibt es unterschiedliche *Kapitalismen*, ebenso wie es unterschiedliche *Kommunismen* gibt. Ich benutze den Begriff des Kommunismus an dieser Stelle bewusst plakativ. Denn es ist nicht einmal notwendig, Marx oder Kropotkin gelesen zu haben, oder dezidiert Kommunist*in zu sein (wie viele Menschen sind das schon heutzutage?), um zu erkennen, dass wir eine gehörige Portion Klima-Kommunismus brauchen, um unser Überleben und das unserer Kinder auf diesem Planeten zu garantieren. Dem Sowjet-Kommunismus kann man eines zugutehalten: Er hat gemerkt, wann es Zeit war, abzutreten. Wer zu spät kommt, den bestraft das Leben, befand Michail Gorbatschow. Diese Erkenntnisfähigkeit ist dem Kapitalismus zu wünschen. Denn die Tatsache, dass sich der Kapitalismus als wirtschaftlich leistungsfähiger erwiesen hat, gibt ihm nicht das Recht, die Zukunft der Menschheit aufs Spiel zu setzen.

Eine neue Kultur des Teilens

»Wir müssen uns wieder bewusst werden,
dass niemand besser oder schlechter ist als wir selbst.
Ich glaube, manchmal vergessen wir,
dass wir alle Menschen sind.«
Leo F. Buscaglia

Die Klimakrise stellt uns vor eine anspruchsvolle Aufgabe. Wir müssen lernen, miteinander zu teilen, und zwar auf eine ganz neue Art und Weise. Die Reichen müssen lernen, unser gemeinsames CO_2-Budget mit den Ärmeren zu teilen. Die Millionäre mit den Obdachlosen, die Besserverdienenden mit den Bürgergeld-Empfänger*innen, die Beamt*innen mit den Menschen, die im Niedriglohnsektor arbeiten. Die obere Mittelschicht muss lernen mit der unteren Mittelschicht zu teilen. Der globale Norden mit dem globalen Süden.

Wir, die Europäer*innen, müssen lernen, mit den Menschen in den Staaten Afrikas zu teilen. Schließlich steht die Europäische Union, noch vor den USA und China, auf Platz Eins der Hauptverantwortlichen für die Erderwärmung seit Beginn der Industrialisierung. Und zu Recht betont die ugandische Klimaaktivistin Vanessa Nakate, dass Afrika lediglich für zwei bis drei Prozent der weltweiten CO_2-Emissiionen verantwortlich ist.

> »Trotzdem muss Afrika laut der Afrikanischen Entwicklungsbank beinahe die Hälfte der Kosten der Anpassung an die Konsequenzen des Klimawandels schultern. Sieben der zehn Länder, die am anfälligsten für die gravierendsten Auswirkungen der Klimakrise sind, befinden sich in Afrika: der Südsudan, Nigeria, Äthiopien, Eritrea, Tschad, Sierra Leone und die Zentralafrikanische Republik.«[10]

10 Vanessa Nakate, Unser Haus steht längst in Flammen. Warum Afrikas Stimme in der Klimakrise gehört werden muss, Hamburg, 2021, S. 11.

Die Menschen in den globalen Reichtumszonen, gleich ob im Norden, Süden, Osten oder Westen, müssen lernen, mit jenen Menschen zu teilen, die in ärmeren Regionen leben. Die Bewohner:innen des Londoner Reichen-Stadtteils Kensington mit den Menschen in den ärmeren ländlichen Regionen Bulgariens, die aus Berlin-Mitte mit denen aus Duisburg-Marxloh, Beverly Hills mit Nepal, die reichen Qataris mit den Menschen in Gaza. Sie merken schon: Das wird keine leichte Aufgabe.

Wollen wir das Klima und damit uns wirklich retten? Dann sollten wir dafür eine neue Kultur des Teilens entwickeln. Der erste Schritt in diese Richtung besteht darin, es auszusprechen, dafür zu werben, auch darüber zu streiten und die Entwicklung einer solchen Kultur des Teilens in den Mittelpunkt unserer politischen Auseinandersetzung zu stellen.

Sagt der Paketbote zur Rechtsanwältin: »Hör bitte auf, mein CO_2-Budget aufzubrauchen.« »Aber«, setzt die Anwältin an. »Nein, kein Aber«, unterbricht sie der Niedriglohn-Arbeiter höflich aber bestimmt, »lass es einfach sein.« »Das geht nicht«, entgegnet der Manager in einer ähnlichen Unterhaltung mit einer Altenpflegerin. »Es muss aber gehen«, bleibt die Pflegekraft standhaft. »Hast Du mich überhaupt gefragt, ob ich Dir meinen Anteil an unserem gemeinsamen CO_2-Budget zur Verfügung stellen möchte? Warum sollte ich das tun? Komm bitte mit Deinem eigenen Anteil aus!« Mag sein, dass es einige Privilegierte gibt, die sich in so einer Situation verständig zeigen würden. Die meisten lassen diese Einsicht noch vermissen. Wir werden sie daher politisch dazu zwingen müssen.

Können wir den Gedanken der radikalen Gleichheit, der einer solchen Kultur des Teilens zugrunde liegt, als notwendige Grundlage effektiven Klimaschutzes akzeptieren? Anders ist die Aufgabe nicht mehr zu meistern. Wenn jeder und jede exakt denselben Anteil an dem verbleibenden CO_2-Bugdet der Menschheit nicht nur in der Theorie, sondern auch in der Praxis, im echten Leben, erhalten soll, steht das natürlich im Widerspruch zu einer Weltgesellschaft, die von Ungleichheit geprägt ist, in der es Arme und Reiche gibt, Menschen, die wenig, und solche, die viel konsumieren, die kleine oder große Mengen an Treibhausgasen verursachen. Klima-Kommunismus bedeutet daher, sich dafür einzusetzen, dass dieses radikale Ziel auch erreicht wird. Wir wollen die Möglichkeiten zum CO_2-Ausstoß, so schnell es geht, demokratisch und gerecht aufteilen, bis eine klimaneutrale Wirtschaft möglich ist.

Der Imperativ zum Teilen ergibt sich dabei zunächst aus der banalen Tatsache, dass die Erdatmosphäre ein Gemeingut ist.[11] Mag sein, dass sich Erdöl- und Erdgasfelder, Kohlegruben, Waldgebiete und Weideflächen auf den Territorien von Staaten befinden und damit in den Besitz unterschiedlicher Eigentümer gelangen können. Die Luft aber lässt sich nicht einzäunen. Sie ist beweglich. Sie gehört niemandem und damit allen. Staaten erheben zwar Anspruch auf ihren Luft-Raum. Die Atmosphäre dieses Planeten an sich aber können wir uns nur teilen.

Dass jedem und jeder von uns daran derselbe Anteil zusteht, vergegenwärtigen wir uns bei jedem Atemzug. Jeder Mensch benötigt etwa dieselbe Menge an Sauerstoff zum Atmen, um am Leben zu bleiben. Übertragen gilt das auch für das Erdklima. Für jeden Menschen gelten dieselben klimatischen Bedingungen, dasselbe Temperaturfenster in der Atmosphäre als ideale oder zumindest ausreichende Voraussetzung für menschliches Leben und Zivilisation auf diesem Planeten.

Was aber wird nun aus dem liberalen Leistungsprinzip, das unsere Gesellschaften durchzieht? Nun, es gibt kein Leistungsprinzip, aus dem sich ableiten ließe, dass bestimmte Menschen mehr als andere die Konzentration von Kohlendioxid, Methan, Lachgas etc. in unserer Atmosphäre verändern und damit die Lebensbedingungen der gesamten Menschheit negativ beeinflussen dürfen. Es gibt keine Leistung, aus der das Recht zur Gefährdung anderer erwächst.

Ein Grundpfeiler kapitalistischer Gesellschaften gerät durch die Erderwärmung in eine existenzielle Legitimationskrise. Gemeinhin begründen wir die unterschiedlichen Möglichkeiten, den eigenen Lebensstandard zu gestalten, mit dem Verweis auf die unterschiedliche Leistungsfähigkeit von Individuen und Gesellschaften. Wer mehr leistet, kann sich eben mehr leisten als andere. Es gibt allerdings keine Leistung, die Indivi-

---

11 In diesem Sinne wiesen schon vor einem Jahrzehnt deutsche Klimaforscher darauf hin, dass die auf Verbrennung von Kohle, Öl und Gas basierende kapitalistische Entwicklung »die Atmosphäre als kostenlose Deponie für das Abfallprodukt CO_2« nutzte. »Die Erdatmosphäre ist insofern ein globales Gemeingut, als sie eine Senke für CO_2 und andere Treibhausgase ist. Derzeit wird sie wie ein Niemandsland benutzt, das heißt: Sie steht unbeschränkt jedem kostenlos zur Verfügung.« Ottmar Edenhofer, Christian Flachsland und Bernhard Lorentz, Die Atmosphäre als globales Gemeingut, in: Silke Helfrich und Heinrich-Böll-Stiftung, Commons – für eine neue Politik jenseits von Markt und Staat, Bielefeld 2012, S. 473 ff.

duen oder soziale Gruppen zur Zerstörung unserer Lebensgrundlage berechtigen würde. Welche Leistung sollte das sein? Das Recht auf klimaschädliche Emissionen lässt sich nicht meritokratisch begründen. Die Klimakrise ist gleichmacherisch.

Für die Entwicklung einer neuen Kultur des Teilens, ist diese Erkenntnis zentral: Die klassische liberale Legitimierung sozialer Ungleichheit greift nicht mehr. Mag sein, dass jemand, der fleißiger oder erfindungsreicher ist als seine Mitmenschen, dadurch mehr Geld verdienen kann und somit das Recht erwirbt, in einem größeren Haus zu wohnen, mehr Autos zu besitzen, häufiger zu verreisen etc. Ausbeutung und die gewaltsame Aneignung von Ressourcen spielen in Wirklichkeit dabei eine gewichtige Rolle. Aber lassen wir diese Aspekte an dieser Stelle einmal außen vor. Die Leistungsfähigkeit eines Menschen, einer Gruppe, einer Nation mag Wohlstand bedingen, sie berechtigt aber nicht zu einem größeren Anteil am Gemeingut der Erdatmosphäre und zur Veränderung ihrer chemischen Zusammensetzung. Und erst recht nicht zur Gefährdung der Zukunft der Menschheit.

Auch dem Tüchtigen steht nur exakt derselbe Anteil zu wie seinem weniger tüchtigen Mitmenschen. Letzterer hat übrigens auch weniger zum Klimawandel beigetragen.

Warum sollte ich, nur weil ich gut schreiben und mit sonorer Stimme im Radio sprechen kann, deswegen das Recht besitzen, den Planeten für unsere Kinder unbewohnbar zu machen? Warum sollte eine Rechtsanwältin, nur weil sie Jura studiert hat und beredt Straftäter oder Opfer von Straftaten vor Gericht zu verteidigen weiß, den Klimawandel beschleunigen dürfen? Warum sollten Manager, nur weil sie BWL studiert haben und geschickt Betriebe leiten können, das Recht besitzen, häufigere Hurrikane, Waldbrände, Überschwemmungen, Dürren, Ernteausfälle und Hitzetote zu verursachen?

Es wäre ein sinnloses Unterfangen, würden ein Manager, eine Rechtsanwältin, ein Journalist oder andere in ähnlicher Position versuchen, ihr Recht auf Klimazerstörung durch den Verweis auf ihre beruflichen Leistungen zu begründen. Im Gespräch von Angesicht zu Angesicht, von Mensch zu Mensch, würde ein solcher Erklärungsversuch bestenfalls lächerlich, schlimmstenfalls zynisch wirken. Selbstverständlich gibt es auch Menschen der ›Nach mir die Sintflut‹-Fraktion, denen das alles egal ist.

Wer die Maske fallen lässt und seine Rücksichtslosigkeit zur Schau trägt, verwirkt damit aber den moralischen Anspruch, politische Rücksichtnahme auf seine Sonderinteressen einfordern zu können.

Die große politische Aufgabe der kommenden Jahre wird daher darin bestehen, durchzusetzen, dass jeder und jede von uns nur noch denselben Anteil an fossiler Energie verbrauchen darf, und zwar jenen, der garantiert, dass wir die Klimaziele erreichen können. Das gilt für alle Lebensbereiche, denn alle sind relevant für den Klimaschutz. Aber selbstverständlich gibt es Unterschiede: TV-Serien zu streamen, ist z.B. nicht so schlimm, wie mit dem Flugzeug zu verreisen. Aber das Prinzip ist klar: Alle müssen sich das verbleibende CO_2-Budget bis zur Klimaneutralität teilen. Alle werden sich bis dahin und auch in einer hoffentlich zukünftigen Null-Emissions-Wirtschaft ab der Mitte des Jahrhunderts die erneuerbare Energie teilen müssen und zwar zu je gleichen Anteilen. Gleiches Recht für alle – ob arm oder reich – ist Klima-Kommunismus, sehr richtig. Und das ist gut so.

Die Klimakrise bietet im Umkehrschluss weniger privilegierten Menschen die Möglichkeit zur Emanzipation. Das gerät bei all dem Geschimpfe über steigende Heiz- und Stromkosten bislang sträflich aus dem Blick. Wer wird sich noch als Normal- oder Geringverdiener:in über eine aufgeblasene Nebenkosten-Abrechnung aufregen, wenn es heißt: Zahltag, die Besserverdienenden müssen uns dafür bezahlen, wenn sie auch nur einen Bruchteil ihres luxuriösen Lebensstils aufrechterhalten möchten. Sie müssen dann Niedrig- oder Normalverdiener finden, die bereit sind, ihnen einen Teil ihres CO_2-Budgets zu verkaufen.

Klima-Kommunismus ist ein nützliches Werkzeug. Nicht nur, um effektiven Klimaschutz, sondern auch, um mehr soziale Gleichheit zu ermöglichen. Noch sind insbesondere viele Menschen aus der unteren Einkommenshälfte eher skeptisch, wenn es um Klimaschutz geht. Kein Wunder, wittern sie doch zu Recht, dass sie die Zeche zahlen, die sie am wenigsten verursacht haben. Klima-Kommunismus beinhaltet die Möglichkeit, diese weitverbreitete Skepsis der – nennen wir sie an dieser Stelle – Arbeiter:innen-Klassen nicht nur zu entkräften, sondern regelrecht umzukehren. Klimaschutz muss nicht zwangsläufig bedeuten, dass von unten nach oben umverteilt wird. Ganz im Gegenteil. Effektiver Klimaschutz bedeutet eine Umverteilung von oben nach unten. Viele

Menschen warten darauf und mögen es gar nicht mehr glauben. Verständlich. Aber veränderbar. Sie gilt es zu gewinnen.

Wie schwer es vielen fällt, diese Konsequenz offen auszusprechen, illustriert der aktuelle Bericht des Sachverständigenrats für Umweltfragen in Deutschland. Die beteiligten Wissenschaftler:innen konstatieren mittlerweile schonungslos:

> »Je stärker gravierende Umweltschäden zutage treten und je mehr die Zeit für deren Beseitigung drängt, desto eher ist es erforderlich, das gesamte Spektrum der möglichen Lösungen zu nutzen. Dies schließt auch Verhaltensänderungen ein, falls diese einen substanziellen Beitrag zur Bewältigung leisten können.«[12]

Obwohl den Expertinnen und Experten klar ist, dass die Politik eingreifen muss, scheuen sie davor zurück, durchgreifende politische Maßnahmen vorzuschlagen. Obwohl sie betonen, dass es zwar unpopulär sei, »das Verhalten von Bürger:innen durch politische Instrumente zu beeinflussen«, die Akzeptanz dafür aber durchaus eine »veränderliche Größe« darstelle, gehen sie in ihren Empfehlungen nicht über die übliche Kombination von Anreizen und Erleichterungen für klimafreundliches Verhalten hinaus. Diese sollen mehr Menschen motivieren, sich klimafreundlich zu verhalten. Das Primat von am Markt orientierten Lösungen wird dabei nicht angetastet.

Im Hinblick auf den Fleischkonsum fällt dem Sachverständigenrat dann auch nicht viel mehr ein, als die Mehrwertsteuer auf Fleisch zu erhöhen und sie auf Obst, Gemüse und Hülsenfrüchte abzuschaffen. Diese Form von Klimaschutz-Politik würde einmal mehr Menschen mit niedrigerem Einkommen belasten, wenn sie Fleisch essen. Finanzielle Entlastungen für diese Gruppe sollen da Abhilfe schaffen. Es steht dabei nur zu befürchten, dass am Ende wieder alles teurer wird, ohne dass der Klimaschutz davon in irgendeiner Weise profitiert. Denn welcher besser Verdienende wird sich dazu bewegen lassen, weniger Fleisch zu essen, nur weil er für das Kotelett 30 Cent mehr bezahlen muss?

---

12 Sachverständigenrat für Umweltfragen, Politik in der Pflicht: Umweltfreundliches Verhalten erleichtern, Mai 2023.

Ein klima-kommunistischer Ansatz erlaubt es, solche Widersprüche zu überwinden. Um wirksam Klimaschutz zu betreiben, können wir die Klassenverhältnisse nicht mehr ignorieren. Im Umkehrschluss bedeutet dies, dass es an der Zeit ist, im Sinne des Klimaschutzes das kommunistische Versprechen einer klassenlosen Gesellschaft zu aktualisieren. Wenn wir von klassenloser Gesellschaft sprechen, meinen wir dies also nicht in einem totalitären Sinne. Noch sind wir so naiv zu glauben, dass alle sozialen Unterschiede verschwinden würden.

Es bedeutet aber, dass wir beim Klimaschutz weder gewillt sind, noch es uns leisten können, weiterhin Klassenunterschiede zu akzeptieren. Klima-Kommunismus bedeutet, dass sich politische Maßnahmen an dieser Einsicht zu orientieren haben. In der öffentlichen Diskussion zum Klimaschutz sollten wir daher mutiger sein. Sprechen wir offen aus, dass wir Zurückhaltung von jenen erwarten, die privilegierter sind als andere Menschen. Wir erwarten ein anderes Mindset. Eine Haltung des Sich-selbst-Zurücknehmens, ja, auch eine Kultur der Liebe und des Zusammenhalts in der Gesellschaft, um diese Aufgabe zu meistern und dabei zugleich Erfüllung zu empfinden. Wir können aber nicht darauf vertrauen, dass das freiwillig geschieht.

Klimaschutz muss sich endlich lohnen

»Diese Welt braucht eine radikale Veränderung
und ich bin bereit, meinen kleinen Beitrag zu leisten
und mich jeden Tag zu erinnern und erinnert zu werden,
dass es noch lange nicht genug ist und erst reicht,
wenn wir nichts unversucht gelassen haben,
die Welt radikal zu verbessern.«
Enissa Amani

Menschen können lernen, mit anderen zu teilen. Das ist allerdings nicht bloß eine Frage der Theorie. Wir lernen durchs Tun. Deswegen kommt es darauf an, praktische Routinen zu etablieren und Erfahrungen mit dem gesellschaftlichen Teilen des CO_2-Budgets zu ermöglichen. Als Kinder haben wir die tägliche Erfahrung gemacht, dass wir das Essen aus dem Kochtopf mit allen teilen, die am Tisch sitzen. Jede:r bekommt etwas auf seinen oder ihren Teller. Das haben wir nicht etwa verinnerlicht, weil unsere Eltern uns einen hochtrabenden Vortrag über das Teilen von Ressourcen gehalten hätten. Sondern vor allem durchs tägliche Tun. Solche Routinen in Bezug auf den Klimaschutz zu etablieren, wäre im Sinne eines Klima-Kommunismus.

Klima-Kommunismus bedeutet, denjenigen Anteil an den Treibhausgas-Emissionen, der mit dem persönlichen Konsum und Verbrauch direkt zu tun hat, mithilfe politischer Maßnahmen zu reduzieren, die über bloße Anreize und Appelle hinausgehen. Wenn wir uns dafür einsetzen, greifen wir Klassenverhältnisse an. Wenn wir auf das Teilen bestehen, bedeutet Klima-Kommunismus auch, dass wir den Klimaschutz nutzen, um mehr gesellschaftliche Gleichheit herzustellen. Klimaschutz kann dadurch mehr sein als eine bloße Verpflichtung – er kann als Werkzeug zur Emanzipation dienen.

Maßnahmen, die dieser Haltung entsprechen, folgen drei Leitgedanken: Erstens orientieren sie sich am Grundsatz ›Gleiches Recht für alle‹ beim Verursachen von klimaschädlichen Abgasen – so lange bis Klimaneutralität möglich ist. Zweitens müssen diejenigen stärker belohnt werden, die sich klimafreundlich verhalten. Bisher ist allzu oft das Gegenteil der Fall. Drittens müssen Leute, die höhere Emissionen verursachen als ihre Mitmenschen, auch dafür bezahlen. Allerdings nicht bloß abstrakt in die Steuertöpfe des Staates, sondern auch im Rahmen einer direkten Umverteilung unter den Bürgerinnen und Bürgern von oben nach unten. Klimaschutz muss mehr gesellschaftliche Gleichheit ermöglichen, statt die Ungleichheit zu vergrößern.

Wir gehen davon aus, dass wir den Ausstoß von Treibhausgasen insgesamt nur noch dann reduzieren können, wenn wir die Möglichkeiten, sich klimaschädlich zu verhalten, in der Gesellschaft nach solch einem Gleichheitsprinzip verteilen. Diese Erkenntnis kommt langsam in der öffentlichen Debatte an. Der Klimaforscher Hans-Joachim Schellnhuber befürwortet zum Beispiel die Pro-Kopf-Begrenzung des CO_2-Budgets. Er spricht dies in der ARD-Reportage *Das Klima und die Reichen* offen aus, wohl wissend, welchen Sprengstoff dieser Vorschlag birgt:

> »Jeder Mensch kriegt drei Tonnen CO_2 pro Jahr, aber wer mehr braucht, muss es sich eben einkaufen. Und ärmere Schichten der Bevölkerung verkaufen einen Teil davon, weil sie es eh nicht so brauchen, und können ein bisschen was dazu verdienen.«[13]

In der deutschen Medienlandschaft versucht die Wirtschaftsjournalistin Ulrike Herrmann das Thema der Konsumbegrenzung für den Klimaschutz zu popularisieren. Sie benutzt dafür den Begriff der Rationierung. In einer Fernsehtalkshow erntet sie vonseiten der Bundesumweltministerin Steffi Lemke zwar Kopfschütteln, die Politikerin kann aber auch keine überzeugendere Alternative jenseits des Prinzips Hoffnung präsentieren.[14] In ihrem Bestseller *Das Ende des Kapitalismus* postuliert Herrmann: »Unsere Lebensweise kann nur dann ökologisch sein, wenn nicht jede jederzeit unbegrenzt konsumiert. (…) Nur Verzicht sichert das

---

13 https://www.ardmediathek.de/video/panorama/das-klima-und-die-reichen/das-erste/Y3JpZDovL25kci5kZS9iMjNlMTMzYS02YzZlLTRmMzEtYTI0ZS1hMmUyOTZkMjI2ZmM

14 https://www.zdf.de/gesellschaft/markus-lanz/markus-lanz-vom-8-september-2022-102.html

Überleben – wie im Krieg.« Sie kokettiert durchaus mit einer Haltung, die manche als Provokation, andere als befreiend empfinden. »Die Deutschen könnten weiterhin in den Urlaub fahren, ihr Smartphone nutzen, Bücher lesen und in Restaurants gehen. Flüge allerdings würde es nicht mehr geben, Autos wären kaum noch unterwegs, und Immobilien müssten rationiert werden.«[15]

Wie eine Reduktion und gerechte Verteilung konkret ausgestaltet werden kann, bleibt noch allzu oft vage und unbestimmt. Umso wichtiger ist es, die Debatte darüber zu führen, was das im Einzelnen bedeutet und welche Details zu beachten wären. Das ist die spannende Frage, deren Beantwortung wir nicht mehr offenlassen sollten. Der Begriff der Rationierung ist insoweit problematisch, als er suggeriert, es müssten alle auf etwas verzichten und mit weniger zurechtkommen. Tatsächlich würden aber viele Menschen etwas dazugewinnen. Klima-Kommunismus ist daher auch eine frohe Botschaft. Er ist längst virulent und wird als möglicher Ausweg aus der Klimakrise immer relevanter.

Flugreisen für alle

»Was soll der verdammte Scheiß?, schreit einer der Jugendlichen auf der Bühne. Das Theaterstück *Ist mein Mikro an?* des kanadischen Dramatikers Jordan Tannahill wird unter offenem Himmel aufgeführt. »Eigentlich sollte nur ein Flug pro Jahr erlaubt sein.« »Auf jeden Fall«, applaudieren Gleichaltrige, »ein Langstreckenfug, nie wieder Kurzstreckenflüge.« »Du kannst doch nicht die Bewegungsfreiheit einschränken«, widerspricht eine Darstellerin, »willst Du einen Polizeistaat? Das ist ein Menschenrecht.« »Das ist ein Privileg und kein Recht.« Es entbrennt ein Streit. »Bewegungsfreiheit ist ein Recht.« – »Aber nicht die Freiheit um die ganze Welt zu fliegen, so oft du willst und wann immer du willst.«

Mit dieser Schlussszene gibt die Truppe um Regisseur Bassam Ghazi dem Publikum des Düsseldorfer Schauspielhauses an diesem Sommerabend reichlich Gesprächsstoff für den Nachhauseweg mit. Wie viele der Theaterbesucher:innen werden wohl ihre nächste Flugreise deswe-

15 Ulrike Herrmann, Das Ende des Kapitalismus. Warum Wachstum und Klimaschutz nicht vereinbar sind – und wie wir in Zukunft leben werden, Köln, 2022, S. 228, 250.

gen storniert haben? Die Idee ist im Gespräch und findet immer mehr Anhänger:innen, hat aber auch Feinde.

Die Zahl der Flugreisen muss reduziert werden. Auch in Deutschland. Das ist zum einen notwendig, weil eine wirkliche Emissionsminderung in diesem Bereich anders nicht zu erreichen ist. Es kristallisiert sich immer mehr heraus, dass die wirksamste Methode darin besteht, das Recht auf Flugreisen zu begrenzen. Die gleichmäßige Verteilung dieses Rechts steht aber auch aus einem anderen Grund ganz oben auf der Liste der Maßnahmen, die dem Gleichheitsprinzip folgend durchgesetzt werden müssen. Als Einzelmaßnahme hätte sie den größten Effekt, wenn es darum geht, mit Klimaschutz mehr Gleichheit in der Gesellschaft zu fördern.

Es ist immer schwieriger zu vermitteln, weshalb sich eine durchschnittliche Familie überhaupt Gedanken zum Klimaschutz machen soll, wenn Besserverdienende mehrmals im Jahr in den Urlaub fliegen. Normale Leute überlegen sich, ob sie ihre jährliche Urlaubsreise mit dem Flugzeug antreten sollen oder nicht, während reiche Personen weiterhin bedenkenlos mit dem Privatjet durch Deutschland düsen oder Geschäftsleute drei, vier, fünf Mal im Jahr in der Luft unterwegs sind. Das Recht aufs Fliegen gerecht aufzuteilen, würde bewirken, dass jene Menschen belohnt werden, die schon jetzt oder eben in Zukunft auf Flugreisen verzichten.

Wie ungleich und damit ungerecht die Fliegerei betrieben wird, illustrieren die Ergebnisse einer repräsentativen Befragung des Fraunhofer-Instituts. 15 Prozent der Befragten gaben an, dass sie noch nie mit einem Flugzeug verreist sind. Auf der anderen Seite der Skala findet sich eine sehr kleine Gruppe von Menschen, die sehr oft in der Luft unterwegs ist. Zwei Prozent antworteten, dass sie mehr als vier Mal in den letzten zwölf Monaten mit dem Flieger auf Geschäftsreise waren. Zwischen sechs und sieben Prozent fliegen vier Mal oder noch häufiger im Jahr in den Urlaub. Die meisten Befragten in dieser Umfrage fanden es wichtig, auf Flugreisen zu verzichten, um den Klimawandel anzugehen. Die Hälfte befürwortete sogar politische Maßnahmen, um den Flugverkehr als Ganzes zu reduzieren, ein Viertel war unentschlossen und nur ein Viertel war dagegen.

Immerhin ein Drittel unterstützte die Forderung: »Jeder Mensch sollte ein ›CO_2-Flugbudget‹ erhalten, welches pro Jahr ausgegeben werden darf und über die Jahre angesammelt werden kann (z.B. pro Jahr

2.000 km Flugdistanz; falls fünf Jahre kein Flug, stehen noch 10.000 km frei).«[16] Nur ein Drittel der Befragten war dagegen und der Rest unentschlossen. Die Befragung wurde kurz vor der Corona-Krise durchgeführt. Das heißt, viele konnten sich noch gar nicht vorstellen, dass es politisch durchaus möglich ist, den Flugverkehr zu drosseln. Und viele hatten die aktuellen Naturkatastrophen, die mit dem menschengemachten Klimawandel zusammenhängen, noch gar nicht erlebt. Je nachdem, wie man solche Maßnahmen gestaltet, könnte es durchaus demokratische Mehrheiten für solch eine Begrenzung geben.

Ein Flugbudget einzuführen, dem bestimmte Flugdistanzen zugrunde liegen, ist jedoch vielleicht nicht die beste Idee. Denn wo sollte man da die Grenze ziehen? In dem genannten Beispiel würden 2.000 Kilometer bedeuten, dass jemand nach Griechenland oder Süditalien fliegen könnte, aber nicht mehr zurück. Wäre das Ziel Ankara, würde das Budget bei einem Flug aus Berlin nicht einmal für die Hinreise ausreichen. Das ist schon deswegen ein Problem, weil viele Einwander:innen in Deutschland aus Ländern stammen, die weiter entfernt liegen als 1.000 Kilometer. Bei Zagreb würde das Budget noch ausreichen, um einmal im Jahr in die alte Heimat zu fliegen, bei Belgrad oder Bukarest schon nicht mehr. Wer aus Marokko oder dem kurdischen Nordirak stammt, hätte dazu nur noch alle zwei Jahre die Möglichkeit. Und wessen Eltern aus Korea stammen, könnte die Großeltern nur noch einmal in acht Jahren mit dem Flieger besuchen.

Eine sinnvollere Variante bestünde daher darin, nur noch einen einzigen Hin- und Rückflug im Jahr pro Person zu erlauben. Das wäre in der Umsetzung weniger aufwändig, weil keine Entfernungen ausgewertet werden müssten. Jede:r Passagier:in muss sich beim Check-In am Flughafen ohnehin ausweisen. Dort ließe sich relativ einfach kontrollieren, ob jemand im laufenden Jahr schon einmal geflogen ist. Transitflüge dürften jedoch nicht mitgezählt werden. Wurde schon eine Flugreise getätigt, wäre diese Person für jeden weiteren Flug im selben Jahr gesperrt. Es sei denn, sie hätte das Flugrecht einer anderen Person abgekauft.

16 Jessica Berneiser, Charlotte Senkpiel, Miriam Kustermann, Sebastian Gölz, Flugverhalten in Deutschland und Europa. Ergebnisse einer repräsentativen Befragung der deutschen Bevölkerung, Fraunhofer-Institut für Solare Energiesysteme ISE, Freiburg, 25.06.2020

Der deutsche Staat könnte dafür zum Beispiel über das Finanzamt mit dem Steuerbescheid und bei Sozialleistungsempfängern mit dem Leistungsbescheid einen Code vergeben, der am Flughafen einzulösen ist. Jede:r Einwohner:in würde dann einmal im Jahr diesen Code erhalten, der zu je einem Abflug und einer Ankunft an einem deutschen Flughafen berechtigt. Vorzuzeigen beim Check-In. Solch ein Flugcode dürfte nicht verfallen. Das heißt, wenn jemand zwei Jahre lang keine Flugreise unternommen hat, dürfte er im dritten Jahr drei Mal in den Flieger steigen.

Wollte man diese Regelung umgehen und häufiger fliegen, müsste man schon in ein Nachbarland fahren, um dort in ein Flugzeug zu steigen. Das wäre mit mehr Aufwand und Kosten verbunden und dürfte viele abschrecken. Wenn andere Staaten ebenso das Recht auf eine Flugreise begrenzen, würde auch diese Möglichkeit der Umgehung minimiert. Solch ein System kann national umgesetzt werden, es sollte aber am besten EU-weit eingeführt werden. Wer sich von der Vielfliegerei nicht abbringen lassen will, müsste dann schon bis nach London-Heathrow fahren.

Das Recht auf eine Flugreise pro Jahr und Person unabhängig vom Zielort und der Entfernung des Reiseziels sollte gehandelt werden können. Der Staat könnte dazu eine Online-Börse einrichten, auf der der persönliche Flugcode verkauft werden darf. An eine befreundete Person oder jemand Fremdes. Da die Bezahlung registriert wird, müsste man sie bei der Steuererklärung als Einnahme angeben. Wer von Sozialleistungen lebt, sollte dies im Rahmen des erlaubten Zuverdienstes tun dürfen. Da Bürgergeld-Empfänger:innen hundert Euro im Monat dazu verdienen dürfen, ohne dass ihnen das angerechnet wird, könnten sie ihr jährliches Flugrecht für bis zu 1.200 Euro an eine besserverdienende Person oder ein Unternehmen verkaufen, ohne zu riskieren, dass ihre Leistung gekürzt wird.

Für Menschen aus der Oberschicht, die es gewöhnt sind, mal nach Mallorca, dann nach Miami und zum Shoppen nach Mailand zu fliegen, mag das nicht nach viel Geld klingen. Viele Alleinerziehende mit Kindern könnten sich damit aber endlich einen Urlaub im Bayerischen Wald oder in Italien leisten, von dem sie sonst nur zu träumen wagen. Für den wohlhabenden Käufer oder die reiche Käuferin würde der Flug nach Miami dann eben nicht mehr 800, sondern 2.000 Euro kosten. Sie wären in der Lage auch diesen Preis zu bezahlen. Er würde ihnen die gesellschaftlichen Kosten eines Langstreckenfluges in Zeiten der Klimakrise besser vor Augen führen als die günstigen Flugpreise, die sich in den vergangenen Jahrzehnten herausgebildet haben.

Erst Recht würde sich solch ein System für Menschen auszahlen, die arbeiten gehen. Ganz gleich ob im Niedriglohnsektor oder in gutbezahlten Jobs. In der Arbeiter:innenklasse, in der breiten Mittelschicht würden alle profitieren, die sich klimabewusst verhalten und ohne Flugreise auskommen. Da Berufstätige oder auch Rentnerinnen und Rentner keine Hinzuverdienstgrenzen beachten müssen, könnten sie auch mehr Geld für ihr Flugrecht rausschlagen und es entsprechend an den Höchstbietenden verkaufen. Gut denkbar, dass wir in Zukunft solche Flugrechte fleißig handeln werden, so, wie wir es von Internetbörsen kennen. Die eigentliche Transaktion müsste dann mit dem Post-Ident-Verfahren durchgeführt werden. Sobald die Zahlung abgewickelt ist, erhält der Käufer automatisiert die amtliche Bestätigung, dass der Verkäufer sein Flugreiserecht an ihn abgetreten hat.

Jeder fünfte Passagier in Deutschland ist ein Berufsreisender, auch wenn mittlerweile die Zahl der Businessflüge sinkt.[17] Das heißt, hier schlummert ein großes Umverteilungspotenzial. Von sich aus werden Unternehmen und Konzerne nicht komplett auf Business-Flüge ihrer Angestellten und Manager verzichten. Das Recht dazu müssten sie also jenen Menschen abkaufen, die dem Klimaschutz zuliebe ihr Flugrecht nicht nutzen möchten. Da kann schon eine ordentliche Summe zusammenkommen. Zugleich würde die Begrenzung aber dafür sorgen, dass sich Unternehmen genau überlegen, ob und welche Geschäftsreise wirklich mit dem Flugzeug erledigt werden muss.

Im Übrigen müsste diese Begrenzung auch für Flüge mit Privatjets gelten. In Deutschland laufen eine Menge Online-Petitionen zum Verbot von Privatjet-Flügen an deutschen Flughäfen. Auch dieses Thema hätte sich dann erledigt. Wer will, darf weiterhin in seinen Privatjet steigen. Aber nur einmal im Jahr. Für weitere Trips fallen Ausgleichszahlungen an Mitmenschen an, die auf ihr Flugrecht verzichten.

---

17 Siehe: https://www.adv.aero/umfassende-repraesentative-fluggastbefragung-klarer-trend-der-passagier-wird-juenger-und-kurzreisen-nehmen-ab/

Was würde das beschriebene System in Bezug auf den Flugverkehr in Deutschland bewirken? Wie viele Flugreisen werden überhaupt in Deutschland abgewickelt? Laut Flughafenverband ADV gab es im Jahr 2022 rund 165 Millionen Passagiere (An- und Abflug) an allen deutschen Flughäfen. Im Jahr 2023 stieg die Zahl auf 183 Millionen Passagiere. Die Zahl der Fluggäste ist schon zurückgegangen. Vor der Corona-Krise lag sie bei 248 Millionen im Jahr. Im Pandemiejahr 2020 waren allerdings nur 63 Millionen Passagiere in Deutschland mit dem Flieger unterwegs – also gerade einmal ein Viertel des Aufkommens vor der Corona-Pandemie. Nachdem die Reisebeschränkungen im April 2021 komplett aufgehoben wurden, setzte ein Run auf Flugtickets ein und die Zahl der Passagiere schnellte wieder nach oben, als gäbe es kein Morgen.[18] Die Branche geht davon aus, bald wieder das Vor-Krisen-Niveau erreichen zu können. Dass wir noch nicht soweit sind, mag daran liegen, dass sich mittlerweile mehr Menschen Gedanken machen und dem Klimaschutz zuliebe weniger fliegen. Allerdings sind Flugtickets zuletzt auch deutlich teurer geworden. Auch das hatte einen dämpfenden Effekt, führt aber zu sozialer Ungerechtigkeit.

Aus Gründen des Klimaschutzes dauerhaft mit weniger Flugreisen zu kalkulieren, kommt kaum jemand in den Sinn. So konstatiert der Flughafenverband die aus seiner Sicht »unerfreuliche Entwicklung«, dass weniger Fluggäste aus dem Ausland Deutschland besuchen als vor der Corona-Pandemie. Das liege vor allem daran, dass Billigfluganbieter den »immer teurer werdenden Standort Deutschland« meiden. Was den Verband betrübt, ist für den Klimaschutz eine gute Nachricht. Schließlich sind Billigflüge ein Problem, weil sie in der Vergangenheit immer mehr Menschen zu immer mehr Flugreisen verleitet haben. Sie haben damit den Ausstoß von Treibhausgasen durch den Flugverkehr befeuert in einer Zeit, in der das Gegenteil angebracht wäre. Laut dem Verband war im Jahr 2022 fast jeder vierte Fluggast ein sogenannter Incoming-Passagier. Das sind Reisende, die aus dem Ausland kommen

18 Zu Fluggastzahlen siehe: https://www.adv.aero/service/downloadbibliothek/ sowie https://dashboard.adv.aero/dashboards/dashboard-verkehr

und Deutschland als Reiseziel wählen[19], also Touristen, Geschäftsleute oder Menschen aus dem Ausland, die in Deutschland Verwandte besuchen. Ziehen wir diesen Anteil der Passagiere in 2023 ab, blieben rund 137 Millionen Flugreisen, die Menschen aus Deutschland derzeit pro Jahr unternehmen. Daraus ergeben sich im Durchschnitt etwas mehr als anderthalb Flugreisen pro Einwohner und Einwohnerin. Wenn wir also eine Begrenzung auf eine Flugreise pro Person im Jahr fordern, würde das nicht einmal die Halbierung des Flugverkehrs bedeuten. Eigentlich zu wenig. Zugleich wäre damit aber eine Reduktion des Flugverkehrs um 46 Millionen Flugreisen im Jahr möglich. Es gibt keine andere politische Maßnahme, mit der wir ähnlich effektiv den Ausstoß an Treibhausgasen durch den Flugverkehr reduzieren können.

Selbstverständlich wären bestimmte Flüge davon ausgenommen. Die Bundesregierung und andere Politiker:innen werden weiterhin ihre Maschinen nutzen, um zu politischen Terminen zu fliegen.[20] Gleichwohl bleibt es den Parlamenten unbenommen, sich selbst zu verpflichten, die Zahl solcher Flugreisen zu reduzieren. Ebenso würden Rettungsflüge und Flugreisen aus medizinischen Gründen oder zur Nothilfe nicht unter die Begrenzung fallen. Wir würden uns aber als Bevölkerung das Recht auf kommerziell angebotene Flugreisen, die wir zum Spaß oder aus geschäftlichen Gründen unternehmen, teilen.

Das größte Problem, das sich dabei stellt: Wie kommen wir den Bedürfnissen von Menschen mit Einwanderungsgeschichte entgegen? Jede:r Vierte in Deutschland hat Familie, Freunde und Verwandte im Ausland. Ganz gleich, ob man selbst eingewandert ist oder die Eltern und Großeltern. Es ist absolut menschlich und nachvollziehbar, wenn jemand seine Geschwister, Cousins oder andere Familienmitglieder dort besuchen möchte und dafür in den Flieger steigt. Sei es, um den Sommer

19 »Für die ADV-Fluggastbefragung wurden im Jahr 2022 knapp 100.000 abfliegende Passagiere aus der ganzen Welt in persönlichen Interviews an 21 internationalen Verkehrsflughäfen Deutschlands befragt.« Siehe: https://www.adv.aero/unerfreuliche-entwicklung-deutschland-bei-auslaendischen-reisenden-unbeliebter-als-vor-corona-steigende-kosten-und-fehlendes-angebot-daempfen-nachfrage-nach-flugreisen/

20 Von Oktober 2021 bis September 2023 haben zum Beispiel deutsche Bundestagsabgeordnete insgesamt 956 Auslandsdienstreisen unternommen. Das ist also eine in diesem Zusammenhang absolut zu vernachlässigende Größe. Siehe: Deutscher Bundestag, Bericht über die internationalen Aktivitäten und Verpflichtungen des Deutschen Bundestages, 20.10.2023.

in der Türkei, in Bulgarien, in Griechenland oder Marokko, im Iran oder Albanien zu verbringen oder für einen Kurztrip zur Hochzeit eines Bruders, einer Cousine oder der Jugendfreundin zu fliegen. Außerdem gibt es auch viele Deutsche ohne Einwanderungsgeschichte, die dauerhaft im entfernten Ausland leben. Sei es als Rentner auf Mallorca oder in Antalya oder als Geschäftsfrau in China. Auch diese Menschen möchten ihre Familie und Freunde in Deutschland besuchen können. In all diesen Fällen das Recht auf Flugreisen zu begrenzen, führt zu einem echten Dilemma.

Um das zu beurteilen, sollten wir uns aber vergegenwärtigen, dass auch in diesem Punkt nicht alle gleichgestellt sind. Einen guten Einblick in diese Diskussion gibt eine Ausgabe der Talksendung *Karakaya Talk*, in der Menschen, die genau in diesem Dilemma stecken, über diese Thematik diskutieren, und zwar in einer Ausführlichkeit, die sonst selten vorkommt.[21] In der Folge ging es vor allem um die Frage, inwieweit die deutsche Klimabewegung von *weißen* Menschen aus privilegierteren Gesellschaftsschichten getragen wird und sich schwarze Menschen oder People of Color wenig repräsentiert fühlen. In Bezug auf die Diskussion um Flugreisen und Flugscham fällt auf, dass die Moderatorin einerseits zugibt, dass sie im betreffenden Jahr ganze zwölf (!) Mal eine Flugreise unternommen hat, andererseits aber dem schlechten Gewissen die Rechtfertigung entgegensetzt: »Ich will meine Oma sehen«. Die eigene Privilegiertheit wiederum wird an dieser Stelle des Gesprächs kaum kritisch diskutiert.

Viele eingewanderte Menschen haben nämlich überhaupt keine Möglichkeit, ihre Familie im Ausland zu besuchen, weil sie als Geflüchtete im Anerkennungsverfahren oder nach einer Ablehnung mit einer Duldung im Land leben und Deutschland gar nicht verlassen können. Viele Arbeitsmigrant:innen, ob in der Landwirtschaft, auf dem Bau oder in der Pflege, fahren mit dem Auto oder dem Bus zu ihrer Familie nach Rumänien oder Bulgarien, weil sie es sich nicht leisten können, das wenige, hart verdiente Geld für ein Flugticket auszugeben. Privilegierte migrantische Leute, neue Deutsche und People of Color sollten sich also durchaus darauf einlassen, das Recht auf Flugreisen, und damit die Möglichkeiten,

21 Karakaya Talk, Fridays for Future: zu weiß?, 20.11.2019, abrufbar unter: https://www.youtube.com/watch?v=iXtzy2RLjc8

sich klimaschädlich zu verhalten, mit den weniger privilegierten Brüdern und Schwestern zu teilen – auch mit jenen im europäischen oder globalen Süden, die schon jetzt heftigere Folgen des Klimawandels zu spüren bekommen als wir.

Zwischen dem Bedürfnis, einmal im Jahr seine Familie oder Verwandte in der zweiten beziehungsweise der alten Heimat zu besuchen, und dem Bedürfnis, dies mehrmals im Jahr tun zu können, liegen Welten. Dass Letzteres überhaupt möglich ist, verdanken wir ohnehin einer recht jungen Entwicklung, nämlich dem Entstehen von Billigfluglinien. Ich kann mich noch erinnern, dass wir, als ich ein Kind war, zwei bis drei Tage lang mit dem Zug aus Deutschland nach Griechenland gefahren sind, wo wir sechs Wochen im Sommer verbracht haben, weil meine Eltern dann immer den gesamten Jahresurlaub genommen haben, um ihre Familien zu sehen. In den vergangenen fünf Jahren bin ich mit meiner Frau und unseren beiden Kindern zwei Mal mit dem Flugzeug in den Urlaub geflogen und drei Mal sind wir mit dem Auto nach Griechenland gefahren. Es geht. Das dauert zwar länger, ist aber günstiger. Und dem Gefühl, irgendwo loszufahren, um langsam woanders anzukommen und auf dem Weg etwas zu erleben, kann ich mittlerweile sehr viel abgewinnen.

Um der besonderen Situation vieler Menschen in unserer Einwanderungsgesellschaft Rechnung zu tragen, könnte man natürlich Ausnahmen in Betracht ziehen. Zum Beispiel, dass jemand, der oder die einen Wohnsitz im Ausland besitzt, zwei Mal statt ein Mal im Jahr eine Flugreise unternehmen darf. Andererseits würde dann die Reduktion der Flugreisen in Deutschland immer geringer ausfallen, sodass man es auch gleich lassen könnte. Dem Ernst der Lage in einer sich zuspitzenden Klimakrise würden wir damit jedenfalls nicht gerecht. Eigentlich müssten wir das Recht auf Flugreisen auf eine in zwei Jahren begrenzen, um einen deutlicheren Effekt zu erzielen. Das wäre aber aus den oben beschriebenen Gründen zu hart. Ein Flug pro Jahr ist daher ein gangbarer Kompromiss.

Die beschriebene Begrenzung auf einen Abflug und eine Ankunft an einem deutschen Flughafen pro Person im Jahr müsste auch für Menschen gelten, die aus dem Ausland nach Deutschland fliegen. Auch hier sind natürlich Transit-Flüge, solche aus medizinischen Gründen, in Notfällen oder Flüge von Politiker:innen ausgenommen. Aber Tourist:innen und Geschäftsleute aus dem Ausland dürften dann mit dem Flugzeug nur einmal im Jahr in Deutschland landen und wieder abfliegen. Das wäre zum einen gerecht, denn ohne diese Gleichbehandlung mit Inländern würde solch eine Maßnahme an Akzeptanz verlieren. Wer will, kann ja weiterhin Deutschland mit dem Bus, dem Zug oder dem Auto besuchen. Zum anderen würde es aber auch ein klimapolitisches Zeichen setzen. Klimaschutz ist ohnehin eine internationale Angelegenheit. Ähnlich wie in der Corona-Krise kann die Begrenzung des Rechts auf Flugreisen zwar national beschlossen, darüber hinaus sollte sie aber auch international vereinbart und eingeführt werden.

Für nachhaltigen Klimaschutz brauchen wir ohnehin diese transnationale Wirkung. In der Corona-Pandemie hat sich gezeigt, dass es zum Schutze der Gesundheit älterer Menschen und verletzlicher Gruppen durchaus möglich war, solch ein Vorgehen international abzustimmen. Damals wurde aber das Reisen an sich erschwert. Darum geht es nicht. Jeder und jede soll reisen können, so oft und wohin er oder sie möchte. Es wäre schön, wenn das auch alle Menschen könnten. Die Realität an Europas Außengrenzen und die Abertausenden Toten im Mittelmeer erinnern uns leider daran, dass dies immer noch ein Privileg eines kleinen Teils der Weltbevölkerung ist, während es dem größeren Teil verweigert wird. Der Klimaschutz allein wird niemanden daran hindern, Deutschland zu besuchen oder von Deutschland aus die Welt zu erkunden. Aber eben seltener als bisher mit dem Flugzeug.

Echte Alternativen dazu gibt es nicht wirklich. Der Flugverkehr macht zehn Prozent der in Deutschland verursachten Treibhausgase aus. Seine Verteidiger rechnen das gerne herunter und behaupten, es wären nur drei Prozent. Das bezieht sich aber nur auf die modellhafte Berechnung des CO_2, das bei der Verbrennung von Kerosin am Boden entsteht. In zehn Kilometern Lufthöhe kommen noch Wasserdampf und Rußpartikel hinzu, die den Treibhauseffekt vergrößern. »Durch die Verbrennung des Kerosins in der Flughöhe entsteht eine Treibhauswirkung, die drei- bis fünfmal so groß ist«[22], erklärt Volker Quaschning, Professor für Erneuerbare Energien und Mitinitiator der *Scientists for future*. In seinen

22 Volker und Cornelia Quaschning, Energierevolution jetzt! Mobilität, Wohnen, grüner Strom und Wasserstoff: Was führt uns aus der Klimakrise – und was nicht?, München 2022, S. 182.

Instagram-Videos wird er nicht müde, darauf hinzuweisen, wie viele schöne Nationalparks Deutschland besitzt, in die man auch mit Bus oder Bahn fahren kann, um dort Urlaub zu machen.

Das Umweltbundesamt bezeichnet Fliegen als die »klimaschädlichste Art sich fortzubewegen«[23]. Haben Sie schon den Rechner benutzt, der auf dessen Webseite verfügbar ist, um ihren persönlichen ökologischen Fußabdruck zu berechnen? Dabei kommt relativ ernüchternd heraus, dass es für uns in Deutschland überhaupt nicht möglich ist, einigermaßen klimaschonend zu leben, solange wir auch nur eine Flugreise im Jahr unternehmen. Geschweige denn mehrere. Alle anderen Reisemöglichkeiten verursachen weitaus weniger Treibhausgase – vom vollbesetzten Pkw bis zum Platz im Fernbus oder im Zug.

Fachleute sind sich daher einig:

> »Die Klimaneutralität des Luft- und Seeverkehrs wird nicht ohne umfassende Pakete politischer Instrumente möglich sein, die Anreize für Reduktionsmaßnahmen schaffen, einschließlich Effizienzsteigerungen durch neue Technologien und verbesserte Abläufe sowie durch eine Reduzierung des Verkehrsaufkommens.«[24]

Für den Schiffsverkehr stehe noch nicht einmal fest, welcher ›grüne‹ Treibstoff in Zukunft marktfähig sein werde. Zudem ist der direkte Einfluss von uns darauf, wie viele Containerschiffe und Tanker über die Weltmeere schippern, weitaus begrenzter als unsere Einflussmöglichkeiten auf den Flugverkehr.

Piloten können sich theoretisch auch in das Cockpit eines Flugzeugs setzen, dass komplett mit ›grünem‹ Kerosin betankt wird, also synthetisch hergestelltem Flugkraftstoff, der auf Wasserstoff oder aus Pflanzen gewonnenem Ethanol basiert. Der Wasserstoff muss mithilfe des Stroms aus erneuerbaren Energien hergestellt worden sein. Momentan dürfen aus

23 Umweltbundesamt, Flugreisen vermeiden und Alternativen nutzen, 17.08.2022, abrufbar unter https://www.umweltbundesamt.de/umwelttipps-fuer-den-alltag/mobilitaet/flugreisen#unsere-tipps

24 Martin Cames, Jakob Graichen, Peter Kasten, Sven Kühnel, Öko-Institut Berlin, Jasper Faber, Dagmar Nelissen, Hary Shanthi, CE Delft, Delft (NL), Janina Scheelhaase, Wolfgang Grimme, Sven Maertens, Deutsches Zentrum für Luft- und Raumfahrt (DLR), Köln, Climate Protection in aviation and maritime transport: Roadmaps for achieving tha climate goal, 2023, S. 19.

technischen Gründen nur fünfzig Prozent des Tanks mit ›grünem‹ Kerosin betankt werden. Der Rest bleibt gewöhnliches Flugbenzin, dass die beschriebene klimaschädliche Wirkung hat. Für die Europäische Union haben sich der Europäische Rat und das Europäische Parlament darauf geeinigt, dass ab 2025 schrittweise immer mehr sogenannte ›nachhaltige Flugkraftstoffe‹ beigemischt werden müssen. 2035 soll der Anteil zwanzig und 2050 schließlich siebzig Prozent betragen.[25] Das heißt, es bleibt nach wie vor dabei, dass Flugzeuge klimaschädliche Abgase produzieren werden. Nur eben weniger als heute – so der langfristige Plan.

Diese ›grünen‹ Kraftstoffe müssen aber erst einmal hergestellt werden. Die Bundesregierung unter Angela Merkel hatte dazu eine sogenannte Power-to-liquid-Road-Map in Auftrag gegeben. Einen Plan also, wie auf Wasserstoff basierendes ›grünes‹ Flugbenzin hergestellt werden kann.[26] Diese Road-Map geht davon aus, dass bis 2030 in Deutschland so viel nachhaltiges Kerosin produziert werden kann, dass man damit mickrige zwei Prozent des deutschen Flugverkehrs betreiben könnte. Bezugsgröße ist das Jahr 2019. Die Bundesregierung ging also davon aus, dass der Flugverkehr wieder das Niveau von vor der Corona-Krise erreichen würde. Sie kam nicht mal auf die Idee, eine Reduktion des Flugverkehrs bei der Planung zu berücksichtigen, obwohl daran beteiligte Wissenschaftler:innen diese persönlich durchaus befürworten würden.

Im Moment geht es nur darum, dass die Hersteller mit der Produktion in großem Maßstab beginnen. Die Fachleute wissen, wie es geht, aber auch, dass sich das noch überhaupt nicht lohnt, weil ›grünes‹ Kerosin teurer ist als herkömmliches Kerosin und insofern auf dem freien Markt keine Chance hätte. Die Hersteller warten also auf staatliche Subventionen. Das Bundesverkehrsministerium will diesen ›Markthochlauf‹ bis 2026 mit 1,6 Milliarden Euro fördern.[27]

---

25 Siehe: https://www.consilium.europa.eu/de/infographics/fit-for-55-refueleu-and-fueleu/ Die EU geht im Übrigen davon aus, dass der Flugverkehr sogar 14,4 Prozent der CO2-Emissionen in der Union ausmacht.

26 https://ptl-roadmap.de/

27 Bundesministerium für Digitales und Verkehr, Luksic: Wir wollen Deutschland zum Vorreiter des CO_2-neutralen Fliegens machen, 15.06.2023, abrufbar unter: https://bmdv.bund.de/SharedDocs/DE/Pressemitteilungen/2023/055-luksic-co2-neutrales-fliegen.html

In gewisser Weise manifestiert sich hier ein wahnwitziger Technikglaube. Es werden sicher noch viele Milliarden Euro an Steuergeldern notwendig sein, um nachhaltiges Flugbenzin für den gesamten Flugverkehr produzieren zu können. Die Anlagen dazu werden gar nicht alle in Deutschland stehen können. Die Bundesregierung weiß, dass der größte Teil des Wasserstoffs, den wir in Deutschland benötigen werden – nicht nur um Flugzeuge zu betanken, sondern auch um Stahlwerke zu betreiben – importiert werden muss.[28] Und in all diesen Planungen spielen konkrete politische Maßnahmen, die bewirken können, dass weniger geflogen wird und entsprechend weniger Kraftstoffe benötigt werden, überhaupt keine Rolle.

Dabei ist genau das unerlässlich, zumal auch im Rest der Welt mehr Menschen Gefallen an Flugreisen finden und sich dadurch der globale Bedarf erhöht – aber damit auch die Emissionen, die wir eigentlich vermeiden müssen. Einer Studie zufolge wäre es notwendig, Solaranlagen auf einer Fläche, die vierzig Prozent der Fläche Deutschlands entspricht, zu betreiben, um auf diese Weise für den globalen Flugverkehr ›grünes‹ Kerosin produzieren zu können. Und das auch nur, wenn der Flugverkehr weltweit lediglich um die Hälfte dessen zunimmt, wie die Branche es sich im Business-as-usual-Szenario erwarten würde. So viele Solarfelder könnten am ehesten in Wüstenregionen aufgestellt werden. »Das wirft natürlich Fragen nach einem sicheren Transport auf, und überhaupt nach den sozialen und politischen Folgen solcher Großinvestitionen«, betont Stefan Gössling, Professor an der Universität Kalmar in Schweden und Leitautor der Studie.[29]

Ein internationales Forscher:innen-Team hat untersucht, welche möglichen Wege es zu einem klimaneutralen Flugbetrieb global geben könnte und welche Hindernisse diesem im Wege stehen. Ohne eine »extreme Reduktion« der Nachfrage nach Flugreisen würde sich zum Beispiel die globale Produktion von pflanzenbasierten Kraftstoffen (Ethanol, Biodiesel, mit Wasserstoff behandeltes Pflanzenfett) verdoppeln müssen.

28 Fortschreibung der Nationalen Wasserstoffstrategie, Bundestags-Drucksache 20/7910, 27.07.2023, S. 8, 17 ff.

29 Mercator Research Institute on Global Commons and Climate Change, 140.000 Quadratkilometer Solarzellen für CO_2-freien Flugverkehr im Jahr 2050, 09.03.2021.

Dafür seien 300 Millionen Hektar neuer Anbauflächen nötig, was etwa einem Fünftel des derzeit weltweit verfügbaren Ackerlandes entspräche. Wohlgemerkt, nur um das elitäre Bedürfnis eines kleinen Teils der Weltbevölkerung nach unbegrenzten Flugreisen zu befriedigen.

Zudem sind diese ›nachhaltigen‹ Kraftstoffe teurer und weniger effizient als gewöhnliches Kerosin, das aus Erdöl hergestellt wird. Zusätzlich müssten bis zu 3,4 Gigatonnen CO_2-Äquivalente aus der Atmosphäre herausgefiltert werden, um die Treibhausgas-Effekte auszugleichen, die beim Fliegen weiterhin entstehen und sich überhaupt nicht vermeiden lassen.[30] Auch wenn die Wissenschaftler:innen sich in Neutralität üben und keine direkte Empfehlung abgeben, wird recht schnell klar, dass jegliche Möglichkeit, den globalen Flugbetrieb bis Mitte des Jahrhunderts klimaneutral zu betreiben, davon abhängt, die Nachfrage zu senken. Und das bedeutet für reisefreudige Gesellschaften wie die unsere: viel weniger Flugreisen.

Dennoch spielten diese Erkenntnisse auch auf der Nationalen Luftfahrtkonferenz in Hamburg im September 2023 keine Rolle. Man verspricht stattdessen weiterhin, mit der Förderung technischer Innovationen die Klimaziele erreichen zu können. Die Hoffnung wird zum Beispiel – neben dem Heilsbringer Wasserstoff – in Flugzeuge mit hochgestrecktem Flügel oder mit sogenannter Haifischhaut, die weniger Sprit verbrauchen sollen, gesetzt. Mit keinem einzigen Wort wurden Maßnahmen zur Reduktion des Flugverkehrs vorgeschlagen.[31]

In Großbritannien hat eine Forscher:innengruppe deutlich Stellung gegen die Expansion des Londoner Flughafens Heathrow bezogen, weil dies im Widerspruch zu der Verpflichtung Großbritanniens stehe, die Klimaziele einzuhalten. Insbesondere weisen sie darauf hin, dass die Flugbranche schon deswegen nicht weiter machen kann wie bisher, weil das bedeuten würde, dass sich andere Branchen beim Klimaschutz dann noch mehr anstrengen müssten. Sie wären gezwungen das ausgleichen, was der Flugverkehr an Emissionsreduktionen nicht hinbekommt. »Un-

30 Candelaria Bergero, Greer Gosnell, Dolf Gielen, Seungwoo Kang, Morgan Bazilian, Steven J. Davis, Pathways to net-zero emissions form aviation, in: nature sustainability, Volume 6, April 2023.

31 3. Nationale Luftfahrtkonferenz, Luftfahrt: innovativ und klimaneutral, Statusbericht, Hamburg, 25. September 2023.

erreichbare Emissionsreduktionsraten, die über 20 Prozent per anno liegen, würden in der übrigen Wirtschaft benötigt, wenn der Flugverkehr so wächst, wie es das britische Verkehrsministerium voraussieht, sich die nationale Klimapolitik aber an das Pariser Abkommen halten will.«[32]

Weshalb es aussichtslos ist, auf die nötige freiwillige Verhaltensänderung zu hoffen, möchte ich zum Schluss am Beispiel der Geschäftsflüge illustrieren. Über das Ausmaß an Klimaschutz-Ignoranz in den Chefetagen sollten wir uns keine Illusionen machen. Aus meinem Bekanntenkreis sind mir zwei Beispiele bekannt, die Bände sprechen. Das eine stammt von einem IT-Unternehmer, der sich darüber beschwerte, dass er zu einem bekannten amerikanischen Digital-Konzern, für den er als Dienstleister arbeitet, ins Silicon-Valley fliegen musste. Der Besprechungstermin dauerte etwa eine Stunde. Danach flog er wieder zurück über den Atlantik. Richtig nervig fand er das. Wir sind sicher, der Digital-Konzern wirbt in der Öffentlichkeit mit seinem grünen Gewissen. Das andere Beispiel betrifft den Manager eines internationalen Unternehmens. Obwohl sich sein Team während der Corona-Pandemie daran gewöhnt hatte, fast alles per Video-Konferenzen zu erledigen, ging die Business-Fliegerei nach der Pandemie wieder los, als wäre nichts gewesen. Unter anderem ließ die Zentrale das Management zu einem mehrtägigen Aufenthalt einfliegen, der eher dem Spaß als der Arbeit diente.

Zwar behauptet der Deutsche Reiseverband: »Immer mehr Geschäftsreisende und Unternehmen legen Wert darauf, sich unterwegs möglichst ökologisch und nachhaltig zu verhalten.« Die Zahlen, die aus seiner jährlichen, nicht repräsentativen Umfrage mit dem Titel »Chefsache Business-Travel« vorliegen, lassen aber nicht unbedingt diesen Schluss zu. Von den 150 befragten Entscheider:innen sagten zwar drei Viertel, bei innerdeutschen und grenznahen Reisen würden sie mittlerweile eher den Zug nehmen, statt zu fliegen. Aber nur jedes vierte befragte Unternehmen schreibt dies seinen Leuten auch vor. Achtzig Prozent haben kein CO_2-Budget für die Geschäftsreisen ihrer Mitarbeitenden. Vier von fünf befragten Firmen haben keine verbindliche Reiserichtlinie. Die Unternehmen, die solche Regeln setzen, sind auch heute noch eine Minderheit.

32 Alice Larkin et al, Reducing climate change caused by shipping and aviation, Impact Case Study (REF3), 2021.

Deutsche DAX-Konzerne glänzen bei dem Thema nicht unbedingt. Die Zahl der Dienstreisen mit dem Flugzeug habe geringfügig abgenommen, berichtet zum Beispiel BMW. Wenn ein Manager einen innerdeutschen Flug buchen möchte, bekomme er im firmeninternen Buchungssystem lediglich eine Alternativverbindung mit der Deutschen Bahn angezeigt. Ein »Mengengerüst« für Business-Flüge gibt es nicht in den Reiserichtlinien des Autobauers aus München.

Ebenso hält es auch die Allianz AG, deren Reiserichtlinien vorsehen, bei innerdeutschen Dienstreisen auf das Flugzeug zu verzichten. Der Versicherungskonzern nennt immerhin konkrete Zahlen. Vor Corona hätten ihre Mitarbeiter:innen in Deutschland rund 4.700 dienstliche Flugreisen im Jahr unternommen. Während Corona nur etwa 1.100.

Es war also möglich, mit weniger dienstlichen Flugreisen auszukommen. Im Sinne des Klimaschutzes hätten wir uns gewünscht, dass das auch so bleibt. Aber Pustekuchen. Als die Pandemie vorbei war, fanden bei der Allianz im Jahr 2022 wieder rund 4.100 dienstliche Flugreisen statt. Aber, so der Konzern, Ziel im Konzern sei es »die zurückgelegten Kilometer auf Dienstreisen pro Mitarbeitendem bis 2025 um 41 % (Basisjahr 2019) zu reduzieren«. Fragt sich nur, wie das klappen soll ohne verpflichtende Begrenzungen. Die sogenannte neue ›Meetingkultur‹ mit Videokonferenzen hat in der Praxis bisher nicht dazu geführt, dass auf Business-Flüge in dem Maße verzichtet wird, wie es nötig wäre.[33]

Es ist mittlerweile zu spät, noch länger auf Einsicht und freiwillige Veränderungen zu hoffen. Diese Zeit haben wir nicht mehr. Wir sind nicht gewillt, normal verdienenden Menschen zu empfehlen, sich in den Reisebus zu setzen, um Emissionen zu reduzieren, während Besserverdienende und Geschäftsleute unbekümmert weiterhin der Vielfliegerei frönen.

Das Recht auf Flugreisen in der Bevölkerung aufzuteilen, ist nicht nur sinnvoll, sondern auch machbar. Es ist zudem als Zeichen, dass wir zu notwendigerweise radikalen Maßnahmen im Angesicht der sich zuspitzenden Klimakrise bereit sind, von hohem Symbolwert. Über diese Praxis kann ein direkter finanzieller Ausgleich zwischen Klimasündern und Klimaschützern organisiert werden. Im Ergebnis kann dies dazu

33 Auskünfte der Unternehmenssprecherinnen/Nachhaltigkeitsbeauftragten an den Autor im September 2023

führen, dass sich das Bewusstsein und das Verhalten bei allen ändert und der Klimaschutz noch mehr davon profitiert. Selbstverständlich müsste so ein Prozess, der dazu führen würde, dass Arbeitsplätze in der Branche abgebaut werden, gewerkschaftlich und sozialpolitisch begleitet werden. Gerade in Zeiten der Alterung der Gesellschaft und des Fachkräftemangels wird es darauf ankommen, niemanden alleine zu lassen, sondern Leute zu qualifizieren und in andere ökologisch sinnvollere Berufe zu vermitteln.

Wo bleibt mein Mobil-Guthaben?

Fahrrad fahren macht mir großen Spaß. Aber nicht immer! Bewegung hält bekanntlich fit und ist gesund. Bei schönem Wetter! Dann ist Radfahren ein Genuss. Es bleibt jedoch anstrengend, wenn man nicht gerade mit einem teuren E-Bike unterwegs ist. Die Strampelei kann auf längeren Strecken oder unter Zeitdruck ganz schön nerven. Und wenn ich mich mit dem Rad zwischen parkenden Autos und an mir vorbei rasenden Karossen hindurchschlängele, ist das manchmal sogar eine Gefahrenzulage wert. Der nächste potenzielle Unfall lauert hinter der nächsten Fahrertür, die unversehens aufgeschlagen werden kann. In deutschen Städten sind mitnichten überall sichere Radwege vorhanden, wo wir sie uns als Radfahrer:innen wünschen.

Last but not least: Wenn es anfängt zu regnen, während man mit dem Rad unterwegs ist, wird man nun mal klitschnass. Der Regen klatscht auf die Oberschenkel. Die Brille beschlägt, die Sicht ist eingeschränkt. Es hilft nicht, es zu beschönigen. Wenn ich mit dem Rad zum Supermarkt fahre, um einzukaufen und es just in dem Moment zu schütten beginnt, in dem ich mit einer voll bepackten Tasche auf der Schulter aus dem Supermarkt herauskomme, dann ist mein erster Gedanke: »Scheiße!« Nein, ich habe nicht immer und zu jeder Gelegenheit Regenkleidung dabei. Sie etwa?

Kurzum, was wir als Radfahrerinnen und Radfahrer für den Klimaschutz leisten, ist beachtlich. Wir vermeiden nicht einfach nur Emissionen. Wir nehmen einiges an Unannehmlichkeiten in Kauf, um bestimmte Strecken nicht mit dem Auto, sondern klimafreundlich mit dem Rad zurückzulegen. Wir verzichten auf die Bequemlichkeit, hinter dem

Lenkrad zu sitzen. Und wer dankt es uns? Niemand! Erhalten wir dafür eine Gegenleistung? Kein Stück.

Zweites Beispiel – Bus und Bahnfahren ist toll. Jemand anderes fährt dich, du musst dich nicht auf die Straße konzentrieren, hast Zeit zum Lesen. Du kapselst dich nicht ab, sondern siehst alle möglichen Leute, die mit dir unterwegs sind. Die Gesellschaft, wie sie ist. Das echte Leben. Aber selbstverständlich ist es gemütlicher, wenn ich morgens mit dem Kaffeebecher in der Halterung, dem Radioprogramm, einem Podcast oder meiner Lieblingsmusik lauschend im klimatisierten Auto zur Arbeit in die Nachbarstadt fahre. Sicher kann es passieren, dass ich im Stau stehe und lange einen Parkplatz suchen muss. Aber zur Haltestelle laufen und sich in einen überfüllten Bus, Zug oder U-Bahn schieben, bleibt die unbequemere Form der Mobilität. Außerdem dauert es in der Regel länger. Und der Zug hat bestimmt wieder Verspätung – auf das Bahnchaos ist ebenso Verlass wie auf die nächste Fahrpreiserhöhung. »Von 2010 bis 2018 stiegen die Kosten für den öffentlichen Nahverkehr mehr als doppelt so stark als die Kosten der Pkw-Nutzung an.«[34]

Ich habe einen Freund, der pendelt montags bis freitags mit dem Regionalzug zur Arbeit. Von Köln nach Düsseldorf und zurück. Dafür hat er zuletzt stolze 170 Euro im Monat bezahlt, inklusive Jobticket-Vergünstigung durch seine Firma. Hat mein Freund sich klimafreundlicher verhalten als jemand, der bequem mit dem Auto dieselbe Strecke fährt? Ja, das hat er. Hat es ihm jemand gedankt? Nicht, dass er sich daran erinnern könnte. Musste er sich bestraft vorkommen ob der finanziellen Belastung, die sein umweltbewusstes Verhalten mit sich brachte? Sie ahnen die Antwort. Dann kam im Mai 2023 das Deutschlandticket für 49 Euro und er hat sofort zugeschlagen. Sein Arbeitgeber gewährt ihm einen Jobticket-Zuschuss von 12,50 Euro. Das heißt, er zahlt nur noch 36,50 Euro im Monat. Für dieselbe Mobilität. Aufs Jahr gerechnet kommen satte 1.602 Euro zusammen, die er mehr zur Verfügung hat. Für meinen Freund, Normalverdiener, zwei Kinder, berufstätige Partnerin, ist das eine Menge Geld.

34 https://www.umweltbundesamt.de/themen/hoeherem-einkommen-steigt-die-umweltbelastung

Wir erinnern uns noch. Mit dem 9-Euro-Ticket fing es an. Ein dreimonatiger Probelauf im Sommer 2021 reichte aus. Auf einmal entpuppte sich als machbar, was zuvor vielen undenkbar erschien. Es roch schon ein wenig nach Klima-Kommunismus. Eine Flatrate für den öffentlichen Nahverkehr, die der langjährigen Forderung nach einem kostenlosen Nahverkehr für alle gefährlich nahekam. Nach monatelangem Finanzierungsstreit zwischen Bund und Ländern erblickte ein Jahr später das vierzig Euro teurere Deutschlandticket das Licht der Welt.

Ich genieße es seitdem, einfach in die U-Bahn, S-Bahn, den Regionalzug oder den Bus einsteigen zu können, ohne mir vorher Gedanken um den Kauf eines Tickets machen zu müssen. Oder wie oft ich fahren muss, damit sich ein Abo-Monatsticket wirklich lohnt. Ich ärgere mich nur darüber, dass Verkehrsminister Volker Wissing die Finanzierung ständig infrage stellt und wir nicht sicher sein können, ob das Deutschlandticket noch lange so günstig bleibt. Ich weiß, es geht vielen so.

Der Erfolg des Deutschlandtickets wurde in den Medien vornehmlich daran gemessen, wie viele Menschen denn tatsächlich dadurch vom Auto auf Bus und Bahn umgestiegen waren. Erste Auswertungen illustrieren, dass das gelingt. Ein Telefonkonzern wertete dazu Bewegungsdaten von zig Millionen Handynutzern aus und rechnete sie hoch. Demnach nahm die Zahl der Zugreisen, die sich über mehr als 30 Kilometer erstrecken, kurz nach Einführung des Deutschlandtickets um ein Viertel zu. Der Anteil des Schienenverkehrs am Gesamtvolumen der Personenbeförderung habe um 2,5 Prozentpunkte zugelegt.[35] In diesem Umfang habe sich der Verkehr vom Auto auf die Bahn verlagert. Anfang September meldete der Verband Deutscher Verkehrsunternehmen, dass etwa fünf Prozent aller mit dem Deutschlandticket unternommenen Fahrten sonst mit dem Auto unternommen worden wären.[36] Nicht viel, aber immerhin.

Den Ausstoß von Abgasen und CO_2 zu reduzieren, indem mehr Menschen auf Bus und Bahn umsteigen, ist ein wichtiger Baustein, um Klimaneutralität zu erreichen. Wie viele neue Kund:innen der öffentliche

35 Tagesschau, 49-Euro-Ticket wirkt sich auf Verkehr aus, 23.07.2023. Abrufbar unter: https://www.tagesschau.de/inland/deutschlandticket-verkehrsverlagerung-100.html

36 Spiegel Online, Deutschlandticket ersetzt zu fünf Prozent Autofahrten, 01.09.2023. Abrufbar unter: https://www.spiegel.de/auto/deutschlandticket-mehr-als-elf-millionen-abos-ersetzt-zu-fuenf-prozent-autofahrten-a-eef1400a-bf57-4704-a04d-8fba7e27c9a8

Nahverkehr gewonnen hat, die deshalb aufs Autofahren verzichten, ist aber nicht das einige Kriterium, um das es gehen sollte. Ebenso wichtig ist nämlich, dass Menschen, die ohnehin schon mit Bus und Bahn fuhren, das Leben erleichtert wurde. Sie wurden sogar finanziell dafür belohnt. Radfahrerinnen und Radfahrer warten noch auf diese Form der Wertschätzung.

Diese Erfahrung sollte der Startschuss für einen Paradigmenwechsel sein. Wir brauchen von nun an ein System, das Menschen großzügiger dafür belohnt, sich klimafreundlich fortzubewegen. Und das heißt konkret, dass sie dafür bezahlt werden. Wenn wir nach dem Prinzip ›Gleiches Recht für alle‹ verfahren, werden damit zwar auch die Wohlhabenderen bezuschusst, wenn sie klimafreundlich von A nach B kommen. Und das ist auch sinnvoll, denn jede Autofahrt, die durch eine Bus- oder Fahrradfahrt ersetzt wird, zählt. Diejenigen aber, die ohnehin schon weniger Geld haben und deshalb mehr Bus und Bahn fahren, würden davon weit mehr profitieren. Letztlich würde in der Konsequenz eine Umverteilung der Ressourcen von oben nach unten stattfinden.

Die Einführung eines Mobil-Guthabens für alle erwachsenen Einwohner:innen im Land wäre eine Möglichkeit, dieses Ziel zu verfolgen. Ein solches Mobil-Guthaben wäre ein möglicher Baustein des Klima-Kommunismus. Probieren wir es aus. Es gibt diese Konzepte in Ansätzen schon, wir müssen sie nur weiterdenken und umsetzen.

Das *Bündnis Nachhaltige Mobilitätswirtschaft* forderte zum Beispiel zur Bundestagswahl 2021 von der neuen Bundesregierung eine »Alternative zu staatlich geförderten Dienstwagen«. Hier positionierte sich die Rad- und Bahnfahrer-Lobby gegen die Autolobby in Deutschland. Der *Verband Deutscher Verkehrsunternehmen*, *Allianz pro Schiene*, *Zukunft Fahrrad* und der *Bundesverband CarSharing* drängten darauf, dass Unternehmen nicht nur die Kosten für Dienstwagen, die ihre Angestellten privat nutzen dürfen, steuerlich absetzen können. Die Firmen sollten »alternativ zum Dienstwagen ein Mobilitätsbudget anbieten (können), beispielsweise bestehend aus Dienstfahrrad, BahnCard, JobTicket und einem Budget für Sharing-Angebote und Taxifahrten«.

Diese Ausgaben sollten sie ebenso einfach von der Steuer absetzen können, wie es bei privat genutzten Firmenwagen der Fall ist. Mit dem aktuellen Steuerrecht sei das nämlich kompliziert und das halte Firmen eher davon ab. Wenn sie aber einen Anreiz erhielten, ihre Angestellten wählen zu lassen, ob sie subventioniert von der Firma mit dem Mietrad, der U-Bahn oder dem Car-Sharing-Auto zur Arbeit fahren, könnte »eine halbe Millionen Dienstwagen durch klimaschonende und nachhaltige Verkehrsmittel ersetzt werden«.[37]

Die Uni Mannheim hat in einem Experiment untersucht, wie sich das Verhalten der Angestellten in so einem Unternehmen tatsächlich verändert, wenn sie einen Batzen Geld in die Hand bekommen, den sie frei nutzen können. Zusätzlich gab es allerdings regelmäßige E-Mails vom Arbeitgeber mit Infos zu klimaschonendem Verhalten. Das Ergebnis klingt vielversprechend.

> »Die Mannheimer Forschenden fanden heraus, dass die kombinierten Maßnahmen (soziale Vergleiche und moralische Appelle) die Ausgaben der Teilnehmenden für automobile Mobilität um 38 Prozent reduzierten. Zugleich wurden die Aufwendungen für Mietfahrräder und für Elektrotretroller um 44 Prozent gesteigert.«[38]

Laut einer Umfrage boten im Jahr 2023 lediglich sechs Prozent der Unternehmen in Deutschland ihren Angestellten so ein Mobilitätsbudget an. Das oben genannte Bündnis setzt sich nach wie vor zusammen mit dem Bundesverband der Deutschen Industrie dafür ein, dass die steuerlichen Hürden abgebaut werden. Sie wollen, dass sich diese Idee flächendeckend durchsetzt. Das Bundesfinanzministerium hatte zwei Jahre nach der Wahl immer noch keinen Gesetzesentwurf dazu vorgelegt.

Doch warum sollten wir ein Mobilitätsbudget nur für Unternehmen fordern? So ein Budget brauchen wir alle. Es wäre ein großer Schritt nach vorne für den Klimaschutz.

Unser Ziel sollte die Einführung eines Mobil-Guthabens sein, das jedem Erwachsenen vom Staat ausbezahlt wird – zum Beispiel in Höhe von jährlich 500 Euro. Damit würden wir die Idee des Mobilitätsbudgets für Firmenmitarbeiter konsequent zu Ende denken. Ein solches Mobil-Guthaben wäre sowohl klima- als auch sozialpolitisch sinnvoll

37 Bündnis Nachhaltige Mobilitätswirtschaft, Mobilitätsbudgets statt Dienstwagen fördern, Pressemitteilung vom 05. November 2021.

38 https://www.rnd.de/wirtschaft/klimawandel-wie-beschaeftigte-fast-freiwillig-auf-den-dienstwagen-verzichten-RLEDFCA7E5CGZMHNSXKGAQVJNA.html

und effektiv. Denn es würde tatsächlich alle Menschen belohnen, die sich klimafreundlich verhalten, wenn sie unterwegs sind. In cash. Die Mittelschicht und Menschen, die wenig Geld haben, würde davon am meisten profitieren. Vor allem aber könnte es eine tatsächliche Verkehrswende anstoßen. Wir könnten damit endlich spürbar die CO_2-Emissionen auf der Straße senken. Was uns bisher noch nicht gelungen ist.

Mir ist wichtig, Folgendes zu betonen: Es ist nicht mehr angemessen, in kleinen Schritten zu denken! In Deutschland sind die Treibhausgas-Emissionen aus dem Verkehr seit 1990 im Großen und Ganzen nicht gesunken. Wenn es Abwärtsbewegungen gab, dann waren diese nicht nachhaltig und verdankten sich Konjunkturkrisen oder den Corona-Maßnahmen. Die Autos sind zwar ›grüner‹ geworden, stoßen also weniger Abgase pro gefahrenem Kilometer aus. Dafür gibt es aber mehr Autos auf den Straßen, sodass sich die CO_2-Emissionen des PKW-Verkehrs insgesamt sogar erhöht haben! Dasselbe gilt für LKW.[39]

Das Ziel der Bundesregierung, die Emissionen des Verkehrs bis 2030 in etwa zu halbieren, steht nur auf dem Papier. Niemand glaubt ernsthaft daran, dass dieses Ziel auch erreicht werden kann, wenn sich nichts Grundlegendes ändert. Ein wenig Elektroauto-Kaufprämie hier, ein wenig Deutschlandticket da wird nicht ausreichen.

Neulich besuchte ich den ›Tag der offenen Tür‹ an einem Gymnasium. Die Kinder präsentierten ihre Schule. In einem Klassenraum hatten sich Sechstklässler dem Thema Nachhaltigkeit gewidmet. Sie verkauften in bunte Wollfäden gewickelte Weinflaschen, die man als hübsche Blumenvasen nutzen kann. Das Ganze firmierte unter dem Motto ›Upcycling‹. Ich konnte es mir nicht verkneifen, einen der Jungen zu fragen, wie viele Autos sie in der Familie fahren: »Zwei«, antwortete er geschwind, »und den Bus.« Eigentlich wäre es viel nachhaltiger, dachte ich still vor mich hin, wenn die Kinder mit ihren Eltern darüber reden würden, wie es wäre, auf ein Auto zu verzichten, statt Wolle um Altglas zu wickeln. Doch allzu oft üben wir schon mit unseren Jüngsten Ablasshandlungen ein, um nicht über die wunden Punkte unserer Klimabilanz sprechen zu müssen.

---

39 Umweltbundesamt, Emissionen des Verkehrs, 28.04.2023, online abrufbar unter: https://www.umweltbundesamt.de/daten/verkehr/emissionen-des-verkehrs#verkehr-belastet-luft-und-klima-minderungsziele-der-bundesregierung

Denn die Realität ist erschreckend:

»Der Bestand an Kraftfahrzeugen (Kfz) nimmt in Deutschland weiterhin kontinuierlich zu«,[40] stellt das Kraftfahrtbundesamt fest. Es ist, als ob wir nie etwas vom Klimaschutz gehört hätten. In unseren Straßen kurven so viele Karren herum wie noch nie. Bis auf Berlin gibt es in Deutschland heute mehr Autos pro tausend Anwohner als vor zehn Jahren. Übrigens im besser verdienenden Westen prozentual auch mehr als im Osten des Landes. Es gibt heutzutage vor allem mehr Haushalte, die zwei Autos besitzen, mittlerweile sind es 27 Prozent. Allen Klimadebatten zum Trotz. Auch der Anteil der Haushalte mit drei oder mehr Autos ist von etwa vier auf rund sechs Prozent gestiegen.[41]

Anfang 2023 waren in Deutschland fast 49 Millionen PKW zugelassen. Seit Jahren ist das am stärksten wachsende Segment auch das mit der schlechtesten Klimabilanz, egal ob mit Benzin oder elektrisch betrieben: der SUV. Wir müssen einfach ehrlich zu uns selbst sein. Vielen Menschen ist es egal, dass die Polkappen schmelzen. Ihr Auto ist ihnen wichtiger. Es ist zum Wahnsinnigwerden. Oder aber ein Anlass, radikale Maßnahmen zu ergreifen.

Weil sich auf freiwilliger Grundlage nichts ändern wird, brauchen wir politische Lösungen, die über den Bau von mehr Radwegen und eine gerechtere Finanzierung von Bus, und Bahnfahrten hinausgehen. Das ist ohnehin notwendig. Die Kombination eines Mobil-Guthabens für alle mit einem Verbot von Zweit- und Drittwagen könnte solch eine Lösung sein. Ich schreibe hier bewusst ›Verbot‹, weil es das wäre. Zwar sollte niemand sofort seinen bestehenden Zweit- oder Drittwagen verkaufen müssen, aber die Neuanmeldung sollte aus Klimaschutzgründen verboten werden. Je früher desto besser. Wir können es auch freundlicher formulieren: Es sollte jedem Haushalt die Erlaubnis erteilt werden, ein Auto zu halten. Aber eben nicht mehr als eines.

Wenn jeder Haushalt nur noch ein Auto besitzen dürfte, dann würde die Zahl der Autos in Deutschland Jahr für Jahr sinken. Folgt man den

---

40 Kraftfahrtbundesamt, Jahresbilanz 2023, online abrufbar unter: https://www.kba.de/DE/Statistik/Fahrzeuge/Bestand/Jahrebilanz_Bestand/fz_b_jahresbilanz_node.html

41 Statistisches Bundesamt, Pkw-Dichte im Jahr 2022 erneut auf Rekordhoch, Pressemitteilung vom 5. September 2023.

Berechnungen des Statistischen Bundesamtes gibt es in deutschen Haushalten etwa acht Millionen Zweitautos und 1,8 Millionen Drittautos.[42] Zusammen beträfe das also mindestens 9,8 Millionen Autos, die nicht mehr durch ein neues ersetzt werden dürften, wenn ihre Zeit abgelaufen ist. Ein Fünftel des deutschen Autobestandes könnte damit in absehbarer Zeit verschwinden. Es gibt keine andere Maßnahme, die ähnlich effektiv wäre.

Natürlich wird es auch Menschen geben, die versuchen, die Ein-Auto-pro-Haushalt-Regel zu umgehen. Beispielsweise indem sie Bekannte oder Freunde oder auch Fremde, die kein Auto besitzen, bitten, das Auto auf ihren Namen anzumelden. Im besten Fall würden sie diese Fake-Autohalter dafür bezahlen, was ganz im Sinne unseres Klima-Kommunismus wäre. Auch hier schlummert ein Potenzial zur Umverteilung von oben nach unten, denn es sind häufiger gering verdienende Haushalte, die kein Auto besitzen, als umgekehrt. Wenn das allzu massenhaft praktiziert wird, könnte das natürlich die ursprüngliche Absicht, den Autobestand zu reduzieren, größtenteils konterkarieren. Ein Effekt wäre dennoch spürbar, denn es gibt mehr Haushalte mit zwei, drei oder weiteren Autos als es in Deutschland Haushalte ohne Auto gibt (circa 8,5 Millionen). Selbst im für den Klimaschutz schlechtesten Szenario müssten mehr als eine Million Autos stillgelegt werden, und sie dürften nicht durch einen Neukauf ersetzen werden. Auch das wäre ein Erfolg in einem Land, in dem der Autobestand beständig steigt. Auf der anderen Seite könnten die neuen Regeln aber auch dazu führen, dass viele Menschen tatsächlich umdenken und nicht versuchen, sich mit Tricks an ihr Zweit- und Drittauto zu klammern. Zumal wenn die Trickserei teuer und umständlich wird. Wir müssen es ausprobieren, um es herauszufinden.

Perspektivisch ist so eine deutliche Abnahme der Zahl der Pkw in Deutschland möglich. Diese Reduktion an Fahrzeugen und damit Abgasen wäre viel nachhaltiger, als es Appelle an das Gewissen jemals bewirken könnten. Zugleich wären von der Ein-Auto-pro-Haushalt-Regel die meisten Leute gar nicht betroffen. Siebzig Prozent der Haus-

---

42 Siehe: https://www.destatis.de/DE/Themen/Gesellschaft-Umwelt/Einkommen-Konsum-Lebensbedingungen/Ausstattung-Gebrauchsgueter/Publikationen/Downloads-Ausstattung/ausstattung-privater-haushalte-2150200227004.pdf?__blob=publicationFile S. 20.

halte in Deutschland besitzen entweder kein oder nur ein Auto. Für diesen Teil der Bevölkerung würde sich nichts ändern. Der kleine Teil, der in Zukunft mit einem Auto pro Haushalt auskommen müsste, sollte bereit sein, diese Veränderung mitzugehen. Das Ergebnis wäre, dass vermeidbare Autofahrten seltener stattfinden und der Ressourcen- und Energieverbrauch zurückgeht, der mit dem Bau von Fahrzeugen einhergeht. Da der Trend zu mehreren Pkw pro Haushalt ohnehin erst ein recht junges gesellschaftliches Phänomen ist, sollte es auch nicht so schwerfallen, sich daran zu gewöhnen. Ein Leben ohne Zweit- oder Drittwagen ist möglich, die meisten werden sich noch daran erinnern. Liebe Zweitauto-Besitzer:innen, ihr wart damals bestimmt genauso glücklich wie heute.

Im Gegenzug und als Kompensation wird zeitgleich ein Mobilguthaben für alle eingeführt. Dieses Guthaben kann jeder und jede nutzen, um sich klimafreundlicher fortzubewegen als mit dem Privatwagen. Denkbar ist es als Karte, die mit der Post ins Haus flattert. Mit 500 Euro Guthaben und einer Kartennummer drauf, nutzbar am Fahrkartenautomaten, an der Kasse, im Internet oder der App. Mit dem Mobilguthaben könnten der Öffentliche Nahverkehr oder der Fernverkehr mit Bus und Bahn genutzt werden. Ganz gleich, ob jemand mit diesem Geld das Deutschlandticket abonnieren, einen Kurzfahrtschein oder ein Zugticket lösen möchte.

Damit könnten wir ein für alle Mal den Skandal beenden, dass in Deutschland Tausende arme und obdachlose Menschen im Knast landen, weil sie mehrfach ohne Fahrschein erwischt wurden und die vom Gericht verhängte Geldstrafe nicht bezahlen konnten. So etwas nennt sich Ersatzfreiheitsstrafe. Ihr Verbrechen besteht darin, Bus und Bahn gefahren zu sein. Finde den Fehler. Künftige Generationen werden ungläubig auf diese absurde Praxis unserer Zeit zurückblicken. Mit dem Mobil-Guthaben werden sich auch solche Menschen ein Ticket leisten können.

Eine gutsituierte Familie wiederum könnte zum Beispiel mit dem Mobil-Guthaben im ICE ihre Reise zum Skiurlaub in die Alpen antreten. Die Vermeidung von Treibhausgasen wäre beachtlich, denn 75 Prozent der CO_2-Emmissionen im Alpentourismus kommen vom Verkehr, kritisiert der Bund für Naturschutz. Viele Leute fahren mit dem Auto in den Skiurlaub. Wenn sie das Mobil-Guthaben aber einmal haben, werden es auch Besserverdienende nicht verkommen lassen und vielleicht mal in die Bahn statt ins Auto steigen.

Ein Mobil-Guthaben würde auch helfen, Urlaubsfahrten mit der Bahn im Vergleich zu Billigflugreisen attraktiver zu machen. Denn aktuell sind Zugreisen zu Reisezielen in Europa in den meisten Fällen teurer als Flugreisen zu denselben Zielen. So das Ergebnis einer Studie von *Greenpeace*.[43] Absurd, denn damit lohnt es sich bislang nicht einmal, seinen Urlaub klimafreundlich mit der Zug statt mit dem Flugzeug zu planen. Ein Mobil-Guthaben würde das ermöglichen.

Ebenso könnte das Guthaben genutzt werden, um ein Fahrrad zu kaufen oder es in der Werkstatt reparieren zu lassen. Eine solche Belohnung für alle Radfahrerinnen und Radfahrer, die mit ihrer Muskelkraft täglich einen Beitrag zum Klimaschutz leisten, ist längst überfällig. Wer mit dem Rad fährt, stößt eben keine Abgase aus und ist fast so klimaschonend unterwegs wie zu Fuß. »Wenn man berücksichtigt«, erklärt das Umweltbundesamt, »dass das Auto in mehr als 40 % aller Fälle für Fahrten genutzt wird, die kürzer als 5 km sind und genau auf diesen Distanzen das Rad ein ideales Alltagsverkehrsmittel darstellt, lässt sich ein deutliches Umstiegspotenzial erkennen.«[44]

Bisher gab es nur Förderprämien für Selbstständige oder Firmen, die sich ein E-Bike oder E-Lastenrad zulegen. Sie können einen Teil des Kaufpreises mit Geld vom Staat bezahlen. Die breite Masse der Radfahrer:innen hatte davon nichts. Unterstützt werden eher jene in der Mittelschicht, die sich so ein Gefährt leisten wollen. Das Mobil-Guthaben hingegen würde allen Radfahrer:innen zugutekommen und hätte für sie auch die höchste Kaufkraft, denn eine Autoreparatur kann man mit solch einem Betrag kaum bezahlen, mehrere Fahrradreparaturen aber schon.

Schließlich müsste man mit dem Mobil-Guthaben auch Fahrten mit Car-Sharing-Autos bezahlen dürfen. Denn viele Menschen werden aus unterschiedlichen Gründen weiterhin auf ein Auto angewiesen sein. Es

43 Greenpeace, Klimafreundliches Bahnfahren meistens teurer als Fliegen, Hamburg, 20.7.2023.

44 https://www.umweltbundesamt.de/themen/verkehr/nachhaltige-mobilitaet/radverkehr#vorteile-des-fahrradfahrens

wäre aber schon ein Fortschritt, wenn sie auf den nächsten anstehenden Autokauf verzichten, weil sie durch finanzielle Anreize Appetit bekommen haben, mit anderen ein Auto zu teilen. Sie könnten damit einen neuen Mobilitäts-Mix ausprobieren.

Zwar gibt es durchaus die Kritik am Car-Sharing, es wäre ja gar nicht besonders klimaschonend und die Erwartungen an diese Angebote seien übertrieben. Die Unternehmensberatung A.T. Kearny veröffentlichte z.B. eine Studie, die auf der Befragung von Autofahrer:innen und Car-Sharing-Kund:innen basierte und nach der mehr Car-Sharing-Autos nicht dazu führen, dass es weniger Autos auf den Straßen gebe. Car-Sharing-Autos würden nur in einem geringen Ausmaß private Pkw ersetzen. Profitabel könne das zudem nur in wenigen Großstädten betrieben werden, weshalb das Potenzial begrenzt sei. Theoretisch sei nur für fünf Prozent der Deutschen das Car-Sharing eine Alternative zum eigenen Auto. Das würde langfristig zu einer Reduktion von höchstens zwei Millionen PKW in Deutschland führen.[45]

Doch zwei Millionen Autos weniger auf Deutschlands Straßen, klingt doch gar nicht so schlecht als Anfang. Schon das wäre eine Trendwende in Richtung Klimaschutz. Der Bundesverband CarSharing kritisierte zudem, dass Kearny gar nicht den gesamten Car-Sharing-Markt in Deutschland analysiert habe, sondern nur eine Handvoll relativ teurer Car-Sharing-Angebote deutscher Autokonzerne.

> »Für die übrigen rund 170 CarSharing-Anbieter in Deutschland sind (die Ergebnisse) hingegen irrelevant. (...) Fakt ist: In 61 deutschen Städten mit 100.000 bis 500.000 Einwohner*innen gibt es heute mindestens ein Car-Sharing-Angebot. Diese Angebote existieren zum Teil bereits seit 20 Jahren und länger.«

Außerdem dürfe man nicht Äpfel mit Birnen vergleichen. Car-Sharing-Autos von sogenannten Free-floating-Anbietern, deren Autos man überall am Straßenrand buchen und abstellen darf, würden tatsächlich selten bewusst als Privatauto-Ersatz genutzt.

45 Wilhelm Steinmann et al., Kearny – The demystification of car sharing, January 06, 2020. https://www.kearney.com/industry/automotive/article/-/insights/the-demystification-of-car-sharing

»In allen anderen CarSharing-Varianten sind hingegen jeweils über 60 Prozent der Kund*innen der Meinung, dass ihr CarSharing-Angebot ein vollwertiger Ersatz für ein eigenes Auto sei. Dieser Unterschied schlägt sich im Autobesitz unmittelbar nieder: In innerstädtischen Wohngebieten von Frankfurt, Köln und Stuttgart leben 80 Prozent der Kund*innen stationsbasierter und kombinierter CarSharing-Angebote in autofreien Haushalten.«[46]

Bei diesen Anbietern kommt zurzeit ein Auto auf sechzig Fahrberechtigte.

Die sogenannte Auto-Abschaffer-Quote gilt in der Car-Sharing-Szene als das schlagende Argument. Dazu gibt es mehrere Studien, die demselben Tenor folgen. Wer einmal mit dem Car-Sharing anfängt, trennt sich früher oder später vom eigenen Wagen, auch vom Firmenwagen. Einer Studie in Berlin zufolge hatte ein Drittel der Car-Sharing-Kunden bei ihrer Anmeldung noch einen privaten Pkw. Ein Jahr später waren es nur noch halb so viele. Würde man das auf die Bevölkerung hochrechnen, besäßen »die CarSharing-Kund*innen heute nur noch 64 Pkw pro 1.000 Personen«. Das liege »weit unter der Grenze von 150 Pkw pro 1.000 Einwohner, die das Umweltbundesamt für den klima- und umweltgerechten Verkehr in der ›Stadt für Morgen‹ empfiehlt«.[47] Aktuell liegen wir bei 583 Autos pro tausend Einwohner:innen.

Heute nutzen etwa viereinhalb Millionen Menschen in Deutschland Car-Sharing. Das sind zwar zehn Mal so viele wie vor zwanzig Jahren. Es bleibt aber eine kleine Minderheit, ein Nischen-Phänomen, das immerhin im Trend liegt. Solange zugleich die Zahl der privaten Pkw von einem Rekordhoch zum anderen jagt, bringt das klimapolitisch jedoch wenig. Es kommt also darauf an, Car-Sharing für viel mehr Menschen jenseits der Trendsetter als Alternative zum eigenen Auto zu etablieren. Nicht für die Berufspendlerin, die täglich weite Strecken zurücklegt und für die sich CarSharing nicht lohnt. Aber für viele, die nicht weit zur Arbeit müssen oder mit dem Auto eher Besorgungen erledigen und Freizeitfahrten unternehmen. Würde sich dadurch der Pkw-Verkehr in

---

46 https://carsharing.de/presse/pressemitteilungen/stellungnahme-zu-the-demystification-of-car-sharing-at-kearney

47 https://carsharing.de/alles-ueber-carsharing/studien/entlastungsleistung-stationsbasiertem-carsharing-homezone-carsharing

Deutschland nur um zehn Prozent verringern, ließen sich damit jährlich mehrere Millionen Tonnen Treibhausgase einsparen.[48]

Ein bundesweites Mobil-Guthaben, mit dem die Monatsgebühr oder die Kosten für Car-Sharing-Fahrten bezahlt werden könnten, würde erstens viel mehr Menschen den Einstieg schmackhaft machen. Zweitens würde es eine zusätzliche Nachfrage im ländlichen Raum generieren, in dem Menschen häufiger aufs Auto angewiesen sind. Da sind Car-Sharing-Anbieter noch seltener vertreten als in Städten. Sie würden dort gestärkt. Dies kann helfen, die Infrastruktur im ländlichen Raum zu verbessern. Drittens: selbst die kritischen Stimmen zum Car-Sharing kommen eigentlich einer Empfehlung gleich. Denn selbst, wenn viele Menschen Car-Sharing nur zusätzlich zum privaten Auto nutzen, heißt das, das sie damit auf die Anschaffung eines privaten Zweitautos verzichten können. Auch damit wäre schon viel gewonnen für den Klimaschutz. Zumal man mit einem Car-Sharing-Auto eher dann fährt, wenn es wirklich notwendig ist. Die Reservierung über eine App und das Hinlaufen zum Standort, an dem das Car-Sharing-Auto geparkt ist, stellt eben eine Hürde dar, die beim privaten Pkw vor der Haustür nicht gegeben ist. Dafür spart man sich beim stationsbasierten Car-Sharing die Parkplatzsuche.

Was nicht mit dem staatlichen Mobil-Guthaben bezahlt werden sollte, sind E-Scooter. In Paris hat sie die Bürgermeisterin Anne Hidalgo schon zum September 2023 aus der Stadt verbannt. Dabei gehörte die linke Kommunalpolitikerin zu den ersten, die ihre Stadt für E-Scooter geöffnet hatte, um deren Potenzial für eine nachhaltigere Mobilität auszuloten. Heute weiß nicht nur Hidalgo, dass dieses Potenzial eher begrenzt ist. Eine Fahrt mit dem E-Scooter ist zwar klimafreundlicher als mit dem Auto. Aber laut einer Studie in Berlin und Dresden würden nur 5,5 Prozent der Leih-Roller-Fahrer ihr Auto stehen lassen, um stattdessen mit dem E-Scooter zu fahren. Die meisten nutzen die Leih-Roller für Strecken, die sie sonst mit dem Rad, der Bahn oder zu Fuß erledigen würden.[49] Im Vergleich dazu sind E-Scooter aber nicht klimafreundlicher.

48 Bundesverband CarSharing, Pressemitteilung, Umweltbundesamt prognostiziert erhebliche Treibhausgas-Einsparungen durch CarSharing, 14.03.2023.

49 Umweltbundesamt, E-Scooter momentan kein Beitrag zur Verkehrswende, 27.10.2021. https://www.umweltbundesamt.de/themen/verkehr/nachhaltige-mobilitaet/e-scooter-momentan-kein-beitrag-zur-verkehrswende#aktuelles-fazit-des-uba Auch die etwas op-

Letzten Endes handelt es sich meistens um Spaßfahrten. Das ist ok, aber kein Grund, sie mit einem Mobil-Guthaben zu subventionieren, das dem Klimaschutz dienen soll.

Es bleiben genug Kombinationsmöglichkeiten. Mit den 500 Euro im Jahr könnte eine Person einen Teil des Deutschlandtickets finanzieren und mit dem verbleibenden Guthaben das eigene Fahrrad in Schuss halten. Jemand anderes würde damit die wöchentliche Einkaufsfahrt mit dem Car-Sharing-Auto bezahlen. Manch einer könnte ohne privaten Zweitwagen in der Familie auskommen. Viele Kombinationen sind denkbar und möglich und alle würden eines gemein haben: das Mobil-Guthaben macht es lohnender, klimaschonend unterwegs zu sein, als dies bislang der Fall ist. Und es zwingt Menschen auf eine angenehme Art und Weise dazu, weil niemand darauf verzichten wird, ein Guthaben zu nutzen, das ihm geschenkt wurde.

Die Höhe des Mobil-Guthabens ist entscheidend. Es darf nicht zu klein sein, um seine Wirkung nicht zu verfehlen. Es kann aber auch nicht zu hoch sein, um finanzierbar zu bleiben. In Deutschland leben etwa 68 Millionen Erwachsene. Ein Mobil-Guthaben von 500 Euro im Jahr würde den Staat 34 Milliarden Euro kosten. Solch ein bundesweites Mobil-Guthaben könnte die Bundesregierung zum Teil dadurch finanzieren, dass andere Förderungen und Begünstigungen wegfallen und die dadurch frei werdenden Gelder dafür genutzt werden.

Allein für die Kaufprämie für Elektroautos, für ihre steuerliche Begünstigung (weil man darauf keine Kfz-Steuer zahlt), für die Begünstigung von Elektroautos als Dienstwagen und für die Förderung von Erdgasautos wendete die Bundesregierung bisher rund fünf Milliarden Euro jährlich auf. Entweder als direkte Auszahlung oder als Verzicht auf Steuereinnahmen.[50] Diese Prämien und Sonderregeln sind zum Teil

---

timistischere Studie des Fraunhofer-Instituts erlaubt keine andere Einschätzung. Siehe: Fraunhofer-Institut für System- und Innovationsforschung ISI, Verringern geteilte E-Scooter und E-Bikes die Emissionen städtischer Verkehrssysteme?, 25. Oktober 2022. https://www.isi.fraunhofer.de/de/presse/2022/presseinfo-24-shared-micromobility-geteilte-e-scooter-bikes-emissionen-verkehr-staedte.html

50 Siehe in: Deutscher Bundestag, Bericht der Bundesregierung über die Entwicklung der Finanzhilfen des Bundes und der Steuervergünstigungen für die Jahre 2021 bis 2024 (29. Subventionsbericht) Drucksache 20/8300, 06.09.2023

ohnehin befristet und wir könnten diese Gelder in Zukunft für das Mobilguthaben verwenden. Die Elektroauto-Prämie ist nach dem Urteil des Bundesverfassungsgerichts zur Einhaltung der Schuldenbremse vorzeitig im Dezember 2023 abgeschafft worden. Die Preise für Elektroautos werden ohnehin absehbar sinken, womit die Förderung nicht mehr lange notwendig gewesen wäre. Auch wenn E-Autos gebraucht werden, um die klimaschädlichen Abgase im Straßenverkehr zu reduzieren, sind sie eben lange nicht so klimafreundlich, wie mit dem Rad, dem Bus oder der Bahn zu fahren. Von ihrer Subventionierung hatten vor allem Besserverdienende profitiert, die sich die teuren E-Modelle leisten können oder ein E-Auto als Dienstwagen gestellt bekommen. Höchste Zeit, dieses Geld weniger privilegierten Leuten zukommen zu lassen. Auch die zwei Milliarden Euro jährlich, mit denen die Bundesregierung den Aufbau von Ladesäulen fördert, können in Zukunft für das Mobil-Guthaben aufgewendet werden. In ein paar Jahren wird es genug Ladesäulen geben und diese Gelder werden frei.

Bei den rund 200 Millionen Euro, die aufgewendet werden, um Innovationen bei der Technologie für Wasserstoffantriebe zu fördern, könnten wir uns fragen, ob das noch eine sinnvolle Ausgabe der öffentlichen Hand ist oder die Autoindustrie diese Investitionen besser selbst tätigen sollte. Erst Recht stellt sich die Frage, wieso wir als Steuerzahlende überhaupt noch Projekte der hoch-profitablen deutschen Autoindustrie zur Transformation und Weiterentwicklung der Elektromobilität mit mehr als einer halben Milliarde Euro im Jahr subventionieren sollen.

Außerdem verzichtet die Bundesregierung jedes Jahr auf eine halbe Milliarde Euro Steuereinnahmen, weil sie das Flugkerosin für innerdeutsche Flüge begünstigt. Das ist eine Subvention, deren Abschaffung auch Gutachten schon lange fordern, »da sie eine umweltschädliche und wettbewerbsverzerrende Subvention«[51] sei. Nach dem Bundesverfassungsgerichtsurteil und der angespannten Haushaltslage hat die Bundesregierung beschlossen, ab Mai 2024 die Abgabe auf Flugtickets zu erhöhen. Erwartete Mehreinnahmen: 400 Millionen Euro.

Wir sollten auch andere Bereiche in den Blick nehmen, die nichts direkt mit dem Verkehr zu tun haben. Der deutsche Staat hat 2023

51 Ebd. S. 566

auf Umsatzsteuereinnahmen aus der Gastronomie in Höhe von rund drei Milliarden Euro verzichtet, um der Branche nach den schwierigen Corona-Lockdowns unter die Arme zu greifen. Diese Maßnahme lief Ende des Jahres 2023 aus und es sind wieder Mehreinnahmen zu erwarten. Außerdem schenkt der Staat der deutschen Hotelbranche anderthalb Milliarden Euro im Jahr, weil er nach der 2010 beschlossenen »Umsatzsteuerermäßigung für Beherbergungsleistungen« auf Einnahmen verzichtet. Auch hier wäre es höchste Zeit dieses FDP-Wahlgeschenk an die Hoteliers im Land zu beenden.

Wenn wir all diese Mittel zusammenrechnen, ließe sich damit schon ein Drittel des Mobil-Guthabens für alle finanzieren. Aber der politische Wille muss da sein. Auf ihn kommt es an. Der Verkehrsclub Deutschland kritisiert, dass sogar mehr als 30 Milliarden Euro als »klima- und umweltschädliche Subventionen«[52] in Form von Steuergeschenken in den Verkehrssektor fließen. Von der Entfernungspauschale über die Steuervergünstigung für Diesel, die Dienstwagenpauschale bis hin zur Mehrwertsteuerbefreiung von internationalen Flügen. Theoretisch könnte die Regierung mit einer Umschichtung dieser Mittel das komplette Mobil-Guthaben in der oben genannten Höhe finanzieren.

Es wäre aber unredlich, so zu kalkulieren. Denn erstens gehen wir ja davon aus, dass es wegen des Klimaschutzes weniger Autos geben muss und weniger Flugreisen unternommen werden. Also würden die zu erwartenden Mehreinnahmen geringer ausfallen, wenn die Steuerprivilegien aufgehoben würden. Bei der Mehrwertsteuerbefreiung für internationale Flüge kommt noch erschwerend hinzu, dass der Abschaffung unterschiedliche Steuersätze in jedem Land sowie internationale Abkommen entgegenstehen. Allerdings erhebt der deutsche Staat eine Luftverkehrsabgabe. Diese wurde schon im Jahr 2020 und nochmals Anfang 2023 erhöht. Auch diese Mehreinnahmen sollten in die Finanzierung des Mobil-Guthabens fließen. Bei der Entfernungspauschale sollte man bedenken, dass Berufspendler ohnehin schon belastet sind. Sie würden aber von einem Mobil-Guthaben ebenfalls profitieren. Trotz

52 https://www.fairkehr-magazin.de/archiv/2022/fk-04-2022/titel/10-zahlen-zur-finanzierung-des-verkehrs/ »Im Verkehr sind die Subventionen von 2012 bis 2018 sogar von 28,6 auf 30,8 Milliarden Euro angestiegen.« Siehe: https://www.umweltbundesamt.de/presse/pressemitteilungen/umweltschaedliche-subventionen-fast-die-haelfte

dieser Bedenken sollte eine Abschaffung oder Reform der genannten Steuerprivilegien stattfinden, damit der Staat mit diesem Geld stattdessen das Mobil-Guthaben für alle bezahlen kann.

Zu Recht wird mancher einwenden, dass wir nicht so zaghaft vorgehen sollten in einem Land, in dem Milliardenvermögen steuerlich geschont werden und in der Vergangenheit sogar entlastet wurden, während die normal verdienende Bevölkerung zum Beispiel durch steigende Mehrwertsteuern belastet wurde. Das Mobil-Guthaben für alle ließe sich auch trefflich durch eine Besteuerung der großen Vermögen finanzieren.[53] Ganz gleich aber, ob die Finanzierung ganz oder zur Hälfte im Rahmen einer moderaten steuerlichen Reform möglich wäre. Und unabhängig davon, welche Lücke noch offen bleiben würde und zum Beispiel durch eine Vermögensabgabe geschlossen werden müsste. In jedem Fall wird eine entschiedene politische Auseinandersetzung nötig sein, um die Prioritäten im Land zu verschieben und die Einführung eines Mobil-Guthabens durchzusetzen – im Verbund mit und als Kompensation für die Begrenzung der Halteerlaubnis auf ein Auto pro Haushalt.

Ohne massiv weniger Autos auf unseren Straßen können wir weder die Energiewende schaffen, noch die Klimaziele einhalten. Das zu erwarten, wäre unrealistisch. Darauf weist auch das Umweltbundesamt schon lange hin. In einer Studie legen die Fachleute dar, wie in Deutschland eine Minderung der Treibhausgase um siebzig Prozent bis 2030 erreicht werden könnte. An dritter Stelle hinter der Energiewirtschaft und der Industrie steht der Verkehr mit einem Potenzial von 61 Millionen Tonnen CO_2-Äquivalenten, die wir vermeiden könnten. »Die Reduktion der Verkehrsmengen und Verlagerung auf klimaschonendere Verkehrsträger« wird gleich als wichtigstes Ziel benannt, mit der auch ein »Rückgang des Fahrzeugbestandes« verbunden ist. Sie ist eine unabdingbare Voraussetzung. Im Grunde genommen müsste man sofort anfangen, damit sich ab 2030 »nennenswerte Beiträge zum Klimaschutz« einstellen.[54]

53 Eine Studie der Hans-Böckler-Stiftung offenbarte zum Beispiel, dass deutsche Milliardäre um 500 Milliarden Euro vermögender sind, als bislang angenommen. Siehe: Julia Jirmann, Christoph Trautvetter, Milliardenvermögen in Deutschland, Hans-Böckler-Stiftung, Dezember 2023.

54 Umweltbundesamt, Treibhausgasminderung um 70 Prozent bis 2030: So kann es gehen!, Berlin, 2021, S. 31 f.

Für Katja Purr, die die Studie geleitet hat, geht es auch darum, die Akzeptanz beim Ausbau der erneuerbaren Energien und die Elektrifizierung unserer Autos zusammenzudenken.

> »Für eine Million elektrische Fahrzeuge brauchen wir etwa zwei Terrawattstunden erneuerbare Stromerzeugung. Das entspricht rund 450 Windkrafträdern, die wir nur für die Versorgung dieser Fahrzeuge brauchen. Je weniger E-Autos wir haben, desto weniger Windenergieanlagen müssen wir also zubauen. Und desto mehr Rücksicht können wir auf den Naturschutz nehmen.«[55]

Zur Info: In Bayern wurden im Jahr 2023 gerade mal sechs zusätzliche Windräder gebaut und selbst in Niedersachsen nur 33.[56]

Für etwas Entlastung könnten in Zukunft günstige Solarfolien sorgen, die das Fraunhofer-Institut für Solare Energiesysteme entwickelt hat. Diese Folien kommen auf die Motorhaube und aufs Dach. Sie könnten bei genug Sonnenschein ein Drittel der Energie beisteuern, die nötig ist, damit das Elektroauto fährt. Die Forscher hoffen, dass in zehn Jahren solche Folien serienmäßig verbaut werden. Sicher eine gute Erfindung, aber der größte Teil des benötigten Ökostroms für E-Autos wird dennoch von Windrädern und Solaranlagen geliefert werden müssen, die noch zu bauen sind.

Es geht also nicht darum, alle 49 Millionen Diesel- und Benzinautos in Deutschland durch Elektroautos zu ersetzen. Das ist nicht das Ziel. Darüber herrscht eigentlich Konsens bei allen, die es ernst meinen mit dem Klimaschutz. Auch Elektroautos haben einen ökologischen Fußabdruck und ihre Herstellung setzt Treibhausgase frei. Der Ausstoß liegt zwar über die gesamte Lebensdauer eines typischen Mittelklassewagens gerechnet nur bei einem Fünftel im Vergleich zu dem eines Benziners oder Dieselautos. Doch das gilt nur, wenn der Strom aus erneuerbaren Energien stammt, was derzeit in Deutschland noch nicht der Fall ist. Dasselbe gilt in etwas geringerem Maße auch für Wasserstoffautos, wenn der Strom zur Wasserstoffherstellung aus erneuerbaren Energien stammt.

---

55 Auskünfte im Rahmen eines persönlichen Interviews November 2021.

56 Siehe: https://www.windbranche.de/windenergie-ausbau/bundeslaender

Aber es bleiben zwischen 40 und 50 Gramm CO_2-Äquivalente pro gefahrenem Kilometer.[57]

Bei Wasserstoffautos denken immer noch viele Menschen, sie seien ja so sauber, weil da nur Wassertropfen aus dem Auspuff kommen. Tatsächlich sind es auch nur mit Strom betriebene Fahrzeuge, die mit Wasserstoff betankt werden, um die Brennstoffzelle mit Energie zu versorgen, damit diese sie in Strom für den Motor umwandelt. Wasserstoffautos benötigen drei Mal so viel Ökostrom pro gefahrenem Kilometer wie batteriebetriebene Elektroautos. 2023 gab es nach wie vor kaum entsprechende Tankstellen in Deutschland und ebenso wenig massentaugliche Modelle. E-Autos sind demgegenüber schon verbreitet. Komplett indiskutabel sind sogenannte E-Fuels, für die die FDP und Porsche in der deutschen Öffentlichkeit gerne werben. Um solche Kraftstoffe herzustellen, ist pro gefahrenem Kilometer bis zu sieben Mal so viel Ökostrom nötig, wie ein Elektroauto für dieselbe Strecke braucht. Außerdem sind E-Fuels noch teuer und werden auch bis Mitte des Jahrhunderts nicht günstig genug für den Massenmarkt sein, weshalb es in Fachkreisen als unrealistisch gilt, seine Hoffnungen auf E-Fuels zu setzen, um die Pariser Klimaschutzziele zu erreichen.[58]

Elektroautos sind aber Strom-Mehrverbraucher, die massenhaft zu allen anderen Verbrauchern hinzukommen. Der Präsident der Bundesnetzagentur hat deswegen schon gewarnt, die Stromnetze könnten überlastet werden, wenn immer mehr Elektroauto-Ladestationen und mit Strom betriebene Wärmepumpen in Deutschland installiert werden. Sollte der Ausbau der erneuerbaren Energien da nicht mithalten, wäre eine Stromrationierung notwendig. Die Pläne dazu sollen 2024 in Kraft treten. Eine Mindestversorgung soll garantiert werden, sodass man sein E-Auto an seiner privaten Ladestation soweit aufladen darf, dass man fünfzig Kilometer damit fahren kann.

57 Rachel Muncrief, Why are electric vehicles the only way to quickly and substantially decarbonize transport?, Juli 2021. Abrufbar unter: https://theicct.org/why-are-electric-vehicles-the-only-way-to-quickly-and-substantially-decarbonize-transport/

58 Stephanie Searle, Georg Bieker, Chelsea Baldino, Decarbonizing road transport by 2050, Zero-emission pathways for passenger vehicles, International Council on clean Transportation, Juli 2021. Abrufbar unter: https://theicct.org/wp-content/uploads/2021/12/zevtc-decarbonizing-by-2050-Jul2021%E2%80%AF.pdf

Auch wenn es viele Leute immer noch nicht ausreichend realisiert haben oder nicht wahrhaben wollen: für Fachleute ist es ausgemachte Sache, dass wir die Zahl der Autos in Deutschland am besten halbieren sollten, wenn wir unseren Beitrag dazu leisten wollen, den Klimawandel aufzuhalten. Ihre Vorschläge dazu, wie wir das erreichen können, sind aber zaghaft und zum Teil problematisch. Der Sachverständigenrat für Umweltfragen zum Beispiel empfiehlt, mehr Geld auszugeben, um das Bus- und Bahnangebot zu verbessern. Der Fuß- und Fahrradverkehr in den Städten soll attraktiver gemacht werden, was bedeuten würde, den Autos Platz wegzunehmen. Soweit so gut und längst überfällig. Als weitere »konkrete Schritte zur Verkehrsvermeidung und Verkehrsverlagerung«[59] empfehlen die Sachverständigen schon seit Längerem eine Pkw-Maut sowie eine Erhöhung der innerstädtischen Parkgebühren und schließlich die Einführung eines Tempolimits auf der Autobahn sowie Tempo 30 als Regelhöchstgeschwindigkeit innerorts.

Solche Vorschläge stützen sich auf die Hoffnung, dass ausreichend viele Menschen von sich aus das Auto stehen lassen, wenn das Angebot an Alternativen besser wird. Beim Autofahren werden sie zusätzlich behindert, sodass sie möglichst die Lust daran verlieren. Ob sich diese Annahme als richtig erweist, ist nicht ausgemacht. Es bleibt erst einmal bei der Hoffnung darauf. Und ob der Umbau der Städte und der Ausbau des Bus- und Bahnnetzes schnell und weitgehend genug erfolgt, um ohne weitere Maßnahmen die beabsichtigte »Verkehrsvermeidung und Verkehrsverlagerung« zu erreichen, ist ebenso wenig sicher. Zugleich folgen solche Vorschläge einer Markt- und Preislogik, die letzten Endes zu eng einer kapitalistischen Denkweise verhaftet bleibt und im Ergebnis unsozial ist. Zum einen, weil sie die soziale Spaltung vertieft, und zum anderen, weil sie sich scheut, Begrenzungen beim Eigentumsrecht zu erwägen und den Klassenaspekt ausblendet. Denn wem tun denn höhere Kosten wirklich weh?

Die Bundesregierung hat schon die gesetzliche Grundlage geändert, damit Kommunen ihre Parkgebühren kräftig erhöhen dürfen. Das passiert schon in vielen Städten. Anwohner:innen müssen dann

59 Sachverständigenrat für Umweltfragen, Was jetzt zu tun ist: Empfehlungen für eine ökologische Transformation, Impulspapier Oktober 2021, S. 4.

mehrere Hundert Euro im Jahr zusätzlich berappen. Wenn sie ihren Wagen nicht verkaufen können, weil sie erst einmal darauf angewiesen bleiben, bedeutet das nichts anderes als eine finanzielle Belastung für Normalverdiener:innen ohne erkennbaren Gewinn für den Klimaschutz. Reiche und Besserverdienende, wenn sie denn in der Innenstadt wohnen, werden höhere Parkgebühren und teurere Knöllchen umstandslos bezahlen können. Das wird sie nicht davon abhalten, das nächste Sportcabrio oder den nächsten Hummer-SUV zu kaufen, wenn ihnen danach ist.

Die Vorstellung wiederum, Autos innerhalb der Stadt nur noch Tempo 30 fahren zu lassen, ist für viele Autofahrer:innen ebenso weltfremd wie widersprüchlich. Autos sind nicht dafür gebaut, um bei freier Fahrt, außerhalb reiner Wohngebiete oder Einbahnstraßen maximal 30 km/h zu fahren. Man schleicht dabei über die Fahrbahn, was sehr nervenaufreibend sein kann, wenn man eigentlich keine Zeit hat. Wenn man dazu noch wegen des vielen Verkehrs im Stop-and-go-Modus fahren muss, erhöht das den Benzinverbrauch. Solange Elektroautos nach wie vor einen geringen Teil der Pkws ausmachen, führt das zu mehr Abgasen.

Ein bezeichnendes Beispiel liefert die verkehrspolitische Posse, die sich nach der letzten Kommunalwahl in Düsseldorf ereignete. Der vorangegangene Oberbürgermeister (SPD) hatte in einem Stadtviertel breite Fahrradspuren auf einer Hauptverkehrsstraße einrichten lassen. Diese Straße nutzen allerdings viele Pendler:innen, wenn sie in die Stadt hineinfahren. Durch die neuen Radspuren hatten die Autos nur noch eine statt zwei Spuren pro Fahrtrichtung zur Verfügung. Das Ganze sorgte für kontroverse Diskussionen und war im Wahlkampf ein Streitthema. Das nutzte der Herausforderer, um sich als Anwalt der Autofahrer:innen zu inszenieren. Die Masche verfing und er gewann die Wahl.

Der neue Oberbürgermeister (CDU) ließ die Fahrradspuren wieder abbauen und gab dem Autoverkehr die ganze Fahrbahn zurück. Wohlgemerkt, in Zeiten, in denen wir über Klimaschutz diskutieren. Zum Ausgleich wurde nun aber diese vielbefahrene Straße in eine Tempo-30-Zone umgewandelt. Der Umwelt zuliebe. Die theoretisch möglichen Emissionseinsparungen bei Tempo 30 sind jedoch im Vergleich zu Tempo 50 marginal.

Es ist fraglich, ob bestimmte Maßnahmen, die sich auf bessere Angebote und Anreize konzentrieren, den Erfolg haben werden, der nötig ist, um die Klimaziele zu erreichen. Und wenn obendrein der durchschnittlichen Bevölkerung im Namen des Klimaschutzes zusätzliche Kosten auferlegt werden, dann ist diesem weder ausreichend gedient, noch lässt sich dafür werben. Im Gegenteil, viele Leute sind am Ende sauer und wollen nichts mehr davon hören.

Klima-Kommunismus zielt hingegen darauf ab, dieses Verhältnis umzukehren. Mit Maßnahmen, die den Normalverdiener:innen einen finanziellen Vorteil verschaffen. Die sie für klimabewusstes Verhalten im Verkehr finanziell belohnen und die notwendige Reduktion der Zahl an Autos staatlich durchsetzen. Und zwar so, dass das Ergebnis nicht der Hoffnung überlassen bleibt und von den größten Einschränkungen vor allem der kleine, privilegierte Teil der Bevölkerung betroffen ist, der in Sachen Klimaschutz eine höhere Bringschuld hat.

Ich habe mich bei der Beschreibung der Maßnahmen, die den Verkehr betreffen, auf Deutschland konzentriert. Auch wenn Klimaschutz Gegenstand weltweiter Aushandlungen und Übereinkommen ist, bleiben die Nationalstaaten doch souverän im Hinblick auf die Frage, wie sie welche Verpflichtungen aus dem Pariser Klimaschutzabkommen zur Senkung der Emissionen und Anpassung an den Klimawandel umsetzen. Unser Wahrnehmungshorizont wiederum ist notgedrungen weitgehend auf die Gesellschaft beschränkt, in der wir leben. Hier verfolgen wir die politischen Entwicklungen, hier können wir am ehesten Einfluss nehmen. Klima-Kommunismus ist dennoch keine nationale Angelegenheit. Er ist als politische Option für alle Industrieländer beziehungsweise solche mit einem ähnlich hohen Energieverbrauch und Lebensstil wie in Deutschland relevant. Und gerade in Bezug auf den Verkehr ließen sich die diskutierten Maßnahmen auch auf EU-Ebene durchsetzen, ähnlich wie Abgaswerte oder das Verbrenner-Aus. Die Ausprägung von Maßnahmen kann aber je nach Land variieren, weil in jedem Land die Situation etwas anders gelagert ist.

In Polen zum Beispiel wird seltener geflogen als bei uns. Dafür besitzen die Polen mittlerweile mehr Autos im Verhältnis zur Bevölkerungszahl als wir in Deutschland. Entsprechend würde eine andere Gewichtung von klima-kommunistischen Maßnahmen Sinn ergeben. In Griechenland wiederum ist der Zugverkehr aktuell für viele Menschen überhaupt keine Mobilitäts-Option. Dort ist das Bahnnetz noch schlimmer kaputtgespart worden als bei uns. Ende Februar 2023 starben zu allem Unglück 57 vor allem junge Passagiere nach einem Zugunfall, viele weitere wurden schwer verletzt. Zum Zusammenstoß des Passagierzugs mit einem Güterzug kam es nach Fehlern des Bahnhofsvorstehers, der seinen Job erhalten hatte, obwohl ihm die Qualifikation fehlte. Zuvor hatte die Bahngewerkschaft den griechischen Verkehrsminister Konstantinos Karamanlis mehrfach auf Sicherheitsprobleme im Zugverkehr hingewiesen, die er in einer Parlamentsdebatte als haltlos zurückgewiesen hatte. Nach dem Unglück trat Karamanlis als Minister zwar zurück, aber bei der Wahl im Juni trat er wieder an und wurde als Abgeordneter wiedergewählt. Kleine Notiz am Rande: Sowohl er als auch Ministerpräsident Mitsotakis von der konservativen Partei Nea Dimokratia entstammen Politikerfamilien.

Es wundert nicht, dass Menschen nach solchen Erfahrungen Züge in dem Land meiden. Ohnehin wurden die Verbindungen nach dem Unglück eingeschränkt. Klimapolitisch ist so etwas natürlich absolut kontraproduktiv. Wenn wir uns über Verspätungen der Deutschen Bahn ärgern, sollten wir bedenken, dass das für andere Gesellschaften Luxusprobleme sind. Ich schildere dieses Beispiel so ausführlich, um zu verdeutlichen, dass in vielen Gesellschaften häufig andere Voraussetzungen gelten. Und die Aufgaben, zum Beispiel die Attraktivität von Bus und Bahn zu erhöhen, noch größer sind als bei uns. Doch auch in anderen Ländern würden die oben beschriebenen Maßnahmen Sinn ergeben. Klima-Kommunismus muss aber vor Ort jeweils anders gedacht und akzentuiert werden. Beginnen müssen wir vor unserer eigenen Haustür.

Bitte jede:r nur eine Wurst

Waren Sie schon mal im Fußballstadion? Oder in einer Konzerthalle oder auf dem Weihnachtsmarkt? Eins haben diese Eventlocations gemeinsam. Eine gegrillte Bratwurst dort zu kaufen, ist ziemlich teuer. Zwischen vier und fünf Euro kostet das Stück. Manchmal sogar sechs. Mehr als eine will man sich normalerweise dann auch gar nicht leisten. Der Markt sorgt über den Preis für eine De-Facto-Rationierung. Interessanterweise beschwert sich kaum jemand darüber.

Szenenwechsel. Ich betätige mich unter anderem als Kulturveranstalter. In Düsseldorf stelle ich seit einigen Jahren ein kleines, griechisches

Sommer-Festival auf die Beine. Mit Live-Musik, Tanz und Souvlaki vom Grill. Ich hatte mir erlaubt, als Veranstalter Verantwortung zu übernehmen und an der Eintrittskasse Flyer zu verteilen, auf denen ich den Besucher:innen erklärte, dass mit Abgabe dieses ›Coupons‹ jeder Besucher und jede Besucherin genau einen Fleischspieß käuflich erwerben kann. Aus Gründen des Klimaschutzes sei es eben nötig, unseren Fleischkonsum zu reduzieren. Also, gleiches Recht für alle. Dafür gab es die Souvlaki aber zum Volkspreis von günstigen zwei Euro pro Stück. Als Alternative standen gegrillte Maiskolben und Halloumikäse-Spieße im Angebot.

Wer die innige Beziehung der durchschnittlichen Griechen, aber auch so manch Griechenland-Urlauber zum Souvlaki kennt, wird diese Aktion als nahe dem Sakrileg einstufen. Randaliert hat deswegen aber kaum jemand. Im Gegenteil, viele haben mitgemacht. Natürlich gab es auch genervte Nachfragen und Beschwerden.

Mit einer jungen Frau, die es »nicht fassen« konnte, diskutierte ich vor dem Grillstand. »Oh, mein Gott, so etwas kann man doch nicht machen«, sagte sie und schlug die Hände über dem Kopf zusammen. Im Laufe des Gesprächs gestand sie mir allerdings, sie fände es auch »eine »Schande, wie viele Lebensmittel weggeschmissen werden«. Schließlich meinte sie: »Aber ein Souvlaki pro Person, das ist wirklich zu krass. Mach doch zwei draus.« Ihrem Spaß an der Musik und der Atmosphäre auf dem Festival tat die Fleisch-Begrenzung keinen Abbruch, sie blieb bis zur letzten Minute.

Am Folgetag postete eine Handvoll User auf Facebook kritische Kommentare nach dem Motto »schlimmer als in der DDR«. Einer schrieb sogar, er wollte »den Veranstalter zur Rede stellen [...] da hat er Glück gehabt, dass seine gute Freundin auch meine gute Freundin ist!« Nun ja, nachdem ich ihn um Vorschläge bat, »wie man es besser machen kann, immer her damit«, packte er gedanklich die Boxhandschuhe wieder ein und gab sich ganz konziliant. »Es muss ja nicht Fleisch sein, da bin ich bei dir! Kleinigkeiten, Mezedes, Paximadakia, Oliven, Artischocken, egal, was Vegetarisches hätte auch gereicht.« Ich versprach, das beim nächsten Mal zu berücksichtigen.

Betrachten wir es als Experiment. Die Maßnahme bewirkte, dass Menschen sich in einem Kontext, in dem sie es nicht gewöhnt sind, Gedanken über Klimaschutz und Fleischkonsum machten. Es wurde diskutiert, ob es legitim und nötig sei, den Fleischkonsum zu begrenzen und wie viel eigentlich die richtige Menge wäre. Manche erfuhren zum ersten Mal, dass auch ein zu hoher Fleischkonsum zum Klimawandel beiträgt. Es mag provokant klingen, aber wir werden darüber diskutieren müssen, ob und wie wir die Begrenzung des Fleischkonsums nicht der Freiwilligkeit überlassen, sondern mit politischen Maßnahmen steuern möchten. Momentan geht die Entwicklung eher in Richtung des Modells Fußballstadion. Fleisch wird tendenziell teurer, was zu einer sozial ungerechten Form der Rationierung über den Markt führt. Menschen, die weniger verdienen, ärgern sich über steigende Preise. Anliegen wie der Klimaschutz können über diesen Frust in Misskredit geraten. Umgekehrt kann aber gelten: wenn die Menschen nicht das Gefühl haben, dass sie abgezockt werden, dann steigt die Akzeptanz für regulierende Maßnahmen.

Eine Möglichkeit, das im nationalen Rahmen umzusetzen, wäre zum Beispiel die Einführung eines Fleischguthabens für jeden Einwohner und jede Einwohnerin in Deutschland. Es geht nicht darum, dass wir alle Vegetarier werden. Darauf zu hoffen, wäre extrem unwahrscheinlich und weder notwendig noch sinnvoll. Menschen, die sich entscheiden, überhaupt kein Fleisch zu essen, tun dies auch aus ethischen oder gesundheitlichen Gründen, die nichts direkt mit dem Klimaschutz zu tun haben. Und obwohl es einen Trend zum Fleischverzicht gerade unter Jüngeren gibt, ernähren sich die meisten Menschen in Deutschland fleischhaltig und werden es auch weiterhin tun. In einer Umfrage unter 15- bis 29-Jährigen haben nur 2,3 Prozent angegeben, dass sie sich vegan und weitere zehn Prozent, dass sie sich vegetarisch ernähren. Immerhin ein Viertel der jungen Leute hierzulande isst laut dieser Umfrage nur gelegentlich Fleisch. Sie gaben an, erst in den vergangenen Jahren zum Flexitarier beziehungsweise zur Flexitarierin geworden zu sein. Die meisten, nämlich rund sechzig Prozent, hatten mit Fleischverzicht nichts am Hut. Das heißt, die Mehrheit auch der jungen Leute verzichtet nach wie vor weder auf den Döner noch auf die Salami. Aber immer mehr können sich immerhin vorstellen mit weniger auszukommen.

Zugleich wollen viele Menschen in ärmeren Gesellschaften mehr Fleisch essen. Die klimaschädliche globale Produktion von Schlachtvieh und deren Export und Import nimmt vorerst weiter zu, auch wenn der

Konsum in den Industrieländern leicht abnimmt – selbst in den USA, das für seinen Rekordverbrauch bekannt ist. Wir in Deutschland liegen mit Ländern wie Brasilien, Frankreich, Russland oder Italien dahinter. Bei uns wird doppelt so viel Fleisch verbraucht wie in Thailand, dem Iran oder der Türkei und drei Mal so viel wie in Kenia oder Indonesien. Auch wenn die Nachfrage nach Fleisch zum Beispiel auf dem afrikanischen Kontinent steigt, bleibt der Pro-Kopf-Verbrauch unter der Hälfte von dem in Europa.[60]

Die Frage, wie viel Wurst, Suçuk oder Souvlaki wir in Zukunft auf den Teller bekommen, ist eine ganz praktische Frage der globalen Solidarität. Auch hier müssen wir Teilen lernen. Es wäre durchaus möglich, zehn Milliarden Menschen auf dem Planeten nachhaltig zu ernähren. Forscher:innen des Potsdam-Institut für Klimafolgenforschung haben das mit Kolleg:innen aus Finnland, Schweden und den USA untersucht. Ihr Befund lautet: Würde man heute auf Nachhaltigkeit achten, also keine Überdüngung, keine Ausweitung der Ackerflächen in Naturschutzgebiete und auf gerodete Waldflächen zulassen, könnte das derzeitige globale Ernährungssystem gerade mal 3,4 Milliarden Menschen ernähren. Nicht einmal die Hälfte der Menschheit.

Die positive Nachricht ihrer Berechnungen: Selbst wenn zur Mitte des Jahrhunderts zehn Milliarden Menschen auf der Erde leben, müsste niemand hungern, und zwar auch dann nicht, wenn wir auf Nachhaltigkeit in der Landwirtschaft achten. Dafür wäre es aber – neben Maßnahmen wie einer effizienteren Bewässerung und weniger Lebensmittelverschwendung – notwendig, unsere Ernährungsgewohnheiten zu ändern. Niemand müsste gegen seinen Willen zum Veganer mutieren. Es wäre aber notwendig, den Anteil an Lebensmitteln, die mit der Viehzucht zusammenhängen, zu reduzieren. Und insbesondere weniger Fleisch und stattdessen mehr Hülsenfrüchte oder Soja zu essen, damit der Körper genug Proteine aufnimmt.[61]

---

60 Fleischatlas 2021, Heinrich-Böll-Stiftung, Bund für Umwelt und Naturschutz Deutschland und Le Monde Diplomatique, 2021, S. 10 f., S. 34. f.

61 Gerten, D., Heck, V., Jägermeyr, J. *et al.* Feeding ten billion people is possible within four terrestrial planetary boundaries. *Nature Sustainability* 3, S. 200–208 (2020). Der Studie zufolge würden alle Maßnahmen zusammengenommen auch in der Lage sein,

So könnten wir es auch schaffen, dass alle Menschen gleich gut zu essen bekommen. Das bedeutet natürlich in der praktischen Konsequenz: Damit die Ernährung der Menschheit in Zukunft sichergestellt werden kann, ohne die Natur weiter zu belasten, müssten Nordamerikaner und Europäerinnen weniger Fleisch essen als bisher. Das gilt aber auch für Menschen in China, die mittlerweile mehr Fleisch essen als in der Vergangenheit. Auch sie müssten in Zukunft tierische Proteine durch mehr Bohnen und Co. ersetzen.[62]

In Deutschland verspeist jeder und jede von uns im Durchschnitt ein Kilo Fleisch pro Woche. Wenn es nur darum geht, genügend Nährstoffe, die im Fleisch enthalten sind, wie Eiweiß, Eisen, Selen, Zink oder Vitamin B12 zu erhalten, würde es ausreichen pro Person 300 Gramm Fleisch bei niedrigem Energiebedarf und bis zu 600 Gramm Fleisch bei hohem Energiebedarf in der Woche zu konsumieren.[63] Im Grunde geht es also um die Halbierung des Fleischkonsums in Deutschland. Das wäre genug, um für den Klimaschutz das zu tun, was im Rahmen der Ernährung getan werden kann. Eine Hähnchenkeule, ein Steak pro Woche und fast jeden Tag ein Wurstbrot sind dann immer noch drin. Aber eben nicht mehr.

Menschen, die wenig Fleisch essen, verhalten sich nämlich in Bezug auf den Konsum von Lebensmitteln fast genauso klimafreundlich wie Vegetarier. Das legen die Zahlen einer breit angelegten Studie aus Großbritannien nahe. Das Team von Wissenschaftler:innen aus UK wollte herausfinden, wie das tatsächliche Essverhalten der Bevölkerung mit den Treibhausgasen zusammenhängt, die die Erderwärmung verursachen. Sie haben dafür die Angaben von mehr als 50.000 Menschen ausgewertet, die seit den 1990er-Jahren an Erhebungen zum Essverhalten im Rahmen der Krebsvorsorge teilgenommen haben. Darunter Veganer:innen, Vegetarier:innen, Fisch- oder Fleischesser. Diese Daten haben sie zusam-

---

die historische Belastung der Atmosphäre mit CO_2 infolge der Industrialisierung der Landwirtschaft auszugleichen.

62 Potsdam-Institut für Klimafolgenforschung, Die Welt ernähren, ohne den Planeten zu schädigen, ist möglich. 20/01/2020. Abrufbar unter: https://www.pik-potsdam.de/de/aktuelles/nachrichten/die-welt-ernaehren-ohne-den-planeten-zu-schaedigen-ist-moeglich

63 Förderung einer pflanzenbasierten Ernährung zulasten des Fleischkonsums, Antwort der Bundesregierung, Bundestags-Drucksache 20/7814, 25.07.2023.

mengebracht mit dem, was wir über den Ausstoß von Treibhausgasen bei der weltweiten Produktion von Lebensmitteln wissen.

Wenig überraschend kam heraus, dass Veganer nur ein Viertel der Menge an Treibhausgasen verursachen wie Menschen, die viel Fleisch essen. Die Klimabilanz von Menschen, die hauptsächlich Fisch essen, aber fast kein Fleisch, ist beinahe genauso gut wie die von Vegetarier:innen. Und auch der Abstand zwischen Vegetarier:innen und Menschen, die nur wenig Fleisch essen, ist gar nicht so groß. Wer wenig Fleisch isst, verursacht etwa halb so viel Ausstoß von Methan und Kohlendioxid wie Menschen, die viel Fleisch essen. Wenig-Fleisch-Esser greifen zwar ähnlich wie Vegetarier:innen häufiger zu Käse, trinken dafür aber weniger Milch als Viel-Fleisch-Esser. Milchprodukte haben bekanntlich einen ebenfalls hohen CO_2-Fußbadruck, deshalb reicht es nicht, nur auf Schnitzel und Co. zu achten. Die Stärke der Studie besteht darin, dass alle Facetten des echten Essverhaltens berücksichtigt wurden. Die Wenig-Fleisch-Esser konsumieren zum Beispiel mengenmäßig etwa genauso viel Fisch in der Woche. Würden sie ihren Fischkonsum ebenfalls reduzieren, wäre der Unterschied zur Klimabilanz einer rein pflanzlichen Ernährung noch geringer.

Als ›low meat eaters‹ definierten die britischen Forschenden dabei Leute, die im Schnitt mit weniger als 50 Gramm Fleisch pro Tag auskommen. Auf die Woche gerechnet sind das also 350 Gramm. Das heißt im echten Leben, mittags oder abends gibt es nur zwei bis drei Mal die Woche eine Bratwurst oder ein Gulasch auf den Teller. Jeden Tag Fleisch ist nicht drin. Die Gruppe jener Menschen, die jeden Tag mehr als 100 Gramm Fleisch essen, hatte die schlechteste Klimabilanz, weil sie nicht nur mehr Fleisch, sondern auch mehr Fisch essen als die anderen Gruppen.[64]

Auch in Bezug auf den immensen Wasserverbrauch, der mit der Viehzucht und dem Anbau von Viehfutter einhergeht, ist es nicht nötig, komplett auf Fleisch zu verzichten, wohl aber, die Menge, die wir essen, zu reduzieren. Einer Studie deutscher, australischer und finnischer Wissenschaftler:innen zufolge macht es sich ab einem gewissen Punkt für den Wasserverbrauch nicht mehr positiv bemerkbar, auf Fleisch zu ver-

64 Scarborough, P., Clark, M., Cobiac, L. *et al.* Vegans, vegetarians, fish-eaters and meat-eaters in the UK show discrepant environmental impacts. *Nat Food* 4, 565–574 (2023).

zichten. Dann könnte der Wasserverbrauch für den Anbau pflanzlicher Nahrung zur Erreichung derselben Menge an Nährstoffen wie aus der Fleischproduktion diesen sogar übersteigen.[65]

Es geht also gar nicht darum, dass wir alle Vegetarier werden, wie manche Polemik aus dem Lager der Klimawandelleugner unterstellt. Es geht darum, dass die Gruppe der Menschen, die täglich und zum Teil auch sehr viel Fleisch verputzt, ihren Fleischkonsum herunterschraubt. Die Vorschläge, die dazu immer wieder in die Diskussion gebracht werden, reichen von finanziellen Anreizen, also einer Abschaffung der Mehrwertsteuer auf Gemüse und vegetarische Produkte, über die Kennzeichnung des Klimaeffekts auf der Verpackung von Lebensmitteln bis hin zu Informationskampagnen und Aufklärung.

Die bisherige Erfahrung legt aber nahe, dass das mitnichten genügen wird. Selbst unter den jungen Leuten lässt sich ein Großteil kaum davon beeindrucken, wie die oben zitierte Befragung illustriert. Und auch wenn es in manchen Universitätsmensen zu einem Vormarsch veganer oder vegetarischer Speisepläne kommt, ist es fraglich, ob dadurch in der Breite eine Veränderung eintritt. Wer schon mal versucht hat, in der Kantine seines Arbeitgebers einen Veggie-Tag anzuregen und durchzusetzen, weiß, wie vorzüglich man damit auch scheitern kann. Es gibt eben Menschen, die lieber in die nächste Döner-Bude rennen, wenn es in der Kantine kein Schnitzel gibt.

Die Idee des Fleischguthabens für jeden Einwohner und jede Einwohnerin könnte eine Möglichkeit sein, das Problem effektiver zu lösen. Allerdings stellt sich die Frage, wie der Staat so etwas umsetzen und kontrolliere sollte. In der Gastronomie zum Beispiel ist das kaum möglich. Den ohnehin schon infolge der Coronakrise gebeutelten Restaurantbetreiber:innen wäre das nicht zuzumuten. Und Imbissbuden könnten gleich dichtmachen, wenn sie verpflichtet wären, die Menge an Döner, Gyros oder Bratwürsten zugunsten von Seitan und Veggiewurst zu begrenzen. Es ließe sich auch nicht kontrollieren, wie viel Gramm Fleisch bei jeder Bestellung wirklich über die Theke oder auf den Teller geht.

65 Mika Jalava1, Joseph H.A. Guillaume, Matti Kummu, Vera Heck, Olli Varis, Moderate reductions in animal protein intake could substantially decrease pressure on environment when food system change is optimised, 20. Januar 2022.

Einfacher umsetzen, könnten wir das bei Fleisch, das im Supermarkt oder beim Metzger gekauft wird. Hier wird das Gewicht immer registriert, sei es direkt auf der Verpackung oder nach dem Abwiegen. Vorstellbar wäre daher eine Mengenkarte für jede Person, die in Deutschland lebt. Das wäre eine Karte, die der Staat genauso wie die Karte fürs Mobil-Guthaben einmal im Jahr ausgibt. Willkommen im Guthabenkartenland! Das Guthaben auf dieser Karte könnte 26 Kilo für jeden Erwachsenen betragen. Das würde einem halben Kilo Fleisch pro Woche entsprechen. Für Kinder bis 14 Jahren könnte die halbe Menge gelten.

Diese Karte müssten wir dann jedes Mal an der Kasse vorzeigen, wenn wir Nackensteaks, Lammschulter oder ein Suppenhuhn, Salami, Wurst oder ein anderes reines Fleischprodukt kaufen. Aber nicht bei der Hühnernudelsuppe aus der Dose, in der nicht einmal zehn Prozent Fleisch enthalten sind. Solche Mengen sind vernachlässigbar. Das Gewicht bei Fleischprodukten wird ohnehin aufs Gramm genau registriert. Da dürfte es für die Kassierer:innen ein Leichtes sein, mit einem entsprechenden Lesegerät diese Menge vom Guthaben auf der Karte abzuziehen. Wie bei der Payback-Karte, nur umgekehrt. Die Bundesregierung hatte in der Pandemie die Entwicklung einer weithin nutzlosen Corona-Warn-App mit mehr als 200 Millionen Euro finanziert. Da sollte es möglich sein, ein entsprechendes System zu entwickeln, mit dem der Einkauf von Fleisch registriert wird.

So eine Karte sollten wir nach Belieben verleihen können. »Du, kann ich mir mal Deine Fleischkarte leihen, wir schmeißen am Wochenende ›ne Grillparty«, wird ein geflügeltes Wort, mit dem Carnivore ihre veganen oder vegetarischen Freundinnen und Freunde anschnorren. Die lassen sich dann im Gegenzug gerne mal zu einer Pizza oder anderen Nettigkeiten einladen. Auch hier also: wer sich ohnehin schon klimaschonend verhält, wird endlich belohnt. Wer mag, darf seine oder ihre Fleischkarte auch gegen Geld an Leute verleihen, die partout nicht mit weniger Fleisch auskommen wollen. Da die Zahl der Fleischesser viel größer ist als die Zahl der Veganer:innen und Vegetarier:innen im Land, wird das Umverteilungspotenzial begrenzt sein. Viel wahrscheinlicher ist es, dass manche zwar am Anfang zetern und schimpfen, die meisten Menschen sich aber im Laufe der Zeit daran gewöhnen werden und anders zu kochen lernen.

Wir sollten allerdings weiterhin nach Belieben Fleischgerichte bestellen können, wenn wir ins Restaurant oder zum Imbiss gehen. Das ist ein Stück Lebensqualität, die wir nicht antasten brauchen. Es wäre ja auch gar nicht möglich so ein Kartensystem auf Touristinnen und Touristen auszuweiten, die aus dem Ausland kommen und Deutschland besuchen. Gastronomen können von sich aus ihr Angebot ändern, aber aus den oben genannten Gründen wäre es sinnvoll, sie von der Begrenzung auszunehmen. Da die meisten Menschen ohnehin nicht ständig auswärts essen gehen, ist hier keine substanzielle Verwässerung des Ziels zu befürchten. Vermutlich werden Leute auf dem Land, die selbst Tiere aufziehen und schlachten (lassen) können, auch das ein oder andere Stück Fleisch schwarz den Besitzer wechseln lassen. Das wird nicht ganz zu verhindern, dürfte aber aufgrund der üblichen Kontrollen im Lebensmittelsektor einzudämmen sein. Und auch hier dürfte das Ausmaß relativ gering bleiben, denn die meisten Menschen leben in der Stadt. In der Summe ist zu erwarten, dass sich eine andere Kultur des Umgangs mit Fleisch etabliert und der Fleischkonsum in kurzer Zeit nahezu halbiert werden kann.

Natürlich gibt es viele Gegner:innen der Vorstellung, wir müssten aus Klimaschutzgründen weniger Fleisch essen, allen voran Vertreter:innen der konventionellen Landwirtschaft. Beispielhaft sei hier die Landwirtschaftskammer Niedersachsen genannt. Die Deutschen essen hauptsächlich Schweinefleisch, daneben Geflügel. Die Produktion von Rindfleisch ist am klimaschädlichsten, die Deutschen essen aber vergleichsweise wenig Rindfleisch. Wenn man berechnet, wie viel Ausstoß von Kohlendioxid man wirklich einspart, würde die Halbierung unseres Fleischkonsums Deutschland den Klimazielen gerade mal 1,1 Prozent näherbringen, kritisiert die Landwirtschaftskammer. Es bringe für den Klimaschutz zum Beispiel viel mehr, auf die Verstromung von Braunkohle zu verzichten. »Mit einem geringeren Fleischkonsum macht man aus Klimaschutzsicht nichts verkehrt«, erklärt Agrar-Ingenieur Marcus Polaschegg, »es gibt allerdings wesentlich wirkungsvollere Maßnahmen wie beispielsweise den Bezug von Ökostrom und die Reduzierung von Flugreisen.«[66]

66 Landwirtschaftskammer Niedersachsen, Was würde eine Halbierung des Fleischkonsums für den Klimaschutz bringen? Abrufbar unter: https://www.lwk-niedersachsen.de/lwk/

Dass die Umstellung von fossilen auf erneuerbare Energiequellen ganz oben auf der Agenda steht, ist unbenommen. Ohne diese Umstellung geht es ohnehin nicht. Das bedeutet aber keineswegs, dass in anderen Bereichen nichts getan werden müsste. Zunächst einmal ist, wie oben anhand der britischen Studie dargestellt, der Treibhausgasausstoß, den ein Mensch mit seiner Ernährung zu verantworten hat, sehr unterschiedlich. Leute, die viel Fleisch essen, sind demnach für den Ausstoß von 3,7 Tonnen CO_2-Äquivalenten durch ihre Ernährungsweise verantwortlich. Leute, die wenig Fleisch konsumieren, für circa zwei Tonnen, Vegetarier:innen für 1,5 Tonnen im Jahr.

Daher können Menschen, die mit weniger oder ganz ohne tierische Nahrungsmittel auskommen, durchaus auch von Menschen, die immer noch viele tierische Produkte konsumieren, erwarten, dass sie sich an den Anstrengungen zum Klimaschutz beteiligen. Außerdem geht es bei der Frage, wie wir uns ernähren, nicht nur um den Klimaschutz durch die Vermeidung von Treibhausgasen. Es geht auch um den Ressourcenverbrauch und die Herausforderung, eine wachsende Weltbevölkerung in Zukunft ernähren zu können. Zumal in einer Zeit, in der wir aufgrund des Klimawandels mit zunehmenden Ernteschwierigkeiten und Wasserknappheiten zu rechnen haben.

Aber auch der reine Klimaschaden, der auf den in den vergangenen Jahrzehnten gewachsenen Fleischkonsum zurückgeht, ist hinreichend erforscht worden. Ein Drittel der globalen Treibhausgasemissionen geht auf die Herstellung und den Vertrieb von Nahrungsmitteln zurück, hat ein Team italienischer Forscher:innen errechnet. Dabei entsteht der größte Teil (71 %) in der Landwirtschaft selbst.[67]

Auch wenn der Großteil der Emissionen durch den Betrieb von landwirtschaftlich genutzten Flächen und die Umwandlung von Natur- in Acker- und Weideflächen entsteht, gibt es bekanntlich Unterschiede. Als Einzelprodukt zeichnet die weltweite Produktion von Rindfleisch für einen besonders hohen Ausstoß von Treibhausgasen verantwortlich.

---

news/31867_Was_wuerde_eine_Halbierung_des_Fleischkonsums_fuer_den_Klimaschutz_bringen

67 Monica Crippa et al., Food systems are responsible for a third of global anthropogenic GHG emissions, in: nature food, 2, 2021.

Denn hier kommt ein zusätzlicher Faktor hinzu. Kühe und Rinder stoßen beim Rülpsen und Furzen auch das Treibhausgas Methan aus. Auf Platz zwei der Skala folgt daher Kuhmilch, auf Platz drei Schweinefleisch und auf Platz vier Geflügel. Unter den pflanzlichen Nahrungsmitteln sticht Reis hervor, dessen Klimabilanz sogar schlechter ist als die von Schweinefleisch. Vergleicht man aber die Treibhausgasemissionen, die mit dem weltweiten Anbau von Kartoffeln, Soja und Bohnen entstehen, fällt auf, dass diese verschwindend gering sind im Vergleich zur Viehzucht. Die meisten Emissionen, 57 Prozent, entstehen bei der Produktion von auf Tieren basierenden Lebensmitteln. Der Anbau von Futtermitteln für Rinder, Schafe, Geflügel und Schweine etc. wird dabei mit eingerechnet. Gerade Südamerika stößt als Weltregion besonders viele Treibhausgase im Zusammenhang mit der Lebensmittelproduktion aus, weil dort Futter für die Tiere angebaut wird, die wir in Europa essen.[68]

Die EU-Verordnung gegen Entwaldung soll zwar ab 2025 sicherstellen, dass europäische Unternehmen kein Soja als Futtermittel importieren, das auf Flächen angebaut wurde, auf denen zuvor Wälder existierten. Und zwar nur, falls die Wälder seit 2021 abgeholzt wurden. Einer Umfrage der Deutschen Umwelthilfe zufolge können allerdings neunzig Prozent der befragten Unternehmen in Deutschland momentan gar nicht ausreichend zurückverfolgen, wo das Futtersoja angebaut wurde, das in ihren Produktionsprozess gelangt, um die Einhaltung dieser Verordnung zu garantieren.[69]

Die Emissionen, die beim Transport anfallen, sind übrigens nicht so entscheidend. Es kommt darauf an, was wir essen, betont Hannah Richie, Wissenschaftlerin aus Edinburgh.

»Bei der Produktion von 100 Gramm Protein aus Bohnen werden 0,4 Kilogramm CO_2-Äquivalente ausgestoßen. Um dieselbe Menge an Protein aus

68 Xiaoming Xu, Prateek Sharma, Shijie Shu, Tzu-Shun Lin, Philippe Ciais, Francesco N. Tubiello, Pete Smith, Nelson Campbell, Atul K Jain, Global Greenhouse Gas emissions from animal-based foods are twice those of plant-based foods. Nature Food, September 2021.

69 Deutsche Umwelthilfe enthüllt: Futtermittelindustrie, Fleischwirtschaft und Fast-Food-Ketten nicht bereit für kommende EU-Verordnung gegen Entwaldung, 24.11.2023. Abrufbar unter: https://www.duh.de/presse/pressemitteilungen/pressemitteilung/deutsche-umwelthilfe-enthuellt-futtermittelindustrie-fleischwirtschaft-und-fast-food-ketten-nicht-b/

Rindfleisch zu erhalten, entstehen neunzigmal so hohe Emissionen, 35 Kilogramm CO_2-Äquivalente.«[70]

Auch Schweine- oder Geflügelfleisch schneidet im Vergleich zu Tofu oder Nüssen viel schlechter ab. Pflanzliche Protein-Quellen verursachen weniger Ausstoß als die günstigste tierische Proteinquelle.

Den hohen Fleischkonsum in Ländern wie Deutschland anzutasten, ist also notwendig und sinnvoll. Wenn wir die Gesamtmenge, die wir im Land verbrauchen wollen, reduzieren und sie dann gerecht aufteilen in Form eines jährlichen Budgets pro Person mit einer praktischen Guthabenkarte, hätten wir eine effiziente Möglichkeit. Auch bei dieser Maßnahme ist es so, dass wir sie ausprobieren müssen. Wir sollten beobachten, wie sie in der Praxis funktioniert, um sie im Zweifel entsprechend weiterzuentwickeln. Das Fleischguthaben, die Karte, die zum Kauf einer begrenzen Menge Fleisch im Jahr berechtigt, wird nicht alle Klimaprobleme lösen. So eine Maßnahme würde aber sofort wirken. Das ist besser, als lange darauf zu warten, bis irgendwann alle Menschen in Deutschland freiwillig ihre Ernährung umstellen. Im besten Fall würde sich gerade durch diese Maßnahme das allgemeine Bewusstsein dazu ändern.

(K)ein T-Shirt für eine Party

Online-Shopping ist in vielen Ländern noch nicht derart verbreitet wie bei uns in Deutschland oder anderen Überkonsum-Gesellschaften. Das Ganze treibt zuweilen besondere Blüten. Ein T-Shirt für eine Party in einem Internetshop zu bestellen und es nach der Party als Retoure zurückzuschicken, ist für manche Leute mittlerweile nichts Besonderes. Ein guter Freund von mir arbeitete eine Zeitlang für ein Modeunternehmen. Er erzählte von retournierten Shirts, bei denen man riechen konnte, dass sie mindestens ein Mal getragen wurden. Für junge Leute sicher eine günstige Möglichkeit, mit dem freshesten Shirt feiern zu gehen. Retoure sei Dank.

Das Phänomen steht sinnbildlich für die Überproduktion und den Überkonsum von Kleidungsstücken in unseren Wohlstands- und Wegwerfgesellschaften.

70 Hannah Ritchie, Less meat is nearly always better than sustainable meat, to reduce your carbon footprint, Our world in Data, February 2020.

Wir haben mehr Klamotten, als wir brauchen, und wir sollen auch ständig neue dazu kaufen, damit die Wirtschaft floriert. Das Phänomen ›Fast Fashion‹ ist zur Genüge beschrieben und kritisiert worden – die Modehersteller bringen in einem nie dagewesenen Tempo neue Kollektionen heraus.[71] »Schätzungen zufolge verursacht die Modebranche zehn Prozent der weltweiten CO_2-Emissionen«[72], so das Europäische Parlament, das sich auf Daten der Europäischen Umweltagentur beruft. Die Textil-Branche verweist gerne darauf, dass der wirkliche Klimaschaden geringer sei als angenommen. So würden zum Beispiel gebrauchte Stoffe beim Bau von Autos und Flugzeugen als Füllmaterial wiederverwertet, was diese leichter mache, sodass Sprit und CO_2-Emissionen eingespart würden.[73] Dennoch ist klar, dass wir heute eine weltweit verzweigte Bekleidungsindustrie haben, bei der von der Baumwolle über das Garn zur Nähfabrik bis in unsere Geschäfte Rohstoffe und Endprodukte über riesige Strecken transportiert werden. Produktion und Transport produzieren Emissionen, die vermeidbar wären, wenn wir weniger Wegwerfmode konsumieren würden.

Eine Möglichkeit im Sinne des Klima-Kommunismus darauf zu reagieren, bestünde naheliegender Weise darin, auch hier eine Höchstmenge an Kleidungsstücken zu definieren, die wir pro Jahr kaufen dürften. Diese Menge könnte man politisch festlegen und per Gesetz begrenzen. Das mag sich für manche als Einschränkung ihrer Freiheit anfühlen, in Wirklichkeit würde es aber fast niemandem auffallen. Jede:r könnte sich genauso stilbewusst kleiden wie bisher. Wir würden lediglich weniger Klamotten kaufen, die wir selten tragen. Klamotten, für die eine Produktions- und Vertriebskette über den ganzen Globus betrieben wird, bei der Unmengen an Abgasen anfallen und CO_2 ausgestoßen wird, nur damit diese Klamotten am Ende in unseren Schubladen herumliegen, bevor

71 Einen raschen Überblick liefert diese Arte-Reportage: https://www.arte.tv/de/videos/110291-112-A/mit-offenen-karten-im-fokus/

72 Europäisches Parlament, Umweltauswirkungen von Textilproduktion und -abfällen. Abrufbar unter: https://www.europarl.europa.eu/news/de/headlines/society/ 20201208STO93327/umweltauswirkungen-von-textilproduktion-und-abfallen-infografik

73 Siehe: textil + mode, Faktencheck: CO_2-Ausstoß. Abrufbar unter: https://www.europarl.europa.eu/news/de/headlines/society/20201208STO93327/umweltauswirkungen-von-textilproduktion-und-abfallen-infografik

wir sie in den Altkleidersack stopfen oder im Netz als Vintage-Mode verkaufen. Wenn wir sie nicht gleich in die Mülltonne werfen.

Der Trend zu Recyclinggarn und Second-Hand-Mode bietet übrigens keinen Ausweg. Im Gegenteil, er täuscht eine Lösung und ein gestiegenes Nachhaltigkeits-Bewusstsein nur vor, kritisiert Heike Derwanz, die sich an der Universität Oldenburg mit der Fast-Fashion-Kultur beschäftigt.

> »Wir kaufen immer schneller. Auch wenn Teile davon dann recycelte Rohstoffe enthalten, kommen wir wegen des Wachstums in diesem Markt nicht auf eine neutrale Null. Es wäre auch keine Lösung zu sagen, jetzt kaufen wir alle Second-Hand, denn das beruht weiterhin auf demselben Kreislauf, in dem sich Leute auf dem sogenannten ersten Markt Kleidung kaufen und diese schnell wieder verkaufen. Davon ernährt sich der wachsende Second-Hand-Markt. Das ist keine Lösung, um die Überproduktion von Kleidung, die wir haben, und damit auch die vielen schwierigen ökologischen Folgen und die Folgen für die Arbeiterinnen im globalen Süden zu reduzieren.«[74]

In der Zeit der Corona-bedingten Lockdowns 2020 und 2021 waren die Bekleidungsgeschäfte in unseren Fußgängerzonen zeitweise geschlossen oder sie durften nur mit Beschränkungen öffnen. Die Menschen, nicht nur in Deutschland, haben in dieser Zeit weniger Klamotten gekauft. Zwar wurde mehr im Internet bestellt, aber der Umsatz des deutschen Bekleidungshandels ging im Jahr 2020 im Vergleich zum Vorjahr trotzdem um 25 Prozent zurück. Nackt rumlaufen musste deswegen niemand. Mir hat damals nichts gefehlt. Arbeiterinnen aus der Bekleidungsindustrie in Bangladesch, die für unseren Markt produzierten, beklagten allerdings, dass das ihre Arbeitsplätze gefährdete. Von ihnen wurde aber auch die Forderung laut, dass wir bereit sein sollten, mehr für unsere Klamotten zu zahlen, sodass das Einkommen der Textilarbeiter:innen auch bei kleineren Stückzahlen erhalten bleibt. Das weist in die Zukunft.

Jedes Jahr stehen in Deutschland 4,4 Milliarden Kleidungsstücke zum Verkauf.[75] Das sind wieder so viele wie vor Corona. Es ist die Menge an

74 Persönliches Interview in 2021. Siehe auch: Heike Derwanz (Hrsg.), Minimalismus – Ein Reader, Bielefeld 2022.

75 Siehe: Handelsverband Textil Schuhe Lederwaren, Inlandsverfügbarkeit: 52 Bekleidungsteile pro Einwohner, 08. August 2023.

Hosen, Blusen, Shirts, Jacken, Kleidern, Socken und so weiter, die in den Geschäften – ob online oder offline – angeboten werden. Mehr als vier Milliarden Teile! Das heißt nicht, dass alles davon gekauft wird, aber es wird alles hergestellt, damit wir es bei uns kaufen können. Das sind im Schnitt 52 Kleidungsstücke pro Person (ohne Schuhe und Lederbekleidung). Konkret heißt das zum Beispiel, wir können alle drei Monate einen neuen Pulli kaufen. Würde es nicht reichen, wenn wir stattdessen nur alle sechs Monate einen neuen Pulli kaufen könnten? Ich glaube schon. Ich bin mir auch sicher, viele Leute kaufen sich seltener einen neuen Pulli. Andere dafür umso häufiger.

Wenn wir bei der Möglichkeit, neue Kleidungsstücke zu kaufen, das Prinzip ›gleiches Recht für alle‹ anwenden, würde das bedeuten, dass diejenigen, die häufig shoppen, gezwungen wären, ihren CO_2-Ausstoß in diesem Bereich zu reduzieren. Auf das Maß, mit dem viele andere Leute auch schon auskommen. Erstere würden sich daran gewöhnen müssen. Letztere müssten sich überhaupt nicht umstellen.

Wie könnten wir das umsetzen? Zum Bespiel, indem jeder Einwohner und jede Einwohnerin in Deutschland statt 52 nur 26 Kleidungsstücke im Jahr kaufen dürfte. Eine Halbierung. Kontrollieren ließe sich das mit entsprechenden Codes und Karten, nach dem Prinzip von Rabatt- und Punktekarten. Nun gehört zur Ehrlichkeit aber auch, dass das in der Praxis schwieriger umzusetzen wäre, als es klingt.

Denn das Fashion-Geschäft muss sich nicht wirklich um nationale Grenzen scheren. In dieser Branche ist jede Regulierung aussichtslos, glaubt zum Beispiel Axel Augustin vom deutschen Handelsverband Textil. Selbst wenn man gesetzlich eine Begrenzung des Kleidungskonsums befürworten würde, was er nicht tut, wäre die Umsetzung zum Scheitern verurteilt.

> »Wenn der Kunde das möchte, dann kauft er heute übers Internet weltweit. Ich kann auch jetzt schon auf chinesischen Internet-Plattformen Ware bestellen. Da wird nichts kontrolliert. Die Politik hat überhaupt nicht die Ressourcen dafür.«[76]

76 Persönliches Interview in 2021.

Als Konsequenz daraus müsste man internationale Vereinbarungen anstreben. Auf internationalem Parkett eine Einigung zu erzielen, wäre aber noch schwieriger, als es schon im nationalen Rahmen anmutet.

Zudem stellt sich die Frage, wie so eine Kauf-Begrenzung für Kleidungsstücke bei Tourist:innen und ausländischen Besucher:innen sichergestellt werden soll. Das wäre kaum möglich. Andererseits ist eine lückenlose Kontrolle auch gar nicht notwendig und wünschenswert. Auch während der Corona-Pandemie verlagerte sich zum Beispiel das Einkaufsverhalten vom stationären zum Online-Handel, weil die Geschäfte geschlossen oder nur mit Einschränkungen geöffnet hatten – aber insgesamt wurden circa ein Viertel weniger Klamotten gekauft. Das macht einen Unterschied. Es geht also eher darum, einen spürbaren Cut zu vollziehen und damit mehr zu bewirken als mit vergeblichen Appellen an das Gewissen einer Branche, die bei konsequenter Nachhaltigkeit auf einen Teil ihrer Profite verzichten müsste. Mit Ausnahmen von der Regel könnten wir daher leben. Dennoch wäre bei diesem Beispiel die Umsetzung schwieriger als in den vorangegangenen. Auch hier gilt: Widersprüche lassen sich nicht komplett auflösen, wir sollten daher transparent mit ihnen umgehen. Sie sollten uns aber nicht davon abhalten, uns für solche Maßnahmen einzusetzen, denn sie sind wirkungsvoll und gerecht.

Hier ist (fast) nichts zu machen

Wir kommen damit zu denjenigen Bereichen unserer Wirtschaft, in denen eine klima-kommunistisch inspirierte direkte Begrenzung nicht möglich und sinnvoll erscheint. Ein Beispiel dafür ist die internationale Frachtschifffahrt. Wie oben erwähnt, ist Schiffsdiesel eine CO_2-Schleuder. Ihn durch klimaneutrale Kraftstoffe zu ersetzen, stellt die Branche und die Wissenschaft vor ähnliche Probleme wie im Flugverkehr. Das Beste wäre den Ausstoß zu vermeiden.

Davon kann bislang keine Rede sein. Im Gegenteil. Heutzutage sind fast 3.000 Schiffstanker auf den Weltmeeren unterwegs. Doppelt so viele wie Anfang der 1970er-Jahre. Jedes Jahr transportieren sie mehr Waren über den Globus – mittlerweile fast elf Milliarden Tonnen Frachtgut. Fast fünf Mal so viel wie vor fünfzig Jahren. Sie sind das Sinnbild der Globalisierung. Allerdings machen gewöhnliche Konsumartikel nur einen kleinen Teil dieser Transporte aus. Weniger als ein Fünftel der Fracht sind Containerschiffe, in denen Alltagsgüter verschifft werden – von Smartphones über Kleidung bis Spielzeug und so weiter. Wenn wir also weniger davon kaufen würden, hätte das durch den wegfallenden Transport dieser Dinge zumindest auf den CO_2-Ausstoß der Frachtschifffahrt einen Effekt, wenn auch einen vergleichsweise geringen.

Denn zum größten Teil werden mit den Tankern Rohstoffe transportiert. Etwas mehr als die Hälfte davon ist Getreide, Kohle und Eisenerz. Hinzukommen Öl, Gas, chemische Stoffe, Düngemittel und andere Güter wie Aluminium oder Bauxit.[77] Beim Transport von Weizen und anderem Getreide verbietet es sich, über eine Reduzierung dieser Transporte nachzudenken. Denn sie versorgen Menschen mit Lebensmitteln. Experten gehen davon aus, dass infolge des Klimawandels die Zahl der Regionen im globalen Süden, die sich nicht autark ernähren können, zunehmen wird. Das heißt, mehr Menschen werden auf Lebensmittelimporte angewiesen sein.

Beim Transport von Kohle, Erdöl und Erdgas wiederum liegt die gute Nachricht in der Energiewende vor Ort. Bei uns genauso wie in den USA, in China und anderswo. Je weniger fossile Energieträger wir verbrauchen, desto weniger davon muss über die Weltmeere transportiert werden. Ergo, umso weniger Treibhausgase werden Schiffstanker perspektivisch ausstoßen. Wenn wir in Zukunft auch weniger Autos kaufen, werden weniger Metalle per Schiff transportiert werden müssen, was ebenfalls den Ausstoß von Kohlendioxid vermeiden hilft.

Das dürfte auch die CO_2-Emissionen in der Stahlherstellung reduzieren helfen. Je weniger Autos, desto weniger Stahl muss hergestellt werden, aus denen Pkw hauptsächlich bestehen. Keine Sorge, niemand hat die Absicht den Kauf von Kochtöpfen und Thermoskannen zu begrenzen. Die Stahlherstellung soll in Zukunft ohnehin komplett umgestellt werden, sodass kein Kohlendioxid mehr ausgestoßen wird. Bei der herkömmlichen Stahlproduktion mithilfe von Kohle sind die Emissionen unvermeidbar. Kohle wird nun durch ›grünen‹ Wasserstoff ersetzt. Die

77 Siehe hierzu: UNCTAD, Review of maritime Transport 2022, International Maritime Trade, S. 3, 8, 11 f. Abrufbar unter: https://unctad.org/system/files/official-document/rmt2022ch1_en.pdf

Branche transformiert sich gerade und die große Diskussion ist, ob diese Schwerindustrie im Land bleiben kann oder auswandern wird an Standorte, an denen mehr Wasserstoff produziert werden kann. Allerdings gibt es auch neue Methoden, die ganz ohne Wasserstoff auskommen könnten. Bei der Siderwin-Technologie wird das Eisenoxid direkt mithilfe von Strom gespalten. Wenn nachts zum Beispiel überschüssiger Windstrom zur Verfügung steht, könnten solche Anlagen damit flexibel arbeiten. Allerdings befindet sich diese Methode noch im Forschungsstadium und ist eher eine Zukunftsoption.[78]

Die Industrie ist für ein Viertel der deutschen Gesamtemissionen verantwortlich und wir als Konsumenten können die Umstellung auf neue Technologien dort nicht beeinflussen, auch wenn wir alle Stahl, Beton, Glas und Chemikalien nutzen. Wirtschaftsminister Robert Habeck will die Industrie jedoch bei der teuren Umstellung mit Milliardenbeträgen unterstützen. Ein Drittel der Emissionen aus der Industrie verursachen in Deutschland übrigens nur dreißig Großunternehmen. Auf den ersten zehn Plätzen befinden sich Stahlunternehmen wie thyssenkrupp, Salzgitter Flachstahl, die Hüttenwerke Krupp Mannesmann und ArcelorMittal. Ganz wirkungslos ist es aber nicht, wenn wir weniger verbrauchen. »Im Jahr 2022 sind wegen der hohen Erdgaspreise und der damit verbundenen Produktionsrückgänge die Emissionen im gesamten Industriesektor um zehn Prozent gesunken.«[79]

Die Maßnahmen, die ich zur direkten Reduktion unseres Verbrauchs vorgeschlagen und diskutiert habe, werden vielen (noch) zu weitgehend vorkommen. Andere werden sie wiederum als zu harmlos empfinden, weil noch viel radikalere Maßnahmen nötig wären, um die Klimakatastrophe zu verhindern. Wichtig ist, dass wir überhaupt damit anfangen, konkret über solche Maßnahmen zu diskutieren und sie öffentlich, jenseits gesellschaftlicher Nischen einzufordern. In den kommenden Jahren wird es darauf ankommen, politischen Druck auszuüben, damit klimakommunistische Ziele durchgesetzt werden können. Ihre Durchsetzung

78 Siehe: Hanno Böck, So geht klimafreundlicher Stahl auch ohne Wasserstoff, 17.12.2021. Abrufbar unter: https://www.klimareporter.de/technik/so-geht-klimafreundlicher-stahl-auch-ohne-wasserstoff Siehe auch: https://www.siderwin-spire.eu/content/home

79 WWF Deutschland, Dirty thirty, Emissionen des Industriesektors in Deutschland, Berlin 2023, S. 7.

kann und darf nur demokratisch erfolgen und das bedeutet, dass die Mehrheit sie unterstützen muss.

Wie dargelegt, würden solche Maßnahmen für viele einen Gewinn darstellen und eher für eine privilegierte Minderheit mit Verlusten einhergehen. Das zusätzliche Einkommen, dass durch die Umverteilung entsteht, führt wiederum nicht dazu, dass mehr Menschen ein klimaschädlicheres Konsumverhalten entwickeln, weil sie es sich nun besser leisten können. Denn die Möglichkeiten zum klimaschädlichen Konsum bleiben ja für alle begrenzt und sind in der Summe reduziert. Eine Art Rebound-Effekt brauchen wir also nicht zu befürchten.

Wie es klappt, die Mehrheit politisch dafür zu gewinnen, das wird der kritische Faktor sein, auf den es ankommt. In einer Demokratie ist es ohnehin nicht möglich, alle zu überzeugen. Wer selbst nicht bereit ist, Rücksicht zu nehmen, auf den oder die müssen wir keine Rücksicht nehmen. Sicher wird es weiterhin Menschen geben, denen es egal ist, dass andere Menschen massenhaft infolge des Klimawandels und der Naturkatastrophen, die er mit sich bringt, sterben. Sie wollen einfach mehrmals im Jahr in den Urlaub fliegen, jeden Tag ihren Burger essen oder so viele Autos in der Garage haben, wie sie bezahlen können. Die Befindlichkeiten dieser Zeitgenoss:innen dürfen uns dann aber auch herzlich egal sein.

Es sei noch einmal daran erinnert, dass im Zuge der Corona-Pandemie Regierungen auf der ganzen Welt sehr viel weitergehende Einschränkungen beschlossen hatten, unter denen alle Menschen und die ärmeren Schichten am meisten gelitten haben. Der Klima-Kommunismus ist im Vergleich dazu ein Ponyhof. Dabei ging es bei den Corona-Maßnahmen ›nur‹ darum, ältere Menschen und verletzliche Gruppen vor der Ansteckung mit einem Virus zu schützen. Beim Klimaschutz geht es um das Überleben der gesamten Menschheit.

Lernen wir also Teilen. In den Bereichen, in denen es möglich ist, sollten wir das besser schon heute als morgen organisieren. Denn anders wird effektiver und gerechter Klimaschutz nicht zu haben sein.

Kleingedrucktes beim Klimaschutz

»When we are scared,
we can hide in our reveries,
but what we need,
is a change of ideas.«
Bad Religion

Würden Sie im Baumarkt vier Säcke Grillkohle á fünf Kilo kaufen und dann die komplette Kohle an einem Tag verbrennen? Um am folgenden Tag dasselbe zu tun? Und am nächsten Tag wieder? Niemals? Oh doch! Im übertragenen Sinne verhalten Sie und ich uns die ganze Zeit auf diese Art und Weise. Klingt weit hergeholt? Keineswegs. Der Primärenergieverbrauch in Deutschland entspricht der täglichen Energiemenge von umgerechnet 14 Kilo Steinkohle.[80] Da Steinkohle eine höhere Energiedichte besitzt, entspricht das ungefähr 20 Kilo Holzkohle, also Grillkohle. Es sei mir verziehen, dass ich bei diesem Beispiel gerundete Zahlen verwende. Es soll uns veranschaulichen, welche Mengen an Energie wir jeden Tag im wahrsten Sinne des Wortes verbraten, um unseren Lebensstandard aufrecht zu erhalten. Eine Menge, die wir uns nur selten bewusst machen. Auf deren Reduktion es aber ankommt, wenn wir es schaffen möchten, die Klimakrise zu stoppen.[81]

Der allergrößte Teil dieses Primärenergieverbrauchs besteht in Deutschland wie in vielen Ländern der Erde darin, dass wir Erdöl, Erdgas

80 Marc Oliver Bettzüge, Womit wir wirtschaften, Energieverbrauch in Deutschland, in: Aus Politik und Zeitgeschichte, Energiepolitik, 46–47/2022., S. 33–38. Die Zahl bezieht sich auf den Primärenergieverbrauch von 2021 in Deutschland.

81 Bislang kommt es immer dann zu einem Rückgang des Energieverbrauchs, wenn die Wirtschaftsleistung und damit die Industrieproduktion zurückgeht. So auch im Jahr 2023. Das ist aber kein nachhaltiger Weg, denn die Wirtschaft strebt weiterhin Wachstum an und ein Rückgang der Emissionen stellte in den vergangenen Jahren lediglich einen Nebeneffekt in Krisenzeiten dar. Siehe: https://www.tagesschau.de/wirtschaft/konjunktur/energieverbrauch-bilanz-einsparungen-konjunktur-100.html

und Kohle verfeuern. Rohstoffe, die wir zum größten Teil teuer importieren, häufig aus Ländern mit brutalen Regimen wie jenen in Russland oder Saudi-Arabien. Der täglich verbrauchte Strom ist nur ein Teil der gesamten Energiemenge. Und erneuerbare Energien liefern wiederum nur einen Teil dieses Teils. Wir wollen ja nicht nur, dass unser Handy aufgeladen wird, sondern auch, dass die Heizung schön warm ist, die Fabrik Waren produziert, der LKW fährt und so weiter. Das alles läuft im Moment noch nicht mit Strom. Die sogenannte Endenergie, die wir direkt als Konsument:innen verbrauchen, macht etwa siebzig Prozent der Primärenergie aus, weil zum Beispiel auf dem Weg vom Erdölfeld bis in unseren Autotank ein Teil der Energie verloren geht.

Für unsere These, ob wir einen Klima-Kommunismus brauchen, um unser Überleben als Menschheit zu retten, ist folgende Frage entscheidend: Schaffen wir es rechtzeitig, die große Menge an Energie, die wir benötigen, aus erneuerbaren Quellen zu erzeugen? Nach allem, was wir wissen, ist das nicht möglich. Es sei denn, wir reduzieren unseren Energieverbrauch massiv. Dann haben wir eine Chance. Das ist das Kleingedruckte beim Klimaschutz, das noch zu viele Menschen nicht wirklich zur Kenntnis nehmen wollen. Denn das bedeutet, dass wir die gängigen Konsummuster angreifen und einschränken müssen, wie im vorangegangenen Kapitel dargelegt. Nur dann kann der Ausbau der erneuerbaren Energien seinen entscheidenden Beitrag leisten, damit wir klimaneutral werden.

Einmal mehr ist nämlich der Weg das Ziel. Halten wir uns dabei an die offiziellen Zahlen: Dem aktuellen Projektionsbericht der Bundesregierung zufolge soll im Jahr 2050 ein Großteil der Primärenergie in Deutschland aus erneuerbaren Energiequellen gewonnen werden. Aus Wind- und Wasserkraft, Solarenergie und Biomasse. Erdgas, Erdöl und Steinkohle sollen nur noch rund ein Viertel liefern. Die Berechnungen setzen dabei schon voraus, dass der Endenergieverbrauch, also die Energie, die wir zu Hause, in den Geschäften, auf der Straße, in den Büros und den Fabriken verbrauchen, reduziert wird. Um 30 Prozent im Vergleich zu heute.[82]

82 Klimaschutz-Projektionsbericht 2023 für Deutschland. Deutscher Bundestag, Unterrichtung durch die Bundesregierung, 18.09.2023. S. 91, 97 ff.

Dieser Plan geht natürlich nur auf, wenn alle Maßnahmen, die für den Klimaschutz geplant sind, auch umgesetzt werden. Zum Beispiel der zügige Ausbau von Wind- und Solarstrom in Deutschland, der steigende CO_2-Preis im Verkehr und beim Heizen, die Wasserstoffwirtschaft, die energetische Stadtsanierung, die Verbesserung des öffentlichen Nahverkehrs, der Austausch der Heizungen, der Ausbau der Ökolandwirtschaft, der Schutz der Moorböden, die Begrenzung der Flächen, auf denen neue Straßen und Häuser gebaut werden dürfen, etc. Und wenn zusätzlich neue Maßnahmen dazukommen. Zum Beispiel der Ausstieg aus der Kohleverstromung in ganz Deutschland schon 2030 oder Richtlinien, die die Industrie stärker dazu zwingen, langlebigere Produkte auf den Markt zu bringen.[83]

Die Liste ist lang. Wenn man sich das tagespolitische Geschäft anschaut, kommen einem selbstverständlich berechtigte Zweifel, ob das alles so klappt, wie geplant. Denn von der FDP bis zur BILD-Zeitung setzen einige politische und gesellschaftliche Akteure ihre Energie oft dafür ein, den Umbau eher zu bremsen als voranzubringen. Zuletzt hat sich die rot-grün-gelbe Bundesregierung darauf eingelassen, das Klimaschutzgesetz zu verwässern, weil Bundesverkehrsminister Volker Wissing beim Verkehr keine ausreichenden Erfolge vorweisen kann.

Beim Verkehr ist die Lücke, die zwischen dem, was getan werden müsste und dem, was tatsächlich an Maßnahmen vorgesehen ist, um die Klimaschutzziele zu erreichen, am größten. Der Expertenrat für Klimafragen erteilte der Bundesregierung in seinem Prüfbericht ein ernüchterndes Urteil. Siebzig bis neunzig Prozent der Minderung des Ausstoßes von Treibhausgasen soll mit nur fünf Maßnahmen erreicht werden: Deutschlandticket, eine höhere LKW-Maut, Forschung für automatisiertes Fahren, mehr Gütertransporte auf der Schiene und weniger Berufsverkehr durch mehr Homeoffice. Die heilige Kuh, das Privatauto, bleibt quasi unangetastet. Die »vorgelegten Maßnahmen« seien »ohnehin bei Weitem nicht ausreichend«[84], konstatiert der Expertenrat. Außerdem aber hängt der Erfolg erstens davon ab, dass die Maßnahmen wirklich den

83 Ebd. S. 66 ff.

84 Deutscher Bundestag, Unterrichtung des Expertenrats für Klimafragen, Prüfbericht 2023 für die Sektoren Gebäude und Verkehr, 24.08.2023, S. 10.

Verkehr auf den Straßen reduzieren wie gedacht. Der Expertenrat geht davon aus, dass die Minderungswirkung dieser Maßnahmen überschätzt wird. Und zweitens hängt alles davon ab, dass die Finanzierung klappt.[85]

Die erfolgreiche Klage der Union vor dem Bundesverfassungsgericht im November 2023 hat zuletzt dafür gesorgt, dass Ausgaben aus dem Klima- und Transformationsfonds der Ampel-Koalition auf Eis gelegt werden mussten. Die Union wiederum war ebenso wenig wie die FDP bereit, die Schuldenbremse aufzuweichen, um diese wichtigen Investitionen zu ermöglichen. Politische Ränkespiele können also dazu führen, dass das oben erwähnte und notwendige Best-Case-Szenario in der Praxis nicht umgesetzt wird oder zumindest mit weiteren Verzögerungen zu rechnen ist.

Insgesamt müssen wir aber auf jeden Fall weniger Energie verbrauchen, um das Ziel zu erreichen, unsere Treibhausgas-Emissionen in Deutschland massiv zu senken. Die erneuerbaren Energien sollen ja in Zukunft den größten Teil unseres dann gesenkten Gesamtverbrauchs schultern. Nur so würde die Rechnung, wenn überhaupt, aufgehen. Alles, was bisher getan und geplant wurde, ist aber ehrlicherweise nicht genug. Die bisher beschlossenen oder noch geforderten Maßnahmen werden nicht ausreichen, damit Deutschland im Jahr 2045 klimaneutral wird. Den Modellrechnungen zufolge würden wir dann immer noch bis 2030 mehr als 200 Millionen Tonnen CO_2-Äquivalente zu viel ausstoßen. Das Ziel, das im Klimaschutzgesetz festgelegt wurde, nur noch drei Prozent der Menge an Treibhausgasen wie im Bezugsjahr 1990 auszustoßen, würde »ohne weitere Maßnahmen ( ) deutlich verfehlt«[86].

---

85 »Insgesamt dominieren im Verkehrssektor fiskalische Maßnahmen das Klimaschutzprogramm 2023, welche einer entsprechenden Mittelbereitstellung im Finanzplan des Bundes bedürfen. Ob die Verfügbarkeit der erforderlichen Haushaltsmittel bereits sichergestellt ist, ist für den Expertenrat derzeit weder aus dem Bundeshaushalt für das Jahr 2023 und dem Entwurf für das Jahr 2024 noch aus dem Wirtschaftsplan des Klima- und Transaktionsfonds (BMF 2023a) erkennbar. Daher weist der Expertenrat darauf hin, dass eine Sicherstellung der benötigten Finanzmittel unerlässlich ist, um die abgeschätzte Maßnahmenwirkung tatsächlich zu realisieren.« Ebd., S. 76

86 Klimaschutz-Projektionsbericht 2023 für Deutschland, Ebd. S. 72, Siehe auch: Deutscher Bundestag, Unterrichtung des Expertenrats für Klimafragen, Stellungnahme zum Entwurf des Klimaschutzprogramms 2023, 24.08.2023, S. 33.

Diese »weiteren Maßnahmen« sind Inhalt dieses Buches, weil sie der Elefant sind, der im Raum steht, weil es um Begrenzungen geht, über die viele immer noch nicht sprechen möchten. Eine freiwillige individuelle Konsumreduktion ist nicht zu erwarten, »weil eine massenhafte freiwillige Selbst-Deprivilegierung der globalen Mittel- und Oberschicht sehr unwahrscheinlich ist«, wie Benjamin Best vom Wuppertal Institut für Klima, Umwelt, Energie und Carina Zell-Ziegler vom Öko-Institut in Freiburg treffend bemerken. Die meisten Maßnahmen, die in den EU-Staaten ergriffen werden, gehen nicht weit genug. »Politikinstrumente, die auf eine absolute Reduktion der Mobilität oder in anderen Sektoren auf eine Verringerung des Konsums von Produkten und Dienstleistungen zielen, sind selten zu finden.«[87]

Wir müssen unsere Aktivitäten, die energieintensiv sind, reduzieren, lautet die Schlussfolgerung der beiden Fachleute. Obwohl sie in diesem Sinne für Maßnahmen zur Energie-Suffizienz plädieren, gehen auch ihre Vorschläge kaum über Anreize und zaghafte Verbote hinaus. Von Prämien für Leute, die Zimmer untervermieten, bis zum Verbot von Werbung für klimaschädliche Produkte. Suffizienz bedeutet übrigens, kurz gesagt, mit dem auszukommen, was man hat oder wirklich braucht. Bescheidenheit statt Überfluss.

Das Problem mit der Energiewende ist ja auch, dass es nicht genügt, ein leeres Blatt Papier zu nehmen, darauf die Umrisse Deutschlands zu zeichnen und innerhalb dieser Linie ein paar hübsche Windräder und Solardächer zu malen. Die Dinger müssen auch in echt gebaut werden. Die Bundesregierung gibt zu, dass der Ausstoß von Treibhausgasen bis 2030 fast drei Mal so schnellt sinken muss wie bisher. Wir müssen jedes Jahr etwa vierzig Tonnen weniger CO_2 ausstoßen, statt wie bisher nur 15 Tonnen.[88] Deswegen wurde 2023 das Gesetz beschlossen, das den schnelleren Bau von Windkraftanlagen mit weniger Bürokratie und weniger Rücksicht auf Klagen von Anwohner:innen und

87 Benjamin Best, Carina Zell-Ziegler, Das Gebot der Stunde, Energiesparen durch Energiesuffizienz, in: aus Politik und Zeitgeschichte, 46–47/2022, S. 39–47.

88 Deutscher Bundestag, Entwurf eines Gesetzes zur Verbesserung des Klimaschutzes beim Immissionsschutz, zur Beschleunigung immissionsschutzrechtlicher Genehmigungsverfahren und zur Umsetzung von EU-Recht, 28.06.2023

Naturschützer:innen ermöglichen soll. Etwas, was die Vorgängerregierung unter Angela Merkel lange verschleppt hatte.

Wie viele neue Anlagen im Land aufgestellt werden müssen, wird immer mehr Menschen bewusst. Und immer mehr zweifeln daran, dass das im geplanten Zeitraum funktioniert. Best und Zell-Ziegler weisen darauf hin, dass in Deutschland 2050 die siebenfache Anlagenkapazität an Wind- und Solaranlagen im Vergleich zu heute stehen muss. Das Deutsche Institut für Wirtschaftsforschung (DIW) in Berlin hatte 2021 in einer Studie berechnet, wie eine Vollversorgung Deutschlands mit erneuerbaren Energien möglich wäre. In Zukunft muss ja fast alles mit grünem Strom laufen, nicht nur der Fernseher und der Küchenofen, sondern auch das Auto, die Heizung und die Industrie etc. – dank Elektromotoren, Wärmepumpen und durch Elektrolyse hergestelltem Wasserstoff. Dafür bräuchten wir laut DIW doppelt so viel Strom wie heute. Vorausgesetzt, wir nutzen alle Möglichkeiten, die es gibt, um Strom effizienter zu nutzen, als dies in der konventionellen Energiewirtschaft möglich war. Zum Beispiel durch den dezentralen Ausbau der erneuerbaren Energien und deren Speichermöglichkeiten. Strom würde dann mehr vor Ort erzeugt und verbraucht.[89]

Doppelt so viel Strom insgesamt bedeutet bei diesem optimistischen Szenario, wir brauchen im Vergleich zu heute vier bis fünf Mal so viel Ökostrom. 2022 lag der Anteil der Stromerzeugung aus erneuerbaren Energiequellen in Deutschland bei 44 Prozent. Davon waren rund zwölf Prozent Wasserkraft und Biomasse. Fast 22 Prozent entfielen auf die Windkraft und circa zehn Prozent auf Solarenergie.[90] Im Jahr 2023 erhöhte sich insbesondere der Anteil der Windkraft, die 32 Prozent des produzierten Stroms im Land lieferte. Die Solarenergie kam auf zwölf Prozent.[91] Aus Wind und Sonne wird also bislang gerade mal 44 Prozent

89 Claudia Kemfert, et al., 100 Prozent erneuerbare Energien für Deutschland: Koordinierte Ausbauplanung notwendig, in: DIW Wochenbericht 29+30, 2021.

90 Siehe: Statistisches Bundesamt, Bruttostromerzeugung in Deutschland, 5. April 2023. Abrufbar unter: https://www.destatis.de/DE/Themen/Branchen-Unternehmen/Energie/Erzeugung/Tabellen/bruttostromerzeugung.html

91 Fraunhofer-Institut für solare Energiesysteme, Öffentliche Stromerzeugung 2023: Erneuerbare Energien decken erstmals Großteil des Stromverbrauchs, 02.01.2024, abrufbar unter: https://www.ise.fraunhofer.de/de/presse-und-medien/presseinformationen/2024/

des Stroms erzeugt. Hauptsächlich kann und soll der zusätzliche Strombedarf durch den Ausbau von Windkraft- und Solaranlagen erreicht werden. Daher kommt es, dass wir in Deutschland, wie oben erwähnt, viel mehr Solaranlagen und Windräder brauchen, als heute im Betrieb sind.

2023 standen in Deutschland etwa 28.500 Windräder. Davon sind etwas mehr als 13.000 seit 2010 ans Netz gegangen. Fast ein Drittel der heutigen Anlagen ist mehr als zwanzig Jahre alt und muss in den nächsten Jahren abgebaut werden. Das Gute ist: neue Anlagen, die anstelle der Ausrangierten errichtet werden, liefern deutlich mehr Strom als die alten.[92] Aber es bleibt dabei, dass sehr viele neue Windräder auf See und vor allem an Land aufgestellt werden müssen und zwar in einem sehr viel schnelleren Tempo als bisher. Vor allem auch im Süden der Republik, wo wenig Windräder stehen. In Bayern und Baden-Württemberg ist noch Platz. Aber der politische Widerstand dagegen ist dort nach wie vor groß.

Alles spricht dafür, dass dieser Ausbau nicht wie geplant gelingt. Der bisherige Zubau lag »weit unterhalb dessen, was zur Erreichung der Klimaschutzziele in Deutschland erforderlich ist«[93], konstatiert die NGO *Fachagentur Windenergie*. Wichtig ist zudem, wie viel Leistung tatsächlich am Ende jedes Jahres hinzukommt, nicht nur welche Windkraftanlagen in Planung sind oder im besten Fall schon genehmigt wurden. Und da haben wir in Deutschland einen ›Ausbau-Stau‹. Stand

---

oeffentliche-stromerzeugung-2023-erneuerbare-energien-decken-erstmals-grossteil-des-stromverbrauchs.html

92 Professor Uwe Ritschel am Lehrstuhl für Windenergietechnik der Universität Rostock gibt zum Beispiel zu bedenken: »Wenn man also eine 20 Jahre alte Windenergieanlage mit 2,5 MW mit einer heutigen Anlage mit 5 MW vergleicht, erzeugt man heute nicht doppelt so viel elektrische Energie, sondern die vierfache Menge. Beim Vergleich der Offshore Anlagen von gestern und heute ist der Faktor noch größer.« »Somit ist es richtig, dass man mit viel weniger Anlagen die Ausbauziele erreicht, da es eigentlich nicht auf die Leistung (MW) ankommt, sondern auf die erzeugte Strommenge (kWh). Man muss aber beachten, dass die großen Anlagen auch größere Abstände untereinander brauchen, so dass auf einer gegebenen Fläche nur eine kleinere Anzahl gebaut werden kann.« »Meiner Meinung nach erreichen wir bei Anlagen an Land langsam das Größenlimit. Begrenzender Faktor sind Transportbeschränkungen. Einzelne Teile, die auf der Straße transportiert werden, können nicht beliebig groß und schwer sein. Unterteilung in kleinere Module erhöht aber wieder die Kosten.« Abrufbar unter: https://www.sciencemediacenter.de/alle-angebote/rapid-reaction/details/news/kann-das-windenergie-ausbauziel-2030-mit-weniger-windraedern-erreicht-werden/

93 Siehe: https://www.fachagentur-windenergie.de/veroeffentlichungen/ausbauentwicklung/inbetriebnahmen/

Herbst 2023 waren Windkraftanlagen mit einer Gesamtleistung von 1,56 Gigawatt noch ›in Planung‹, obwohl sie eigentlich schon hätten in Betrieb sein müssen. Die Schätzungen für die kommenden Jahre gehen davon aus, dass aufgrund dieses ›Ausbau-Staus‹ bis 2030 weniger Strom von Windkraftanlagen kommen wird, als die Klimaschutzziele der Bundesregierung vorsehen.[94]

In Nordrhein-Westfalen zum Beispiel lieferten die Anlagen, die im Jahr 2022 gebaut wurden und ans Netz gingen, abzüglich der Leistung derjenigen Windräder, die aus Altersgründen stillgelegt wurden, 392 Megawatt zusätzlichen Windstrom. Damit die schwarz-grüne Landesregierung ihre eigenen Klimaziele erreicht, hätten Anlagen mit einer Leistung von 1.000 Megawatt hinzugebaut werden müssen. Also fast dreimal so viel.[95] Die schwarz-gelbe Vorgängerregierung hatte die Errichtung erschwert, indem sie den Abstand, der zu Wohnhäusern eingehalten werden muss, auf tausend Meter abgesenkt hatte. Der Landesverband Erneuerbare Energien e.V., der die Interessen der Branche vertritt, forderte, dass es möglich werden soll, auch in Wald- und Industriegebieten Windräder aufzustellen.[96] So mancher Protest ist da vorprogrammiert.

Diese Aussichten stellen vor allem deswegen ein großes Problem dar, weil die Windkraft ja den Großteil des zusätzlichen Ökostroms in Deutschland liefern soll. Die höhere Leistungsfähigkeit neuer Anlagen berücksichtigend, geht der Experte für erneuerbare Energien Volker Quaschning davon aus, dass sich die Zahl der Windräder in Deutschland vervierfachen muss, damit die Windkraft am Ende die Hälfte des gesamten Energiebedarfs in Deutschland abdecken kann. »Das könnte

94 Einen laufend aktualisierten Überblick bietet diese Webseite des MDR: https://www.mdr.de/wissen/windkraft-windenergie-ausbau-deutschland-live-daten-aktuell-100.html

95 Auch im Jahr 2023 wird es nicht anders aussehen. Im ersten Halbjahr wurden netto lediglich 149 Megawatt hinzugebaut. Siehe: https://www.wind-energie.de/fileadmin/redaktion/dokumente/publikationen-oeffentlich/themen/06-zahlen-und-fakten/20230718_Status_des_Windenergieausbaus_an_Land_Halbjahr_2023.pdf Die Zahlen fürs Gesamtjahr lagen bei Drucklegung des Buches nicht vor.

96 WDR, Zu wenige Windräder: NRW hinkt eigenen Zielen hinterher, 7.10.2022, Abrufbar unter: https://www1.wdr.de/nachrichten/landespolitik/zu-wenig-windenergie-nrw-ausbau-100.html

auch nur gelingen, wenn wir Energie sehr effizient nutzen und nicht zu sehr auf die ineffiziente Herstellung von grünem Wasserstoff bauen.«[97]

An zweiter Stelle steht die Sonnenenergie. Solaranlagen liefern pro Einheit weniger Strom, besitzen aber den Vorteil, dass sie einfacher zu installieren sind und fast niemanden stören. Die gute Nachricht: wie bei den Windrädern sind auch bei den Solarmodulen die neuen Modelle effizienter als die alten, liefern also mehr Strom.[98] Wer sich Solarmodule aufs Dach setzt und neuerdings auch an den Balkon hängt, kann damit seine Stromkosten reduzieren. Zugleich hilft jedes Watt Solarstrom beim Klimaschutz. Insofern ist es ein lange überfälliger und wichtiger Schritt, die Solardach-Pflicht bundesweit einzuführen, wie sie schon in einigen Bundesländern gilt. Der Plan der Ampel-Regierung war es, dass ab 2024 bei jedem Neubau und ab 2026 auf jedem Dach von Behörden und Unternehmen Solaranlagen installiert werden müssen. Später dann auch bei jeder Dachrenovierung auf einem Privathaus. Ob die bundesweite Solardachpflicht wirklich kommt, ist allerdings unklar. Klimaschutz-Minister Robert Habeck von den Grünen hat mit seinen Solar-Gesetzespaketen immerhin eine Reihe bürokratischer Hürden abgebaut, die es einfacher machen, am Balkon, auf dem Hausdach oder an Autobahnkreuzungen Solaranlagen zu betreiben.

Dennoch ist auch hier eine Lücke festzustellen zwischen dem, was notwendig ist, und dem, was machbar erscheint. In Deutschland werden tatsächlich immer mehr Solaranlagen installiert. Im Jahr 2022 lieferten die neuen Anlagen 7,3 Gigawatt Strom. Insgesamt erhöhte sich die Leistung deutschlandweit auf 67,4 Gigawatt. Diesen Strom haben 2,65 Millionen Solaranlagen in Deutschland generiert. Bis 2040 brauchen wir aber 400 Gigawatt Strom aus Solaranlagen.[99] Innerhalb von anderthalb verbleibenden Jahrzehnten müssten wir es also schaffen, fast sechsmal so viel Solarstrom zu produzieren wie heute.

---

97 Volker Quaschnung, a.a.O., S. 88.

98 Siehe hierzu: https://www.ise.fraunhofer.de/content/dam/ise/de/documents/presseinformationen/2022/1322_PI_ISE_Weltrekord_47,6Prozent-Solarzelle.pdf

99 Siehe: Harry Wirth, Fraunhofer-Institut zur Photovoltaik in Deutschland, Fassung vom 27.09.2023, S. 5 f. Abrufbar unter: https://www.ise.fraunhofer.de/content/dam/ise/de/documents/publications/studies/aktuelle-fakten-zur-photovoltaik-in-deutschland.pdf

Würden auf allen Dachflächen und Fassaden in Deutschland auf den Sonnenseiten Solaranlagen installiert, könnten theoretisch 1.000 Gigawatt Strom pro Jahr erzeugt werden. Also, mehr als genug. Zudem können Bauern hochstehende Solaranlagen auf ihren Feldern aufstellen. In deren Schatten gedeihen zum Beispiel Obstbäume gut. Bei der sogenannten Agri-PV steht die erneuerbare Energieerzeugung nicht im Widerspruch zur Natur. Theoretisch ließen sich damit laut Fraunhofer-Institut zur Photovoltaik in Deutschland noch einmal 1.700 Gigawatt Strom produzieren. Darüber hinaus könnten auch stillgelegte Braunkohletagebau-Flächen genutzt werden, um dort Solarstrom zu erzeugen. Solarmodule auf überdachten Parkplätzen in der ganzen Republik wären eine weitere Möglichkeit.[100]

Was technisch machbar wäre, ist aber nicht unbedingt mit dem gleichzusetzen, was in der Wirklichkeit auch geschieht, zumal in der erforderlichen kurzen Zeit. Denn der jährliche Zubau, ohne den Ersatz alter Solaranlagen zu berücksichtigen, müsste sich verdreifachen. Die Bundesregierung rechnet damit, dass schon ab 2026 jedes Jahr in Deutschland Solaranlagen mit einer Leistung von 22 Gigawatt installiert werden. Solaranlagen könnten dann im Jahr 2035 dreißig Prozent des benötigten Stroms im Land liefern.[101] Immerhin, der Ausbau läuft besser als geplant und lag im Jahr 2023 bei einem Zubau von rund 14 Gigawatt.[102]

Auf die bei Skeptiker:innen beliebte Frage, wie bei Dunkelflauten die Stromversorgung gesichert werden soll, gehe ich hier nicht näher ein, denn das ist für die Frage des Klima-Kommunismus nicht wichtig. Strom-Schwankungen sprächen aber im Zweifel für ihn. Fachleute sagen aber, dass die Sicherheit unserer Stromversorgung zum Beispiel mittels Speichertechnologien gewährleistet werden kann. Und zusätzlich mit Gaskraftwerken, die Wasserstoff-basierte Kraftstoffe, oder mit Biomasse-Kraftwerken, die landwirtschaftliche Abfälle verbrennen. Wichtiger für die Frage, ob wir einen Klima-Kommunismus brauchen, ist, inwieweit

---

100 Ebd. S. 31 ff.

101 Bundesministerium für Wirtschaft und Klimaschutz, Photovoltaik-Strategie, Handlungsfelder und Maßnahmen für einen beschleunigten Ausbau der Photovoltaik. Stand 05.05.2023. S. 5, 8. Abrufbar unter: https://www.bmwk.de/Redaktion/DE/Publikationen/Energie/photovoltaik-stategie-2023.pdf?__blob=publicationFile&v=6

102 Fraunhofer-Institut für solare Energiesysteme, Öffentliche Stromerzeugung 2023, Ebd.

es auch in der Praxis zu schaffen sein wird, in absehbar kurzer Zeit alle fossilen Energielieferanten weitgehend durch Ökostrom zu ersetzen.

Sowohl bei der Windkraft als auch bei den Solaranlagen hängt dieser massive Ausbau nicht nur davon ab, ob es genügend Flächen gibt. Diese sind theoretisch vorhanden. Der Bau von Windrädern muss aber genehmigt werden. Es ist davon auszugehen, dass die Genehmigungen dank der gesetzlichen Reformen der Ampelregierung schneller erteilt werden. Ein erster Anstieg ist schon zu beobachten. Allerdings weiß auch die Bundesregierung, dass die Ausweisung der Flächen ebenso wie die Genehmigungen den Ausbauzielen weit hinterherhinken.[103]

Bei den Solaranlagen muss es in der Praxis auch genügend Hausbesitzer:innen, Landwirte oder Parkplatzbetreiber:innen geben, die Solaranlagen installieren und dafür das nötige Geld zur Verfügung haben und es investieren möchten. Und zwar konstant innerhalb der kommenden Jahre. Branchenkenner weisen darauf hin, dass die Solaranlagen auf dem freien Feld einfacher zuzubauen sind als auf Hausdächern. Denn viele Dächer auf älteren Wohnhäusern müssten saniert werden, wenn eine Solaranlage dort installiert werden soll. Das macht die Investition für die Besitzer teurer und so mancher wird sich überlegen, ob er sich das leisten kann und will. Und gesetzt den Fall, dass die genannten Voraussetzungen vorhanden wären, bräuchten wir auch noch genügend Menschen, die die nötige Arbeit leisten können.

»Dabei fehlen dem Handwerk bereits aktuell mehrere hunderttausend Fachkräfte. Eine Lücke, die sich in den nächsten Jahren noch einmal zu vergrößern droht – nicht zuletzt infolge der ambitionierten Ziele in der Energie- und Klimawendepolitik«[104], schlägt der Zentralverband des Deutschen Handwerks Alarm. Hier dürfte wohl das größte Problem liegen.

---

103 »Bereits heute ist erkennbar, dass bei den Flächen für die Windenergie bundesweit zur Erreichung des Zwischenziels in Höhe von 1,4 Prozent der Bundesfläche im Jahr 2027 noch mehr als eine Verdopplung der aktuell ausgewiesenen Fläche notwendig ist. Der Bericht zeigt auch, dass derzeit nicht ausreichend Genehmigungen vorliegen, um die zukünftig steigenden Ausbaumengen des EEG 2023 zu erfüllen.« Deutscher Bundestag, Monitoringbericht der Bundesregierung zum Ausbau der erneuerbaren Energien im Strombereich 2022, Bundestags-Drucksache 20/5139, 22.12.2022, S. 16.

104 https://www.zdh.de/ueber-uns/fachbereich-wirtschaft-energie-umwelt/sonderumfragen/sonderumfrage-ausbildungssituation-im-handwerk/

Im Elektro-Handwerk fehlen aktuell 86.000 Fachkräfte. Das sagt der Bundesinnungsverband der Elektro- und Informationstechnischen Handwerke. Wenn mehr Solaranlagen gebaut werden sollen, werden aber nicht weniger, sondern mehr Elektriker:innen gebraucht. Immerhin steigt die Zahl der Lehrlinge. Der steigende Bedarf lasse sich, »insbesondere vor dem Hintergrund des demographischen Wandels, allein durch dieses organische Wachstum nicht wettmachen«, betont der Verband. Wenn die Ausbildung zum Handwerk ein besseres Ansehen erhalte und von der Politik besser finanziert würde, könnte es dennoch klappen, ist Hauptgeschäftsführer Alexander Neuhäuser optimistisch: »Was nicht passieren wird, ist, dass wir jetzt in einem Jahr eine Verdoppelung beim Solarausbau hinbekommen werden. Das ist aber in zwei oder drei Jahren möglich. Wir glauben daran.«[105]

Auch bei den Dachdeckern gehen viele Handwerker in Rente. 10.500 sind zwischen 56 und 65 Jahre alt, teilt der Zentralverband Deutsches Dachdeckerhandwerk mit. Aktuell in Ausbildung sind 8.427 junge Menschen. Bei den wachsenden Aufgaben müsste eigentlich auch in dieser Branche mehr Nachwuchs an den Start. Der Verband der Dachdecker in Deutschland setzt aber auf Weiterbildungen und darauf, dass auch Zimmerer und Klempner Solaranlagen aufbauen dürfen und der Zubau ja nur zur Hälfte auf den Dächern der Republik erfolgen soll.

Um klimaneutral zu werden, genügt es aber nicht, nur die Stromerzeugung zu erneuern – wir müssen auch aufhören, Gas oder Erdöl zu verbrennen, um unsere Wohnungen warm zu halten. Doch auch der Zentralverband Sanitär, Heizung, Klima beklagte im Zuge der Heizungsdebatte: »Um den Vorgaben der Politik entsprechend binnen zwölf Jahren bis 2035 im Wärmemarkt klimaneutral zu sein, fehlen summa summarum 34.500 Monteure.«[106] Der Gebäudesektor macht etwa ein Sechstel der Gesamtemissionen an Treibhausgasen in Deutschland aus. Um diese zu reduzieren, soll unter anderem die Zahl der Wärmepumpen bis 2030 auf sechs Millionen verdoppelt werden. Sie sollen Öl- und Gasheizungen ersetzen. Die Handwerksbetriebe aus der Heizungsbranche müssen also richtig ranklotzen. Für den Klimaschutz

105 Persönliches Interview, Oktober 2023.

106 ZVSHAK Update 2023/01, meisterwerke, S. 28.

ist es richtig, jedes Jahr eine halbe Million elektrische Wärmepumpen in Deutschland zu verbauen. So wie es die Bundesregierung vorsieht. Das wäre aber eine Verdreifachung des bisherigen Tempos. Auch wenn sie den Klimaschutz unterstützen, wissen die Betriebe, dass sie das nicht so schnell schaffen werden. Dasselbe gilt auch für andere Systeme, die auf Brennstoffzellen, Solarthermie, Wärmerückgewinnung etc. setzen. Auch die müssen von Handwerkerinnen und Handwerkern erst einmal eingebaut werden.

In den kommenden Jahren gehen in der Branche etwa 50.000 Menschen in Rente. Es kommen aber viel weniger nach. 2020 waren etwa 37.000 junge Leute in den Sanitär- und Heizungsberufen in einer Ausbildung. Das heißt, es gibt tendenziell weniger Handwerker:innen, die klimaschädliche Heizungen aus- und klimafreundliche Heizungen einbauen können. Obwohl wir genau für diesen Umbau eigentlich mehr Leute bräuchten. Der Verband fordert, die Berufsschulen zu stärken, damit mehr junge Leute ausgebildet werden können. Aber auch in den Berufsschulen gehen in den kommenden Jahren mehr Lehrerinnen und Lehrer in Rente als Jüngere nachrücken. »Wenn sich an dieser entscheidenden Nahtstelle zur Zukunftssicherung nichts ändert, bleibt die Klimaneutralität Deutschlands ein Fantasiegebilde in verstaubten Wahlprogrammen«[107], lautet das ernüchternde Fazit des Verbands. Geschäftsführer Carsten Müller-Oehring weist darauf hin, dass die Branche »eher zwanzig Jahre« brauchen werde, bis in Deutschland sechs Millionen Wärmepumpen installiert sind, statt der veranschlagten sieben Jahre.[108]

Es mangelt also an ausgebildeten Menschen, die in Deutschlands Häusern im erforderlichen Ausmaß klimafreundliche Heizsysteme einbauen können. Kritische Stimmen beklagen zwar, dass die Regierungskoalition zu stark auf das Strom-betriebene Heizen mit Wärmepumpen als Alternative zu klimaschädlichen Öl-und Gasheizungen setze. Vor allem die Erdwärme, die über Fernwärmenetze die Haushalte im Winter heizen

107 Statement, Das Meinungsmagazin des ZVSHK, 11/2022, Ausgabe 23, S. 22. Abrufbar unter: https://indd.adobe.com/view/publication/2a12bf15-54ef-47e7-9eea-e491ba439c87/ivmk/publication-web-resources/pdf/Statement_Ausgabe-23.pdf

108 Persönliches Interview im Oktober 2023.

soll, wird als Alternative ins Feld geführt, die stärker gefördert werden müsse. Allerdings wird dabei häufig nicht benannt, wie begrenzt die Geothermie Abhilfe leisten kann.[109]

Das noch nicht ausgeschöpfte Potenzial der Geothermie ist wichtig, aber nicht ausreichend, um den Großteil der benötigten Heizenergie in Deutschland zu stellen. Bei der tiefen Geothermie wird heißes Wasser ab 400 Metern Tiefe aus der Erde gepumpt und in unsere Heizsysteme weitergeleitet. Diese könnte in Zukunft etwas mehr als »ein Viertel des jährlichen deutschen Wärmebedarfes« abdecken, schätzt die Fraunhofer-Einrichtung für Energieinfrastrukturen und Geothermie.[110] Das ist zu hoffen. Allerdings weiß auch die Opposition im Bundestag, dass wir nicht zu viel erwarten sollten: »Allen Projekten ist auch bei größter technisch-geologischer Sorgfalt gemein, dass sie ein signifikantes Fündigkeits- und damit Finanzrisiko tragen, das dem dringend erforderlichen Ausbau der Tiefengeothermie entgegensteht.«[111] Deshalb soll der Staat mehr Steuergeld zur Förderung in die Hand nehmen. Ehrlicherweise müssen wir uns aber eingestehen: Für das Gros unserer noch fossil beheizten Wohnungen und Häuser werden wir am Ökostrom nicht vorbeikommen, wenn wir es im Winter warm haben möchten.[112]

---

109 Siehe beispielsweise: https://www.focus.de/immobilien/bauen/bau-ingenieurin-im-interview-lamia-messari-becker-im-interview-man-kann-eine-industrienation-nicht-nur-mit-gruenem-strom-versorgen_id_185886232.html

110 Fraunhofer-Einrichtung für Energieinfrastrukturen und Geothermie IEG, Erfolgreich Wärmewende gestalten, 02. Februar 2022, abrufbar unter: https://www.ieg.fraunhofer.de/de/presse/pressemitteilungen/2022/erfolgreiche-waermewende-gestalten.html

111 Deutscher Bundestag, Antrag der Fraktion CDU/CSU, Potenziale der Geothermie nutzen, Drucksache 20/8210, 05.09.2023.

112 Der Großteil der Heizwärme wird bislang durch den Einsatz von Erdgas, Erdölgas und Erdöl erzeugt. Im Jahr 2021 machten diese Energieträger rund drei Viertel der Nettowärmeerzeugung aus. Siehe: https://www-genesis.destatis.de/genesis/online?&sequenz=tabelleErgebnis&selectionname=43411-0001#abreadcrumb. Dass der Gesetzentwurf der Bundesregierung zur Wärmeplanung und Dekarbonisierung der Wärmenetze Wasserstoff als wesentliches Heizgas vorsieht, kritisierte der Energieexperte Helmut Waniczek bei der Anhörung im Bundestag, denn »dieser Wasserstoff wird aller Voraussicht nach nicht zur Verfügung stehen«. Wasserstoff sei für die Dekarbonisierung des Gebäudesektors aufgrund der zu geringen Verfügbarkeit sowohl im Jahr 2030 als auch 2045 »kaum von Bedeutung«. Siehe: Experten fordern Ergänzungen beim Wärmeplanungsgesetz, abrufbar unter: https://www.bundestag.de/dokumente/textarchiv/2023/kw42-pa-wohnen-waermeplanung-970082

Für den Ausbau von Windkraft und Sonnenenergie und Heizungssystemen, die den Ausstoß von Kohlendioxid vermeiden, sind also Handwerkerinnen und Handwerker gefragt in Branchen, die in Teilen schon jetzt darunter leiden, dass nicht genug junge Leute eine Ausbildung beginnen, um die Fachkräfte zu ersetzen, die in Rente gehen.

Die Lage bezeichnet Lamia Messari-Becker als »dramatisch«. Die Professorin für Gebäudetechnologie und Bauphysik an der Universität Siegen warnt, dass der Fachkräftemangel die größte Bremse bei der Energiewende darstellt. »Neben all den Maßnahmen für die Energiewende müssen wir ja auch unsere Infrastruktur, unsere Gebäude, unsere Städte, unsere Brücken sanieren.« Und der Fachkräftemangel betreffe nicht nur das Handwerk. Wenn Genehmigungs- und Planungsverfahren schneller laufen sollen, dann brauchen auch die Ämter in den Städten und Kommunen dafür Personal. Doch auch im öffentlichen Dienst gehen in den kommenden Jahren viele in Rente und Nachwuchs wird händeringend gesucht. Daher reiche es nicht, beim Klimaschutz nur den Ausbau der installierten Leistung zu berücksichtigen, sondern auch »die personelle Machbarkeit«.[113] Diese sei bislang jedoch nicht gegeben. Studien, die diese personelle Machbarkeit ausreichend berücksichtigen, gebe es nicht.

Selbst wenn wir das Bild weniger dramatisch zeichnen, optimistisch bleiben möchten und darauf setzen, dass die handwerklichen Branchen Lösungen finden werden, bleibt doch die Erkenntnis: Es ist wahrscheinlich, dass die für den Klimaschutz nötige Energie- und Wärmewende wegen des Fachkräftemangels nicht so schnell gelingt wie erforderlich.[114]

Vielleicht will man es auch gar nicht so genau wissen, wie viel zusätzliches Personal wir in Deutschland bräuchten, um die Klimaziele einhalten zu können. Die Konsequenz kann nur lauten: radikal umdenken. Die-

113 Persönliches Interview in 2022.

114 »Ohne eine signifikante Reduktion der Treibhausgasemissionen in der Wärmeversorgung werden die Ziele des Bundes-Klimaschutzgesetzes (KSG) nicht erreicht werden. Hierfür ist ein erheblich beschleunigter Ausbau der erneuerbaren Energien und anderer klimaneutraler Technologien in der Wärmeversorgung und eine signifikante Steigerung der Energieeffizienz notwendig.« Siehe: Deutscher Bundestag, Entwurf eines Gesetzes für die Wärmeplanung und zur Dekarbonisierung der Wärmenetze, 06.10.2023. abrufbar unter: https://dserver.bundestag.de/btd/20/086/2008654.pdf

jenigen, die sich tagaus, tagein mit der Materie beschäftigen, wissen das. Claudia Kemfert, prominente DIW-Ökonomin, möchte nicht in den wachstumskritischen Diskurs einstimmen, der in klima-aktivistischen Kreisen gepflegt wird. Dennoch stellt sie klar:

> »Als Volkswirtschaft insgesamt ist es völlig eindeutig, dass wir in diversen Bereichen nicht so weitermachen können wie bisher. Die Bereiche, die schädlich sind für das Klima, für die Umwelt, dürfen nicht mehr weiter wachsen. Was wachsen muss, sind die Bereiche Gesundheit, Umweltschutz, Klimaschutz. Natürlich kann es zum Beispiel bei der Verkehrswende nicht darum gehen, einfach nur den Motor auszutauschen, sondern es geht auch um Verkehrsvermeidung. Und das heißt, weniger Individualfahrzeuge, mehr Schienenverkehr, mehr kleine, leichte Elektro-Fahrzeuge. Das ist eine andere Ausrichtung als in der Vergangenheit.«[115]

Weil wir eine sehr große Menge an zusätzlichem erneuerbarem Strom für die Versorgung unserer Haushalte, unserer Fahrzeuge, unserer Gebäude, unserer Unternehmen brauchen werden, ist das nur machbar, wenn in allen Bereichen der Energieverbrauch nach unten gedrückt wird. Für das Umweltbundesamt haben deshalb »Maßnahmen zur Vermeidung und Substitution im Sinne der Vorsorge höchste Priorität«. Dafür sei eine »Änderung des täglichen Konsumverhaltens« nötig. Das müsse Hand in Hand gehen mit dem Ausbau der erneuerbaren Energien und technikorientierten Maßnahmen, die dazu beitragen, Energie effizienter zu nutzen.

> »Ein alleiniges Forcieren des Ausbaus erneuerbarer Energien ohne gleichzeitige Maßnahmen zum Energiesparen wird nicht genügen. Der Erfolg von Klimaschutzpolitik, und auch der Ressourcenpolitik, hängt im gleichen Maße von der Verbrauchsseite ab. Die erfolgreiche Reduktion des Energieverbrauchs ist zentrale Voraussetzung fürs Erreichen der Klimaschutzziele.«[116]

Konkret heißt das aus Sicht des Umweltbundesamtes zum Beispiel: unsere Wohnungen dürfen nicht mehr größer werden. Im Gegenteil. Wir sollten in Zukunft mit weniger Quadratmetern pro Kopf auskommen,

---

115 Persönliches Interview in 2022.

116 Umweltbundesamt, Treibhausgasminderung um 70 Prozent, a.a.O., S. 15.,16,26.

weil ja jeder Quadratmeter klimaneutral, also abgasfrei beheizt werden will, wenn es draußen kalt ist. Die Zahl der Autos im Land soll auch nicht mehr steigen, sondern sinken. Das *Wuppertal-Institut für Klima, Umwelt, Energie* wiederum fordert die Halbierung des Autoverkehrs in Deutschland, die Senkung des »Pkw-Bestand(s) in Städten auf 1/3 des heutigen Wertes«, die »Beendigung des innerdeutschen Flugverkehrs« und die »Reduktion des internationalen Flugverkehrs um 25 Prozent, vor allem durch Verlagerung innereuropäischer Flüge auf die Schiene und weitere Etablierung von Online-Konferenzen«[117]. Und das ist kein deutscher Spleen. Auch bei unseren Nachbarn sprechen Fachleute dieselben Empfehlungen aus. In Frankreich formulierte der Think-Tank *négaWatt*, wie die Klimaschutzziele des Landes mit Suffizienz-Maßnahmen zu erreichen wären. Die Empfehlungen reichen von der Halbierung des Fleischkonsums über die Reduzierung der Warmwassertemperatur bis hin dazu, dass die Leute kleinere Autos fahren, weniger elektrische Wäschetrockner nutzen, weniger fernsehen und weniger fliegen müssten. Weniger Fleisch und Milch zu konsumieren, empfehlen auch britische Fachleute in der Studie »Zero Carbon Britain«. Und ähnlich wie in Deutschland sah eine andere britische Studie in höheren Steuern auf den Autoverkehr eine Möglichkeit, die Zahl der Autos zu reduzieren.[118]

Was dabei positiv auffällt: Es geht hüben wie drüben um dieselben Lebensbereiche, in denen sich die Menschen in den Industrieländern umstellen müssen. Was negativ auffällt: Es wird kaum etwas dazu gesagt, wie das politisch durchgesetzt werden könnte. Und wenn es dann doch einmal konkret wird, geht es zumeist darum, das Verhalten der Bevölkerung durch Preissignale zu verändern: Bestimmte Produkte werden verteuert, sodass sich weniger Menschen den klimaschädlichen Konsum leisten können. Das ist aber die unsoziale Variante, wie wir eine Verände-

117 Wuppertal-Institut, Georg Kobiela, Schlüsselergebnisse der Studie des Wuppertal Instituts für Klima, Umwelt, Energie zu einem Beitrag Deutschlands zur Einhaltung der 1,5°C-Grenze, 13.10.2020

118 Carina Zell-Ziegler, Hannah Förster, Öko-Institut e.V. Berlin, im Auftrag des Umweltbundesamts, Mit Suffizienz mehr Klimaschutz modellieren, Relevanz von Suffizienz in der Modellierung, Übersicht über die aktuelle Modellierungspraxis und Ableitung methodischer Empfehlungen, August 2018.

rung herbeiführen könnten. Klima-Kommunismus bietet hingegen eine soziale Alternative.

Lediglich auf die Botschaft der Technik-Optimisten zu vertrauen, um Einschränkungen zu umgehen, könnte sich als fatal erweisen. Der Blogger Jan Hegenberg verkündet zum Beispiel: Der »Weltuntergang fällt aus«[119]. In seinem gleichnamigen Bestseller erklärt er unterhaltsam die Potenziale der erneuerbaren Energien und wie Wind und Sonne inklusive intelligentem Lastmanagement und Speichertechnologien dafür sorgen können, dass wir in Zukunft mehr als genug Ökostrom zur Verfügung haben werden. Sein Motto: Bedenken beiseite räumen, loslegen, anpacken. Es ist wichtig, mit den Vorurteilen aufzuräumen, die leider noch bei vielen Menschen in Bezug auf Wind-, Sonnenstrom, Elektroautos und Co. existieren. Das tut Hegemann vortrefflich. Zum Ausbau-Stau sagt er allerdings ebenso wenig wie zu den Grenzen der Umsetzbarkeit, die sich unter anderem aus dem demografischen Wandel ergeben.

Hegenberg weiß, dass sein persönlicher CO_2-Ausstoß als Veganer ohne eigenes Auto deutlich unter dem eines Durchschnittsmenschen in Deutschland liegt. Ohne Energiewende ist das trotzdem nicht genug, da hat er Recht. Er weiß aber auch, dass nicht alle Emissionen durch den Umstieg auf erneuerbare Energien und die Elektrifizierung der Wirtschaft vermieden werden können. Die zusätzlichen »Maßnahmen«, die er vorschlägt – Flugreisen werden teurer, mehr CarSharing, weniger Fleisch – sind allerdings keine Maßnahmen, sondern einmal mehr bloße Appelle. Das ist zu wenig.

Die Internationale Energie-Agentur (IEA) verkündet neuerdings, dass es doch noch gelingen könnte, die Erderwärmung auf 1,5 Grad im Vergleich zum Niveau vor der Industrialisierung zu begrenzen. Die IEA wurde nach der Ölkrise in den 1970er-Jahren von den Industrieländern gegründet und stand lange in der Kritik, dass sie das Potenzial der erneuerbaren Energien unterschätzte. Mittlerweile hat sie eine 180-Grad-Wende hingelegt und behauptet nun, dass gerade der Ausbau der erneuerbaren Energien die Lösung bringen werde. Denn weltweit werden immer mehr Elektroautos verkauft und immer mehr Solaranlagen installiert und wenn

---

119 Jan Hegenberg, Weltuntergang fällt aus, Warum die Wende der Klimakrise viel einfacher ist, als die meisten denken, und was jetzt zu tun ist, München, 2022.

die Regierungen beim Tempo noch zulegen, könne es klappen, die Pariser Klimaziele einzuhalten. Die IEA setzt darauf, dass der globale Zubau der installierten Solar- und Windstromleistung bis 2030 vervierfacht und dieses Niveau bis zur Mitte des Jahrhunderts gehalten wird.

Das alles sind zunächst einmal nur Hochrechnungen. Sie sagen nichts darüber aus, ob das projizierte Tempo auch wirklich umgesetzt wird. Und auch das IEA-Szenario beinhaltet noch weitere Voraussetzungen. Zum einen, dass die Fortschritte in der Batterietechnik, die tatsächlich nicht von der Hand zu weisen sind, zunehmen. Zum anderen mehr Energie-Effizienz. Konkret: Kühlschränke und Klimaanlagen dürfen in Zukunft nur noch halb so viel Strom verbrauchen wie heute. Räume sollen nur noch auf 19 bis 20 Grad geheizt werden. Bis 2040 soll zudem die Hälfte der Langstrecken-Business-Flüge vermieden werden. Und bis 2030 soll auf Schnellstraßen Tempo 100 gelten.[120] Kommt ihnen das bekannt vor?

Selbst wenn das alles klappt wie geplant, wird es laut IEA nötig sein, große Mengen Kohlendioxid und Methan aus der Atmosphäre zu entfernen und zu lagern. Da auch die IEA ahnt, dass es zu Verzögerungen kommen könnte, warnt sie, dass in diesem Fall jährlich fünf Gigatonnen CO_2 aus der Atmosphäre gefiltert werden müssten. Die dazu nötigen Technologien seien aber teuer und in diesem Ausmaß noch gänzlich unerprobt.[121]

Das gilt ohnehin für alle Lösungsvorschläge, die auf Technik in Verbindung mit Science-Fiction setzen – und uns dabei vorgaukeln, wir kämen um Einschränkungen herum. Atomkraft ist das Beispiel, mit dem wir schon Erfahrungen gemacht haben. Die Sicherheitsrisiken sind bekannt. Die Probleme mit der Lagerung des radioaktiven Abfalls für Jahrhunderte ebenso. Die Energiegewinnung mittels Kernspaltung galt mal als Wundertechnologie. Mittlerweile ist sie eher lästig und teuer. Die meisten Länder auf der Erde kommen ohne sie aus. Atomkraft deckt weniger als fünf Prozent des weltweiten Endenergiebedarfs. Das ist auch

120 Siehe: https://www.iea.org/reports/CCUS#dashboard

121 IEA, Net Zore Roadmap, A Global Pathway to Keep the 1,5° C Goal in Reach, Executive Summary, September 2023. Abrufbar unter: https://www.iea.org/reports/net-zero-roadmap-a-global-pathway-to-keep-the-15-0c-goal-in-reach/executive-summary

in China so, das zurzeit noch neue Reaktoren baut. Atomkraft kann keinen quantitativ nennenswerten Beitrag zum Klimaschutz leisten. Dazu würden die weltweiten Uranreserven auch gar nicht ausreichen.[122]

Welche Probleme Atomkraftwerke hingegen in Zeiten der Erderwärmung bereiten können, erlebt gerade Frankreich. Denn ihre Kühlung wird schwieriger. »Das für sie verfügbare Flusswasser wird in der Klimakrise weniger werden, und das von den Kraftwerken erwärmte Wasser, das in die Flüsse zurückgeleitet wird, belastet bei Hitze die Ökosysteme zusätzlich«[123], berichtet die Journalistin Annika Joeres. Präsident Macron verspricht zwar, die Atomkraftwerke umbauen zu wollen, aber das wäre Expert:innen zufolge viel zu teuer und würde wenig bringen. Zu teuer sind auch kleine Atomkraftwerke, wie sie zum Beispiel Microsoft-Milliardär Bill Gates propagiert. Ein US-Vorzeigeprojekt zur Entwicklung solcher Kleinreaktoren ist eingestellt worden, weil der Strom im Vergleich zu Solarstrom am Ende doppelt so teuer wäre. Es entsteht auch vergleichsweise mehr Atommüll als bei großen Reaktoren.[124]

Die Kernfusion bietet auch keine Lösung. Seit Jahrzehnten wird teuer zu ihr geforscht, bisher ohne brauchbare Ergebnisse. Die deutsche Industrie hofft darauf, dass der Durchbruch gelingt und die Kernfusion in Zukunft klimaneutralen Strom liefern könnte, der nicht vom Wetter abhängig ist. Allerdings würde sie keinen Beitrag zum Übergang in die Klimaneutralität leisten können. Vielmehr soll sie ab 2045 dabei helfen, dass wir als Industrieland klimaneutral bleiben.[125]

Irre und gefährlich wäre es darauf zu vertrauen, dass wir die Klimakrise durch Experimente an der Erdatmosphäre stoppen könnten. Stichwort ›Geoengineering‹. Das ist die »technologische Manipulation der Erd-

---

122 Siehe Quaschning 2022, S. 101 ff.

123 Annika Joeres, Dürre Zeiten in Südeuropa. Das Beispiel Frankreich, in: ApiZ 28-29/2023, S. 26.

124 Andreas Menn, Nuscale gescheitert. Tiefschlag für die Nuklearindustrie, WirtschaftsWoche 15. November 2023, abrufbar unter: https://www.wiwo.de/technologie/forschung/nuscale-gescheitert-tiefschlag-fuer-die-nuklearindustrie/29499704.html?utm_source=pocket-newtab-de-de

125 Expert Comission, Memorandum Laser Inertial Fusion Energy, Mai 2023, S. 40. Abrufbar unter: https://www.bmbf.de/SharedDocs/Downloads/de/2023/230522-memorandum-laser-inertial-fusion-energy.pdf?__blob=publicationFile&v=4

atmosphäre und der Ökosysteme mit dem Ziel, das globale Klima zu beeinflussen«[126]. Die Expert:innen wählen sicher nicht zufällig ein Beunruhigung hervorrufendes Wort wie »Manipulation«. Denn in der Praxis bedeutet ›Geoengineering‹, dass Flugzeuge permanent Aerosole, also eine bestimmte Form von Nebel oder Staub, in der Atmosphäre versprühen, damit das Sonnenlicht stärker reflektiert wird und sich dadurch die Erde weniger aufheizt. Damit darf man dann aber nicht mehr aufhören, denn sobald man das tut, würde sich die Atmosphäre noch rasanter aufheizen und es drohe ein »Beendigungsschock«. Also Erderwärmung in sehr kurzer Zeit und sehr ungemütlich. Ein anderer Vorschlag ist, die Arktis mit Glasperlen zu überziehen, um mehr Sonnenlicht zu reflektieren.

Es wundert nicht, dass die Risiken als zu groß gelten und die Folgen gar nicht richtig eingeschätzt werden können. Über Kleinstexperimente hinaus würden solche Versuche aktuell gegen Umweltgesetze verstoßen und deshalb plant die Bundesregierung keine »Freilandexperimente«[127]. Da Geoengineering nichts an der Ursache des Klimawandels, nämlich am Ausstoß von Treibhausgasen, ändert, will die Bundesregierung auch keine Entwicklungs- und Forschungsarbeiten unterstützen, die auf »einen möglichen großskaligen Einsatz der Technologien abzielen«[128]. Aufgrund der Gefahren sei das einfach keine klimapolitische Option.

Bleibt die sogenannte *Carbon Capture & Storage*-Technologie, auf Deutsch CO_2-Abscheidung und Speicherung. Kohlendioxid wird dabei, wenn es in der Industrie anfällt, direkt gefiltert. Oder es wird mit großen Filtermaschinen aus der Luft in der Landschaft herausgezogen. Am Ende muss das Kohlendioxid sicher gelagert werden: unter dem Meeresboden oder unter der Erde. Das Ganze ist teuer und benötigt viel Energie. Absolut sicher, dass das CO_2 nicht wieder entweicht, kann man auch nicht sein. Mit solchen Verfahren sollen Treibhausgase aus der Atmosphäre entfernt werden, deren Ausstoß sich überhaupt nicht vermeiden lässt.

126 Niclas Hallström, Hennie C. Stephens und Isak Stoddard, Was ist mit Geoengineering?, in: Das Klima-Buch von Greta Thunberg, Frankfurt am Main, 2022, S. 255 ff.

127 Deutscher Bundestag, Solares Geoengineering, Drucksache 20/8543, 28.09.2023.

128 Deutscher Bundestag, Mögliche Geoengineering-Vorhaben der Bundesregierung, Drucksache 20/7860, 24.07.2023.

Im Grunde befindet sich der Einsatz noch im Pilotstadium. Dennoch kalkulieren alle Staaten und die Weltgemeinschaft diese Möglichkeit mit ein, um überhaupt die Pariser Klimaziele einhalten zu können.[129]

In Deutschland sollen damit die Kohlendioxid-Emissionen aus der Zement- und Kalk-Herstellung neutralisiert werden. Bis 2030 sollen auf diesem Weg etwa eine Million Tonnen CO_2 eingespart werden. Im Jahr 2040 sollen es dann zehn Millionen Tonnen sein.[130] Wie wir im vorangegangenen Kapitel schon gesehen haben, rechnet auch die Luftfahrtindustrie mit dieser Möglichkeit. Auch in der Landwirtschaft lassen sich Emissionen nicht ganz vermeiden. Die Internationale Energieagentur weist darauf hin, dass die Menge an CO_2, die aus der Atmosphäre entfernt werden muss, in kaum zu bewältigendem Ausmaß wächst, wenn die bestehenden Klimaschutzpläne zur Vermeidung von Treibhausgasen nicht aufgehen. Kommt ihnen das Ganze wie ein Vabanque-Spiel vor? Ich kann es Ihnen nicht verübeln.

Und zu allem Überfluss ist ja noch völlig unklar, wer das bezahlen soll. Im Gespräch ist eine Menge von 400 Milliarden Tonnen CO_2, die bis 2100 aus der Atmosphäre entnommen werden müsste, um die Erderwärmung auf 1,5 Grad zu begrenzen. »Bei geschätzten Kosten von 100 US-Dollar pro Tonne entfernten Kohlendioxids würde die Entfernung der 400 Milliarden Tonnen CO_2 aus der Atmosphäre insgesamt 40 Billionen US-Dollar kosten«, warnt der Geowissenschaftler Rob Jackson. »Die jüngere Generation fragt zu Recht: ›Warum sollen wir dafür zahlen?‹«[131]

Darüber hinaus wird die Diskussion über die Entnahme von jenen Treibhausgasemissionen, die als unvermeidbar gelten, nicht ehrlich genug geführt. Darauf weist eine Gruppe von Forschenden aus Schweden, Dä-

---

129 Siehe Umweltbundesamt, Carbon Capture and Storage, 23.05.2022, abrufbar unter: https://www.umweltbundesamt.de/themen/wasser/gewaesser/grundwasser/nutzung-belastungen/carbon-capture-storage#grundlegende-informationen, Peter Viehbahn, Alexander Scholz, Ole Zelt, Entwicklungsstand und Forschungsbedarf von Direct Air Capture – Ergebnis einer multidimensionalen Analyse, in: Energiewirtschaftlich Tagesfragen 69, Jg. (2019), Heft 12. https://epub.wupperinst.org/frontdoor/deliver/index/docId/7438/file/7438_Viebahn.pdf

130 Siehe Projektionsbericht 2023, a.a.O., S. 173.

131 Rob Jackson, Entnahmetechnologien, in: Das Klima-Buch von Greta Thunberg, a.a.O., S. 257

nemark, Großbritannien und den USA hin. Wer definiert, welche Aktivitäten als notwendig und welche Emissionen daher als unvermeidbar zu gelten haben? Und welche Ungleichheiten werden dabei unterschlagen? Ein Beispiel ist, wenn von einem weltweit steigenden Fleischkonsum ausgegangen wird. Nicht nur, weil Menschen in ärmeren Ländern beginnen, etwas mehr Fleisch zu essen. Sondern auch, weil vorausgesetzt wird, dass westliche Gesellschaften nicht in der Lage wären, ihren Fleischverbrauch zu halbieren. Der Flugverkehr ist ein weiteres Beispiel, weil auch hier Studien davon ausgehen, dass dieser weiter zunimmt. Damit wird der Lebensstil einer kleinen globalen Elite als notwendig und die daraus resultierenden Emissionen als unvermeidbar hingestellt. Und diese müssen dann von der Allgemeinheit mit teurer Technik aus der Atmosphäre wieder entfernt werden.

> »Darin spiegelt sich das Selbstverständnis einer globalen kapitalistischen Gesellschaft wider, in der Bedürfnisse und Wünsche nicht mehr zu unterscheiden sind. Die Forschung zu Rest-Emissionen sollte dieses Selbstverständnis infrage stellen und die Frage nach der Notwendigkeit re-politisieren. Mit gesellschaftlichen Debatten, in denen wir versuchen, das wirklich Notwendige – zum Überleben und Wohlergehen – von dem zu unterscheiden, was bloß bequem ist oder als selbstverständlich vorausgesetzt wird.«[132]

Last but not least: Die natürlichste Methode, Kohlendioxid aus der Atmosphäre zu entfernen, lautet bekanntlich: Bäume pflanzen. Zu den vorhandenen 2,8 Milliarden Hektar Wald auf unserem Planeten wären weitere 900 Millionen Hektar für neue Wälder geeignet, haben 2019 Forschende an der ETH Zürich in der Schweiz berechnet. Theoretisch wäre damit eine Aufforstung auf einer Fläche in der Größe der USA möglich. Damit ließen sich 205 Milliarden Tonnen Kohlenstoff speichern. Die meisten Flächen für solch neu zu ermöglichenden Waldgebiete gebe es in den USA, Russland und Kanada. Ein Wald in Sibirien ist allerdings nicht einmal halb so dicht bewachsen wie der Urwald im Amazonas-Gebiet. Um gleich viel CO_2 zu binden, muss also eine größere Fläche bewaldet werden als im Amazonas. Die tropischen Wälder

132 Jens Friis Lund, Nils Markusson, Wim Carton, Holly Jean Buck, Net zero and the unexplored politics of residual emissions, in: Energy Research & Social Science 98 (2023), S. 2.

wiederum sind infolge des Klimawandels gefährdet. Berücksichtige man, dass in den Tropen Wälder verloren gehen werden, reduziere sich die mögliche Fläche für die Aufforstung um rund 220 Millionen Hektar und entsprechend auch der Effekt für den Klimaschutz.[133]

Optimistische Experten wie Reinhard Mosandl vom Lehrstuhl für Waldbau an der TU München gegen davon aus, dass mit weltweiten Aufforstungsprogrammen etwa ein Drittel der vom Menschen verursachten Emissionen ausgeglichen werden könnten.[134] Andere Schätzungen dämpfen die Erwartungen. Basierend auf Berechnungen des Weltklimarats könnten wir davon ausgehen, dass wir mit Wiederaufforstungen nur etwa zehn Prozent der globalen Treibhausgasemissionen kompensieren könnten. Das wäre ein realistischer Wert.[135] Damit ließe sich regional der durch den Klimawandel bedingte Rückgang der Niederschläge ausgleichen. In Südeuropa zum Beispiel könnte man auf diese Weise Dürren bekämpfen, weil ein erhöhter Waldbestand wieder zu etwas mehr Regen führen würde.[136] Bäume zu pflanzen und Wälder neu anzulegen, hilft uns also im Kampf gegen und in der Anpassung an die Erderwärmung. Die Aufforstung alleine wird uns aber nicht vor der Klimakrise schützen.

Der gesunde Menschenverstand gebietet es zudem, bescheiden zu sein und nicht von dem auszugehen, was in theoretischen Modellen maximal möglich wäre. Durch den Klimawandel sind wir ja schon mit einer Zunahme von Waldbränden und zerstörter Waldfläche

---

133 Jean Francois Bastin, Yelena Finegold, Claude Garcia, Danilo Mollicone, Marcelo Rezende, Devin Routh, Constantin M. Zohner, Thomas W. Crowther, The global tree restoration potential, in: Science Vol. 365, Issue 6448, 05. July 2019.

134 Reiner Mosandl, Aufforstung in den Tropen und Subtropen. Das Wachstumspotenzial der niederen Breiten nutzen, in: Klaus Wiegandt (Hrsg.)., a.a.O., S. 167.

135 Ich danke Ronny Meier für diesen wertvollen Hinweis: Im IPCC Special Report »Climate Change and Land« (S. 48) »wird das Potenzial von Afforestation/Reforestation auf 0,5–10 Gt CO_2/Jahr geschätzt. (...) Zum Vergleich werden gegenwärtig rund 40 Gt CO_2/Jahr an Treibhausgasen emittiert. (Zudem) ist dieses Potenzial aber auch mit sehr großen Unsicherheiten behaftet und hängt auch stark von Annahmen ab, z. B. bezüglich zukünftiger Ernährungsweisen.« Abrufbar unter: https://www.ipcc.ch/site/assets/uploads/sites/4/2022/11/SRCCL_Technical-Summary.pdf

136 Ronny Meier, Jonas Schwaab, Sonia I. Seneviratne, Michael Spregner, Elizabeth Lewis, Edouard L. Davin, Empirical estimate of forestation-included precipitation changes in Europe, in: nature geoscience, Vol. 14, July 2021. S. 473 ff.

konfrontiert – von Kanada bis Kalifornien und von Griechenland bis Brandenburg. Abgebrannte Wälder müssen ebenso wieder neu wachsen wie jene, die wieder aufgeforstet werden müssen, weil Bäume infolge des Klimawandels erkranken und absterben. Wir sollten also ohnehin schon dafür sorgen, dass die Menge an Wald erhalten bleibt, die vorhanden ist, um der Atmosphäre CO_2 zu entnehmen. Neue, erst aufzuforstende Waldgebiete stellen eine zusätzliche Aufgabe dar, die erst einmal bewältigt werden will. Bekanntlich dauert es etwas länger, bis aus kleinen Setzlingen große, grüne Riesen geworden sind. Hoffentlich sorgen die Regierungen dieser Welt dafür, dass wir in ein paar Jahrzehnten so viele neue Wälder wie möglich auf unserem Planeten bewundern können. Doch die Realität sieht anders aus: Der WWF meldet, dass 2022 weiterhin Waldflächen vernichtet wurden – hauptsächlich in den Tropen. »2022 lag die globale Bruttoabholzung demnach 21 Prozent über dem Wert, der erforderlich wäre, um die Entwaldung bis 2030 zu beenden.«[137]

Jeder Baum, der neu gepflanzt wird, ist wertvoll. Aber die Hoffnung, die manche Menschen hegen, man müsse nur genug Bäume pflanzen, dann könnten wir den Klimawandel schon aufhalten, ist weit davon entfernt, eine realistische Option darzustellen. Wir können uns mit dieser Methode nicht um weitere Maßnahmen drücken, die nötig sind, um die Klimakrise abzuwenden.

Bei der (Wieder-)Aufforstung sollten wir außerdem bedenken: Sie ist insbesondere für Länder des Südens eine wichtige Option, die noch wirtschaftlich wachsen und ihr ›Recht auf Entwicklung‹ nicht aus der Hand geben möchten. Staaten wie Indonesien, Brasilien, die Demokratische Republik Kongo, Indien, Malaysia, Mexiko und Kolumbien verfügen in ihrem jeweiligen nationalen Rahmen über das größte Potenzial mithilfe tropischer Wälder auf eine natürliche Art und Weise die Entnahme von CO_2 aus der Atmosphäre zu betreiben. Zugleich gehören Indonesien, Brasilien und Indien zu den Top-Emittenten von Treibhausgasen aus der Landwirtschaft. Diese Staaten werden also die Möglichkeiten einer nachhaltigen Wiederaufforstung nutzen wollen,

137 WWF: Waldvernichtung hat 2022 zugenommen. 24.10.2023, abrufbar unter: https://www.zdf.de/nachrichten/panorama/waldsterben-zunahme-bericht-wwf-100.html

um ihre jeweilige Klimabilanz zu verbessern. Das heißt aber, dass wir nicht davon ausgehen können, dieses Potenzial global mitnutzen zu können – weil wir es einfach nicht schaffen, uns in unseren Konsummustern einzuschränken.[138]

Ich habe dieses Kapitel von unserem deutschen Blickwinkel aus begonnen, weil konkrete Klimapolitik nach wie vor in nationalen Parlamenten beschlossen wird. Wir sind am Ende unvermeidlich auf der globalen Ebene angelangt, weil die Erdatmosphäre unser gemeinsames Gut ist und Klimaschutz eine internationale Angelegenheit darstellt. Der Klimawandel wird die Lebensbedingungen global verschlechtern. Die Verantwortung dafür ist aber ungleich verteilt. Sowohl im nationalen als auch im globalen Rahmen wird immer klarer, dass eine politische Regulierung des energieintensiven und klimaschädlichen Konsums notwendig ist. Einerseits um in unserem Rahmen, zum Beispiel innerhalb Deutschlands wie auch anderer Industriestaaten, die Emissionen so weit senken zu können, wie es unserer Verpflichtung entspricht. Die Wirksamkeit der Energiewende auf dem Weg zur Klimaneutralität wird dabei erhöht. In dem nötigen Tempo, wie sie erfolgen muss, erscheint sie nur so überhaupt erst möglich. Andererseits weil es notwendig ist, um unseren Beitrag zu leisten, der eben ein anderer und größerer sein muss, als der Beitrag materiell ärmerer Gesellschaften.

»Reichere Staaten mit größerer historischer Verantwortung für den Klimawandel müssen daher ihre Emissionen früher und schneller reduzieren als Staaten in Früh- oder Übergangsphasen der Entwicklung«, schreibt der britische Ingenieur und Klimaforscher Kevin Anderson. Das bedeute, »dass reiche Staaten ihren Einsatz fossiler Brennstoffe für eine Beschränkung der Erderwärmung auf 1,5° C schon 2030 auf null bringen müssen«.[139] Ein Drittel der weltweiten Emissionen würden schon wegfallen, wenn die reichsten zehn Prozent der Weltbevölkerung ihren CO_2-Ausstoß auf den eines typischen EU-Bürgers senken würden. Viele

138 Siehe hierzu: Bintang Yuwono, Ping Yowargana, Sabine Fuss, Bronson W. Griscom, Pete Smith, Florian Kraxner, Doing burden-sharing right to deliver nature climate solutions for carbon dioxide removal, in; Nature Based Solutions 3 (2023).

139 Kevin Anderson, Das neue Leugnen, in: Das Klima-Buch von Greta Thunberg, a.a.O., S. 225.

Aktive fragen sich wie Anderson zu Recht, weshalb diese Gerechtigkeitsfrage noch zu sehr als Tabuthema behandelt wird. Doch viel zu selten sind sie bereit, dieses Tabu wirklich aufzubrechen. Denn das würde bedeuten, für den Klima-Kommunismus Partei zu ergreifen und entsprechende Maßnahmen einzufordern.

Von Freiheit, Konsum und Kämpfen in einer segregierten Demokratie

»Ich hab Hunger, also nehm‹
ich mir alles vom Buffet.«
Nina Chuba.

Noch nie waren Demokratie und Kommunismus so aufeinander angewiesen wie in Zeiten der Klimakrise. Rufen wir uns das Urteil des Bundesverfassungsgerichts in Erinnerung, das manche als bahnbrechend bezeichnen: Es »darf nicht einer Generation zugestanden werden«, heißt es dort, »unter vergleichsweise milder Reduktionslast große Teile des CO_2-Budgets zu verbrauchen, wenn damit zugleich den nachfolgenden Generationen eine radikale Reduktionslast überlassen und deren Leben umfassenden Freiheitseinbußen ausgesetzt würde«. Die Bundesregierung sah sich danach gezwungen, das Klimaschutzgesetz zu überarbeiten. Wir sind aber nach wie vor weit davon entfernt, den Ausstoß an Treibhausgasen in Deutschland so stark zu reduzieren, wie es erforderlich wäre, um der nachfolgenden Generation keine »radikale Reduktionslast« zu überlassen[140].

---

140 Ich verweise hier auf die Anhörung des Expertenrats für Klimafragen im Deutschen Bundestag. Der Vorsitzende Hans-Martin Henning stellte dort fest: »Danach lasse die Entwicklung der Treibhausgasemissionen wie auch die Fortschreibung der Trends der letzten Jahre Zweifel aufkommen, dass die Ziele für 2030 erreicht werden können. Zwar hätten die Emissionen insgesamt im Zeitraum von 2000–2021 um 26,6 Prozent gemindert werden können (...) in den Jahren seit 2020 habe es jenseits der Energiewirtschaft trotz eines coronabedingt abgeschwächten Wirtschaftswachstums kaum noch Fortschritte gegeben. Der Klimarat führt das vor allem auf Reboundeffekte zurück. So habe es in den beiden kritischen Sektoren, dem Gebäudebau und dem Verkehrsbereich, zwar eine Reihe von Fortschritten beispielsweise in Sachen technischer Effizienz gegeben, dennoch sei der Effekt konterkariert worden, weil im Gebäudebau zum Beispiel die Fläche pro Kopf zugenommen, und im Verkehrsbereich der gefahrene Kilometer pro Kopf gestiegen sei. (...) (Daher) sei das Erreichen der Klimaziele 2030 mit großen Unsicherheiten behaftet.« Klima-Expertenrat warnt: Ziele so nicht zu erreichen. In: heute im bundestag Nr. 56, Neues aus Ausschüssen und aktuelle parlamentarische Initiativen, Mittwoch, 25. Januar 2023.

Jedes Mal, wenn wir uns vor zu krassen Klimaschutz-Maßnahmen drücken, weil wir sie als Angriff auf unsere Freiheit empfinden, nehmen wir hin, dass die jungen Leute von heute gezwungen sein werden, im Laufe ihres Lebens noch viel krassere Einschränkungen hinzunehmen, weil die Klimakrise womöglich eskaliert ist. Im schlimmsten Fall sterben sie an Hitzestress, leiden unter Überschwemmungen, müssen auswandern etc. Im harmloseren Fall müssen sie gesetzlich verordnete Einschränkungen hinnehmen, die heute noch vielen radikal erscheinen. »Künftig können selbst gravierende Freiheitseinbußen zum Schutz des Klimas verhältnismäßig und verfassungsrechtlich gerechtfertigt sein«[141], stellten die Verfassungsrichter klar.

Diese Aussicht auf einen echten Klima-Notstand stellt auch eine Gefahr für unsere Demokratie dar. Eine derart weitreichende Form der Solidarität, wie sie das Gericht anmahnt, ist vor diesem Hintergrund zwar gerechtfertigt. Sie ist aber unüblich für den Normalbetrieb kapitalistischer Gesellschaften. Um ehrlich zu sein, sie läuft ihm zuwider. Demokratie und Kapitalismus drohen einmal mehr zu kollidieren. Die Demokratie lässt sich nur schützen, wenn wir schon jetzt die Aufforderung zur Solidarität ernst nehmen und unser verbleibendes CO_2-Budget gerecht aufteilen. Unter den Generationen, aber auch unter den Individuen. Das bedeutet nichts Geringeres, als dass wir zum Klima-Kommunismus greifen müssen, um unsere Demokratie erhalten zu können. Nur so lässt sich der Ausstoß an Treibhausgasen in Deutschland wirksam und gerecht und vor allem deutlicher senken als bisher. Wenn das nicht gelingt, wird ab 2030 ein umso drastischeres Absenken nötig sein. Das dürfte nur mit Maßnahmen gelingen, die an einen Notstand erinnern, wovor das Bundesverfassungsgericht eindrücklich warnt. Was uns zu einer Schlussfolgerung führt, die der Art und Weise widerspricht, in der viele bisher auf das Schlagwort Kommunismus geblickt haben. *Mit* ihm können wir auch unsere Freiheit sichern. Ohne ihn eher nicht.

Wir müssen allerdings herausfinden, wie so etwas in einer Demokratie gelingen kann. Keine leichte Aufgabe. Wie könnten wir klima-

141 Verfassungsbeschwerden gegen das Klimaschutzgesetz teilweise erfolgreich, Pressemitteilung vom 29. April 2021, abrufbar unter: https://www.bundesverfassungsgericht.de/SharedDocs/Pressemitteilungen/DE/2021/bvg21-031.html

kommunistische Maßnahmen, wie im vorangegangenen Kapitel skizziert, politisch durchsetzen? Was müsste passieren, damit Regierungen entsprechende Gesetze erlassen?

Wir können dabei von den Erfahrungen der Klimaschutzbewegungen lernen und untersuchen, was bisher gut funktioniert hat und was eher nicht. Bevor wir das tun, sollten wir aber einen Schritt zurückgehen und uns anschauen, wie in unserem politischen System Schicht- und Klassenverhältnisse[142] sowie struktureller Rassismus mit klimaschädlichem Konsum und den Begrenzungen unserer Demokratie zusammenhängen. Eine Demokratie, die ich als segregiert oder gespalten bezeichnen möchte.

Der Begriff der Segregation beschreibt die Aufteilung unserer Städte in ärmere und reichere Stadtteile. Und damit geht in der Regel auch eine Aufspaltung in Viertel einher, in denen relativ viele oder relativ wenige Einwander:innen leben. Je mehr sich eine Bevölkerung an ihren Wohnorten entmischt, desto mehr nimmt die soziale Ungleichheit zu. Segregation, also Aufspaltung und Entmischung, prägen mittlerweile auch unsere Demokratie. Diese Entwicklung wird in der Öffentlichkeit wenig beachtet und kaum diskutiert. Sie ist aber für die Frage, wie es gelingen kann, eine soziale und auf Gleichheit geeichte Klimapolitik zu verwirklichen, von Bedeutung. Denn wir wollen sie ja demokratisch durchsetzen. Dabei müssen wir berücksichtigen, dass wir in einer Demokratie leben, die sozial gespalten ist.

Die Segregation der Demokratie äußert sich zunächst in der sinkenden Wahlbeteiligung. Diese war in den 1970er-Jahren in der Bundesrepublik am höchsten und lag bei etwas über 90 Prozent. Das war zugleich eine Zeit, die von einem linken Zeitgeist, vom Nachhall der 68er-Revolte

142 Wir sprechen heutzutage von Schichten, da wir nicht mehr in einer Klassengesellschaft wie im 19. Jahrhundert leben. Die formale Gleichheit vor dem Gesetz und die Möglichkeit zur sozialen Mobilität spricht bekanntlich gegen die Verwendung des Klassenbegriffs. Gleichwohl erfasst der Schichtbegriff die Ungleichheit in unserer Gesellschaft unzureichend, denn vielen Menschen gelingt es nicht, sozial aufzusteigen, und das wäre auch gar nicht umfassend möglich, weil die gesellschaftliche Arbeitsteilung damit zur Disposition stünde. Ebenfalls ändern die Möglichkeiten zur sozialen Mobilität nichts an der Tatsache, dass die meisten Menschen weder Produktionsmittel noch Vermögen besitzen. Die Möglichkeiten, auf die Gesellschaft Einfluss zu nehmen, unterscheiden sich dementsprechend. Daher bleibt auch der Klassenbegriff dort aktuell und sinnvoll, wo er die Realität besser beschreiben kann als der Schichtbegriff. Ich verwende daher bewusst beide Begriffe, je nachdem in welchem Kontext der jeweilige Begriff passender erscheint.

und neuen sozialen Bewegungen geprägt war. Ob es um die Rechte von Frauen, der Jugend, Schwulen und Lesben ging, um migrantisch geprägte wilde Streiks, um Popkultur und nicht zuletzt auch das entstehende Umweltbewusstsein: Viele Leute wollten etablierte Ungerechtigkeiten nicht mehr akzeptieren und die Gesellschaft verändern. Die Gewerkschaften erzielten damals die höchsten Lohnzuwächse.

So eine hohe Wahlbeteiligung wie damals ist heutzutage unvorstellbar. Erstmals unter 80 Prozent gerutscht ist sie 1990. Bezeichnenderweise nach dem Zusammenbruch des Kommunismus im Ostblock und damit dem Fehlen einer Systemalternative, die kapitalistische Staaten unter Zugzwang setzte, weiterreichende soziale Zugeständnisse zu machen. Auf einen Tiefstwert fiel sie 2009 mit gerade einmal siebzig Prozent. Damals gab es auch erstmals Wahlkreise, in denen weniger als sechzig Prozent der Berechtigten zur Wahl gingen. Das war zur Bundestagswahl nach den Riester- und Hartz IV-Reformen, die die rot-grüne Bundesregierung unter Kanzler Gerhard Schröder durchgesetzt hatte. Die Sozialdemokraten hatten damals den Druck auf Gering- und Normalverdiener:innen erhöht und eine Politik betrieben, die den wirtschaftlichen Interessen ihrer Wählerinnen und Wähler aus der Arbeiter:innen-Schicht zuwiderlief und zuvor von den Konservativen vertreten wurde.

Bei den letzten beiden Bundestagswahlen 2017 und 2021 gingen ungefähr drei Viertel derjenigen, die wählen dürfen, an die Urne. Ein Viertel der Leute geht einfach nicht mehr wählen. Tatsächlich geht die Schere aber noch viel weiter auseinander. Wohlhabende und Besserverdienende gehen nach wie vor und unverändert häufig zur Wahl. »Im Vergleich zu den 1970er oder 1980er Jahren fällt die Wahlbeteiligung heute nicht nur niedriger, sondern auch ungleicher aus. Je ärmer ein Wahlkreis oder ein Stadtteil ist, desto niedriger fällt die Wahlbeteiligung dort aus.«[143] In jeder deutschen Stadt gibt es ärmere Stadtteile. Das sind heute Orte, in denen die Demokratie faktisch nur noch die Angelegenheit einer Minderheit ist. »Die niedrigste Wahlbeteiligung in einem Wahlkreis lag bei 63 (Duisburg II), die höchste bei 85 Prozent (München-Land)«,

---

143 Friedrich-Ebert-Stiftung, Studie: Wer fehlt an der Wahlurne?, abrufbar unter: https://www.fes.de/abteilung-analyse-planung-und-beratung/artikelseite-apb/studie-wer-fehlt-an-der-wahlurne

illustriert der Forscher Armin Schäfer die Segregation, wie wir sie in allen deutschen Städten beobachten können, exemplarisch. »Schon ein erster Blick auf die Höhe der Arbeitslosenquote in diesen beiden Wahlkreisen weist auf das generelle Muster hin: Im Duisburger Wahlkreis lag die Quote bei 12,8 Prozent, im Wahlkreis München-Land hingegen nur bei 3,5 Prozent.«[144]

In Quartieren, in denen mehr Menschen mit weniger Geld auf dem Konto leben, ist zudem der Anteil der ausländischen Einwohner:innen größer. Ein Drittel der Leute in solchen Wahlkreisen darf daher gar nicht zur Wahl gehen, weil sie keine deutsche Staatsbürgerschaft besitzen. Da es sich um einen konstanten Ausschluss eines Teils der Bevölkerung von demokratischen Entscheidungsprozessen handelt, dürfen wir hier ruhig von strukturellem Rassismus sprechen. Wenn ohnehin nur zwei Drittel der Erwachsenen in diesen Vierteln zur Wahl gehen dürfen und davon auch nur zwei Drittel von ihrem Recht Gebrauch machen, bedeutet das in der Konsequenz, dass die tatsächliche Wahlbeteiligung gemessen an den Bewohner:innen vor Ort nur bei etwa 40 Prozent liegt!

Die formelle Demokratie liegt damit fast am Boden. Sie ist gar nicht mehr richtig im Alltag der Menschen in diesen Stadtteilen präsent. Das führt wiederum dazu, dass sie dort noch mehr an Bedeutung verliert. »Da hier generell weniger Menschen zur Wahl gehen können und der Wahlvorgang eine geringere kollektive Bedeutung vor Ort hat«, beobachtet das Zentrum für Türkeistudien und Integrationsforschung in Essen, »entwickeln sich in solchen Lagen schwächere sogenannte situative Wahlnormen, d.h. lokal akzeptierte Verhaltensvorschriften, dass man wählen gehen sollte«.[145]

Übrig bleiben auf der anderen Seite Zonen, in denen die Wohlhabenderen Politik unter sich ausmachen und die Demokratie zu einer Angelegenheit der Privilegierten verkümmert. Das sind Gruppen in der Gesellschaft, die sich ohnehin mehr Gehör verschaffen können und deren

144 Armin Schäfer, Wer fehlt an der Wahlurne? Sozialräumliche Muster der Wahlbeteiligung bei Bundestagswahlen, FES Diskurs, Berlin, September 2023, S. 10.

145 Achim Goerres, Sabrina J. Mayer, Jonas Elis, Die Wahlbeteiligung von Bürgerinnen und Bürgern mit familiärer Migrationsgeschichte. Möglichkeiten und Grenzen der Förderung, Essen, September, 2022, S. 9.

politischer Einfluss damit weiter wächst. Während diejenigen Schichten, die die Demokratie nötiger hätten, an Einfluss verlieren. Politiker:innen werden sich noch weniger um ihre Interessen kümmern, wenn ihre Wiederwahl nicht von ihnen abhängt.

Das Fatale ist, dass man es Menschen aus der Arbeiter:innenklasse bis zu einem gewissen Grad nicht mal verübeln kann, wenn sie sich von Wahlen nichts mehr versprechen. »Es hat keinen Sinn zu wählen, weil die Parteien und Politiker doch machen, was sie wollen«[146], ist der am häufigsten genannte Grund von Nicht-Wähler:innen. Die Wissenschaft bestätigt ihr Bauchgefühl. Am Max-Planck-Institut für Gesellschaftsforschung in Köln ist man folgenden Fragen nachgegangen: Wie unterscheiden sich die politischen Meinungen von Armen und Reichen, von Arbeitern, Beamten und Selbstständigen? Und welche Interessen hat die Bundesregierung zwischen 1998 und 2015 in ihren Entscheidungen am meisten berücksichtigt?

Bei der Einführung der Riesterrente war zum Beispiel eine Mehrheit der Arbeiter:innen dagegen. Befürwortet haben sie fast 70 Prozent der Beamt:innen, die bei der dann umgesetzten Reform selbst nichts zu verlieren hatten. Was die Vermögenssteuer angeht, so sind die meisten Armen dafür, die meisten Reichen dagegen. Sie ist immer noch nicht eingeführt worden. Einzig beim Mindestlohn war auch eine Mehrheit der Wohlhabenden für die Einführung. Die Forscher:innen sprachen in der Studie von einer »klaren Schieflage in den politischen Entscheidungen zulasten der Armen«. Dieser Satz sorgte damals für Zoff in der Großen Koalition. Er wurde dementsprechend aus dem Armuts- und Reichtumsbericht der Bundesregierung wieder herausgestrichen.

Doch die Ergebnisse der Studie zeichneten ein klares Bild:

> »Wenn beispielsweise nur 20 Prozent der obersten Einkommensgruppe eine Politikänderung befürworten, dann liegt die Wahrscheinlichkeit für deren Umsetzung bei 39 Prozent. Stimmen allerdings 80 Prozent der Befragten aus der oberen Einkommensgruppe einer Politikänderung zu, so liegen deren Chancen auf Umsetzung bei fast 65 Prozent. (…) In der obersten Einkom-

146 Sabine Pokorny, Wählen oder nicht wählen?, Ergebnisse einer repräsentativen Umfrage zu Nichtwahlmotiven bei der Bundestagswahl 2021, Konrad Adenauer-Stiftung, Analysen & Argumente, April 2022.

mensgruppe ist die Zustimmung zu Politikänderungen stark positiv mit deren Umsetzung korreliert, in der untersten Einkommensgruppe negativ. Dies bedeutet, dass die Wahrscheinlichkeit auf Umsetzung sogar sinkt, wenn mehr Menschen aus der untersten Einkommensgruppe eine bestimmte politische Entscheidung befürworten.«[147]

Für die an der Studie beteiligte Sozialforscherin Lea Elsässer hängt die sinkende Wahlbeteiligung des unteren Drittels in unserer Gesellschaft auch mit diesen Erfahrungen zusammen. Das aber führt zu einem Teufelskreis. »Menschen können aufhören zu wählen, weil sie nicht mehr berücksichtigt werden. Sie können aber auch nicht mehr berücksichtigt werden, weil sie aufgehört haben zu wählen.«[148]

Was bedeutet das für die Klimapolitik und die Durchsetzung klima-kommunistischer Ziele? Wenn Menschen kaum in demokratische Prozesse eingebunden sind, fällt wenig ins Gewicht, welche Form der Klimapolitik ihren Interessen entsprechen würde. Gleichzeitig haben diejenigen Milieus, die bei einer konsequenten Klimapolitik am meisten ihren Lebensstil ändern müssten und Privilegien zu verlieren hätten, auch den größten politischen Einfluss, um genau das zu verhindern.

Je mehr Geld Menschen verdienen, desto mehr Treibhausgase stoßen sie bekanntlich aus. Das Umweltbundesamt hat das untersucht. Ein Haushalt mit weniger als 1.000 Euro Nettoeinkommen im Monat verursacht in Deutschland im Durchschnitt nur halb so viele Emissionen wie ein Haushalt mit einem Nettoeinkommen von 4.000 Euro oder mehr im Monat. Der Haupttreiber ist dabei die Mobilität. Hier verhalten sich Besserverdienende sogar dreimal so klimaschädlich wie Menschen mit wenig Geld. Das liegt daran, dass die Leute häufiger in den Urlaub fliegen und mehr Auto fahren, je mehr Geld sie zur Verfügung haben. Die größeren Wohnungen fallen natürlich auch ins Gewicht. Auch Bildung hilft da nicht. Akademiker fliegen im Durchschnitt häufiger als andere Menschen. Wer in einer Großstadt wohnt, lebt im Schnitt etwas

147 Lea Elsässer, Svenja Hense, Armin Schäfer, Systematisch verzerrte Entscheidungen? Die Responsivität der deutschen Politik von 1998 bis 2015, Endbericht, Osnabrück, 2016, S. 34 f.

148 Persönliches Interview.

klimafreundlicher als jemand auf dem Land.[149] Zum Beispiel weil die Fahrtwege zur Arbeit nicht so lang sind.

In Großstädten leben wiederum mehr Einwander:innen und Menschen aus Familien mit Migrationsgeschichte als auf dem Land. Diese sind im Schnitt weniger wohlhabend als alteingesessene Deutsche. Sie sind häufiger arm oder prekär beschäftigt und gehören häufiger zur unteren Mittelschicht.[150] Wer einen Migrationshintergrund besitzt, lebt also im Schnitt qua sozialer Lage klimafreundlicher als jemand ohne Migrationshintergrund. Ausländer:innen und Arbeiter:innen sind nolens volens im Alltag eher Klimaschützer, sie sind aber zugleich schlechter in die Demokratie eingebunden.

Selbstverständlich wäre es nicht lauter, eine scharfe Trennung nach Herkunft zu behaupten. Etwa 15 Prozent der migrantischen Bevölkerung gehört zu den Wohlhabenden in Deutschland. Deren Lebensstil ist in der Regel nicht weniger klimaschädlich als der von typischen Deutschen. Dasselbe gilt für jene, die zur Mittelschicht gehören und zum Beispiel aufs Auto nie verzichten würden. Lieber Autoposer als Öko. Wenn wir aber die Menschen, die in Armut, in Prekarität oder in der unteren Mitte der deutschen Gesellschaft leben, zusammenfassen, sprechen wir von nur 28 Prozent der Manfreds und Monikas, aber von 51 Prozent der Mohammads und Milicas im Land. Davon, genauso energieintensiv zu leben wie die Besserverdienenden, können sie nur träumen.

Einer meiner Kumpel zum Beispiel arbeitet als Reinigungskraft in einem Hotel. Er lebt seit einigen Jahren mit seiner Frau und den fünf Kindern in Deutschland, besaß aber als abgelehnter Asylsuchender lange Zeit nur eine Duldung. Mittlerweile darf er bleiben. Auslandsurlaube macht die Familie nicht. Er hat kein Auto, sich aber einen E-Roller gekauft. Er lebt also ziemlich ressourcenschonend. Das Klimathema interessiert ihn wenig. Wir sprechen eher über die Kinder oder gehen zum Fußball.

---

149 Siehe im Einzelnen: Umweltbundesamt, Wirkungen veränderter Einkommen auf den Ressourcenverbrauch, Dessau-Roßau, 2021. Zusammengefasst: Umweltbundesamt, Mit höherem Einkommen steigt die Umweltbelastung, 07.12.2021, abrufbar unter: https://www.umweltbundesamt.de/themen/hoeherem-einkommen-steigt-die-umweltbelastung

150 Soziale Lagen in Deutschland nach Migrationshintergrund 2018. Abrufbar unter: https://de.statista.com/statistik/daten/studie/1207806/umfrage/soziale-klassen-in-deutschland-nach-migrationshintergrund/

Ein weiteres Beispiel: Neulich recherchierte ich für einen Radiobericht vor einem Döner-Restaurant und kam mit den Gästen ins Gespräch. Thema Inflation. Drei Kosmetik-Verkäuferinnen machten gerade Mittagspause. Die Frauen waren arabischer und iranischer Herkunft und beklagten die allseits gestiegenen Preise – sogar beim Döner. Auf die Frage, was man denn tun könne, antwortete eine wie aus der Pistole geschossen: »Bloß nicht die Grünen wählen.« Meinen Hinweis darauf, dass die Grünen ja immerhin das Bus- und Bahnfahren viel billiger gemacht haben, konterte sie. »Ja, das finde ich auch gut. 49-Euro-Ticket. Aber vorher hat es 9 Euro gekostet.«

Ich erwähne diese Begebenheit gerne, weil darin so viele Aspekte zusammenfallen. Es war die Partei der »Grünen«, die das 9-Euro-Ticket eingeführt hat. Nach dem Probebetrieb war es Verkehrsminister Volker Wissing von der FDP, der es verteuerte und zum Preis von 49 Euro im Monat dauerhaft einführte. Für einen günstigeren Preis war angeblich kein Geld da. Tatsächlich ist das ›Deutschlandticket‹ damit immer noch viel billiger als sämtliche regionalen ÖPNV-Abonnements zuvor. Die Verkäuferinnen, mit denen ich sprach, luden ihren verständlichen Frust über die gestiegenen Lebenshaltungskosten aber bei den »Grünen« ab, weil sie Klimaschutz mit steigenden Preisen verbinden. Die Maßnahme eines günstigeren ÖPNV befürworten sie und profitieren davon. Wer dabei welche Stellschraube im politischen Betrieb gedreht hat, dringt nicht in das Bewusstsein allzu vieler Menschen. Zudem ist Klimaschutz häufig ein abstraktes oder auch technisches und akademisches Thema, für das man sich Zeit nehmen und Wissen erarbeiten muss. Das können viele Leute nicht und sie haben auch nicht immer die Zeit und den Kopf dafür frei. »Das mit dem Klimawandel stimmt zu sechzig Prozent«, sagte mir neulich ein Bekannter, »der Rest ist, glaube ich, Medien-Hype.«

Klima-Themen gehören auch aus einem anderen Grund nicht automatisch zu den Lieblingsthemen von Menschen aus der Arbeiter:innenklasse oder den Einwanderer-Stadtteilen. Schließlich möchten sie gerne aufsteigen und wohlhabender werden, was in der Regel mit einem klimaschädlicheren Lebensstil einhergeht. Natürlich gibt es auch viele, die eigentlich klimabewusst denken und denen die Natur wichtig ist. Viele misstrauen aber dem Etikett ›grün‹, manche nehmen es als puritanischen Habitus wahr, von dem sie sich abgrenzen, oder gleich als Schwindel.

Sie fürchten, dass Klimaschutz nur bedeutet, dass alles teurer wird. Und dass diejenigen, die sich klimabewusst geben, das nur tun, weil sie es sich leisten können. Gar nicht mal zu Unrecht.

Eine Studie zum Flugreiseverhalten in Deutschland ergab: Die meisten Leute machen sich keine Gedanken über den Klimaschutz, wenn sie ihren Urlaub planen. Jüngere können sich das gar nicht leisten. Ältere haben eher das Kleingeld übrig, um auf Ökosiegel zu achten. »Reisende mit hohem Umweltbewusstsein« (nur 24 Prozent der Befragten) sind meist zwischen 40 und 69 Jahre alt, besitzen seltener ein Auto und zahlen auch eher eine CO_2-Kompensation, wenn sie eine Fernreise zu einem exotischen Ziel unternehmen. »Gleichzeitig sind sie aber auch die Gruppe mit dem zweithöchsten Anteil, die das Flugzeug als Hauptverkehrsmittel nutzen.«[151] Also nicht wirklich klimafreundlich.

Das alles macht die Dinge reichlich kompliziert, weil die soziale Lage vieler Menschen und eine Klimapolitik, die sie als Belastung wahrnehmen, zu einem Bewusstsein führt, welches es schwierig macht, Klimapolitik als ihr Anliegen zu begreifen und ihre Klasseninteressen darin zu artikulieren.

Viele Menschen, die heute schon klimafreundlicher leben, weil sie es sich gar nicht anders leisten können, sind also in der Regel Teil der Arbeiter:innenklasse oder Teil der Migrationsbevölkerung in Deutschland oder beides zusammen. Sie würden von klima-kommunistischen Maßnahmen eher profitieren, sind aber dem Thema gegenüber häufig distanziert und momentan am wenigsten in der Lage, politischen Druck dafür auszuüben. Unsere segregierte Demokratie funktioniert so, dass ihren politischen Wünschen weniger Gewicht beigemessen wird – im Gegensatz zu den Interessen der Wohlhabenderen.

Letzteres bedeutet unter den gegebenen Verhältnissen, dass auch diejenigen Schichten, die zu größerem Verzicht angehalten wären, klima-kommunistische Maßnahmen unterstützen müssten, damit die Chancen zur politischen Durchsetzung steigen. Auch einem Teil der Oberschicht, die den größten politischen Einfluss besitzt, müsste beim Klimaschutz universalistische Prinzipien wichtiger werden als das eigene Klasseninteresse.

151 Kerstin Wegener, Christian Holst, Bequemlichkeit steht beim Reisen vor Umweltbewusstsein, Frankfurt 23.10.2023, abrufbar unter: https://www.frankfurt-university.de/de/news module/pressemitteilungen/bequemlichkeit-steht-beim-reisen-vor-umweltbewusstsein/

Und zwar viel wichtiger als bisher. Vom ökologisch interessierten Tesla-Fahrer bis zur leitenden Angestellten, die es bescheuert findet, dass wir immer noch über das Inlandsflugverbot diskutieren und es nicht längst umgesetzt haben. Es gibt ja auch Initiativen von Unternehmer:innen und Erb:innen, die für eine Vermögenssteuer und höhere Erbschaftssteuern eintreten. Es gibt sie. Wir wissen aber: es sind wenige. Das dürfte beim Klima-Kommunismus nicht anders sein. Wenige Fürsprecher aus der Oberschicht sind hilfreich, aber nicht ausreichend.

Was wir daher bräuchten, wäre ein Mindestlohn-Effekt. Ähnlich wie beim gesetzlichen Mindestlohn muss es gelingen, dass sowohl unter den Wohlhabenden als auch in der Mittelschicht genauso wie unter den wenig verdienenden Menschen die Einführung von klima-kommunistischen Maßnahmen unterstützt wird. Im besten Fall von einer Mehrheit, sei sie auch noch so knapp, in der jeweiligen Gruppe. Die Träger des Klima-Kommunismus müssten also sowohl der klimabewusste Teil der Mittelschicht sein, der dafür stärker belohnt werden möchte, als auch jener Teil der Arbeiter:innenklasse, der Einwander:innen und der postmigrantischen Deutschen, die offen sind für neue Ideen und Klimaschutz unterstützen, wenn sie davon materiell profitieren können, statt belastet zu werden. Menschen aus diesen unterschiedlichen Milieus gilt es dafür zu gewinnen und zu mobilisieren. Sie müssten spezifisch angesprochen werden. Warum nicht mal ein Klima-Camp in einer Hochhaussiedlung?

Unterstützung aus der Wissenschaft für Maßnahmen, die den CO_2-Ausstoß für alle gleich begrenzen, auch für die Reichen, und gleichzeitig für eine sozialere Ausgestaltung sorgen, wäre durchaus zu erwarten. Der Expertenrat für Klimafragen konstatierte in seinem Gutachten: »Generell reichen die bisherigen Emissions-Reduktionsraten bei weitem nicht aus, um die Klimaschutzziele für das Jahr 2030 zu erreichen.« Deshalb befürwortet er einen »Paradigmenwechsel« und die »harte Begrenzung zulässiger Reduktionsmengen« und zwar nicht bloß über teurere Verbraucherpreise. Klimapolitik müsse zu einer »Wirtschafts- und Sozialpolitik unter den neuen Rahmenbedingungen harter Mengengrenzen«[152] werden.

152 Gutachten zur Entwicklung der Treibhausgasemissionen, Trends der Jahresemissionsmengen und zur Wirksamkeit von Maßnahmen (Zweijahresgutachten 2022), in: Deutscher Bundestag, Drucksache 20/4430.

Die Frage der Kosten des Klimaschutzes für den Einzelnen wird uns ohnehin immer mehr beschäftigen. Die CO_2-Preise werden dafür sorgen, dass die Nutzung fossiler Energien teurer wird. Von China bis Großbritannien werden weltweit immer mehr Emissionen durch CO_2-Preise verteuert, um ihre Vermeidung anzuregen. In Deutschland gibt es einen CO_2-Preis für den Verkehrs- und den Gebäudesektor, der im Grunde eine CO_2-Steuer ist. Der Preis von 30 Euro pro Tonne CO_2 in 2023 stieg 2024 auf 45 Euro und soll 2025 auf 55 Euro steigen. Mit dem »Gesetz zur Aufteilung der Kohlendioxidkosten« will die Bundesregierung dafür sorgen, dass bei schlecht gedämmten Häusern der Vermieter mehr zahlen muss als der Mieter. Der Vermieter soll somit motiviert werden, das Haus besser zu dämmen oder in eine klimafreundliche Heizungsanlage zu investieren. Aber eins ist klar: in den kommenden Jahren werden viele Menschen damit klarkommen müssen, dass der Verbrauch fossiler Energien noch teurer wird.

Zudem legen Studien dar, dass die aktuell geplanten CO_2-Steuern zu niedrig sind, um allein damit einen nachhaltigen Effekt beim Klimaschutz zu zeitigen. Wenn man über dieses Instrument die Emissionen richtig senken und klimaneutral werden will, dann müsste die CO_2-Steuer viel höher ausfallen.[153] Das werden viele nicht bezahlen können. Politisch wäre das kaum durchsetzbar. Dieses Dilemma kommt aber auf uns zu. Die CO_2-Steuern werden steigen. Sie werden dafür sorgen, dass die Klassenfrage beim Klimaschutz noch mehr Aufmerksamkeit erhalten muss.

Darin liegen eine Gefahr und eine Chance. Im ungünstigen Fall würde das zu noch mehr Aversionen gegen den Klimaschutz führen und zwar gerade in Schichten, in denen Menschen von Klimaschutz-Politik, die auf Gleichheit ausgerichtet ist, profitieren würden. Das erleben wir gerade bei den gestiegenen Heizkosten. Die verschleppte Energiewende und die Abhängigkeit von russischem Gas hat uns erpressbar gemacht und im Kriegsfall zu explodierenden Gaspreisen geführt, die die Ärmsten im Land am härtesten treffen, kritisiert Ökonomin Claudia Kemfert. Zugleich provozieren aber die hohen Gaspreise Forderungen, den Boykott

153 Siehe hierzu: Ariadne-Analyse, Einfluss der CO_2-Bepreisung auf den Wärmemarkt, Potsdam, Juli 2022; Alexander Burkhardt, Markus Blesl, Erreichung der Klimaneutralität bis 2045 mittels CO_2-Bepreisung in den Sektoren Verkehr und Gebäude, 17. Symposium Energieinnovation, Graz, Februar 2022.

gegen Russland zu beenden, um wieder billiger heizen zu können. Das aber würde uns wieder abhängig machen und den Eindruck erwecken, wir könnten die Energiewende nochmal auf die lange Bank schieben. Es wäre widersinnig, weil wir erpressbar blieben in einer Zeit, in der fossile Energie teurer werden wird.[154]

Im günstigen Fall könnten Preise und Kosten im Klimaschutz stärker in den Fokus der öffentlichen Diskussion rücken. Und es könnte damit besser gelingen, die Interessen der ärmeren Hälfte der Gesellschaft zu artikulieren. Für mehr Umverteilung. Politisch gesetzte Preise können schließlich einfacher zum Gegenstand der politischen Auseinandersetzung werden, als wenn die Energiepreise aufgrund von Angebot und Nachfrage am Markt steigen. Die Heizkosten hatten sich bekanntlich schon vor dem Ukrainekrieg verteuert und explodierten dann aber infolge des Kriegs. Ganz ohne steigende CO_2-Steuer. Die Regierung hat viel Geld ausgegeben, damit die Heizkosten gedeckelt werden konnten. Die befristete Gaspreisbremse fängt aber nur einen Teil der Mehrkosten auf. Die meisten Menschen müssen deutlich mehr fürs Heizen zahlen – und auch für Strom – als noch vor zwei Jahren. Zugleich erleben wir, dass das von der Ampel-Regierung angekündigte Klimageld nicht umgesetzt wird. Eventuell gibt es jährlich hundert Euro pro Person ab 2025 als sozialen Ausgleich für steigende CO_2-Preise. Zu spät, zu wenig. Das wundert uns nicht, es passt zum oben beschriebenen Muster. Denn das Klimageld würde vor allem Menschen zugutekommen, die wenig oder durchschnittlich verdienen. Und deren Stimme wird weniger beachtet.

Der Reiz und die Stärke einer klima-kommunistischen Position liegt auch darin begründet, dass kapitalistische, marktorientierte Mechanismen wie etwa die Verteuerung des Verbrauchs nicht nur die soziale Spaltung vergrößern. Wollte man sie konsequent betreiben, würde das zu Unruhen führen. Sie sind also kaum praktikabel und deshalb auch eine wenig effiziente Strategie.

Wir werden verstärkt den Kampf um die Verteilung der Kosten des Klimaschutzes führen müssen. Mit dem Ziel, dass eine Umverteilung zugunsten der Menschen stattfindet, die weniger haben und sich klima-

154 Claudia Kemfert, Schockwellen, Letzte Chance für sichere Energien und Frieden, Frankfurt 2023, S. 242 f.

schonender verhalten als die Wohlhabenden. Das wäre eine zeitgemäße Form des Klassenkampfs, der unter den beschriebenen Widersprüchen ausgetragen werden muss und sich mit einem Wort zusammenfassen lässt: Klima-Kommunismus.

Die gegebenen Verhältnisse müssen nicht so bleiben, wie sie sind. Wir können sie verändern und das wird nötig sein. Dafür muss die Bevölkerung aufstehen. Insbesondere die Gering- und Normalverdiener müssen sich ihren Platz auf der Bühne der Politik, von dem sie verdrängt worden sind, wieder zurückholen. Das betrifft Menschen sowohl aus der Arbeiter:innen- als auch aus der Mittelschicht. Die Klimapolitik kann dazu eine Möglichkeit bieten, die derzeit noch nicht genutzt wird. Es geht also durchaus um so etwas, wie eine demokratische Revolution auf dem Feld der Klimapolitik. Wir reden hier schließlich nicht ohne Grund von Kommunismus.

Eine einfache Möglichkeit, aktiv zu werden für klima-kommunistische Forderungen, bietet das Internet. Allerdings dürfte die Wirkung eher gering sein. In vielen Städten laufen zum Beispiel Online-Unterschriften-Sammlungen über *Campact* zum Verbot von Privatflügen an deutschen Flughäfen. Ob in Berlin, Frankfurt, München oder Sylt – 21 Online-Petitionen gibt es in Deutschland, die das Ziel verfolgen, die Betreibergesellschaften durch öffentlichen Druck dazu zu bewegen, Flüge mit Privatjets an ihren Flughäfen zu verbieten. Bis Ende 2023 kamen dafür fast 140.000 Unterschriften zusammen. In Düsseldorf hatte der Psychiater Dominik Thoma die Campact-Petition gestartet und es gelang ihm, innerhalb eines halben Jahres etwa 12.000 Unterschriften zu sammeln.

»Die Zahl der Privatjet-Flüge in Deutschland ist dieses Jahr auf Rekordniveau gestiegen«, so die Kritik an der Privatjet-Fliegerei.

> »Die Luxusmaschinen verursachen mehr als eine Million Tonnen an Emissionen. Und die Tendenz ist steigend. Während wir Bürger*innen immer mehr Maßnahmen zum Klimaschutz einhalten und in kalten Wohnungen den Winter verbracht haben, verpesten Superreiche mit Kerosin die Luft und sorgen für zusätzlichen Lärm.«[155]

155 Abrufbar unter: https://weact.campact.de/petitions/keine-privatjets-mehr-aus-dusseldorf-1/?utm_id=wa-recar

Wer mit einem Privatjet fliegt, stößt zwölf Mal so viel Treibhausgase aus wie jemand, der in einer Linienmaschine sitzt. Die Flughafenleitung in Düsseldorf ließ zunächst Thomas Anfragen liegen und beantwortete sie schließlich nur zögerlich. Es dauerte, bis er überhaupt einen Termin erhielt. Mitte September 2023 überreichte er dann die 12.000 Unterschriften für das Privatjet-Verbot am Düsseldorfer Flughafen dem Vorsitzenden der Geschäftsführung. Getan hat sich seitdem nichts. Die Flughafengesellschaft denkt nicht daran, Privatjetflüge dem Klimaschutz zuliebe nicht mehr abzuwickeln. Thoma hegt auch keine Hoffnung, dass sich infolge der Online-Petition daran etwas ändern könnte.[156] Das einzige, was diese Petitionen erreicht haben, ist eine erste öffentliche Aufmerksamkeit für das Thema, damit überhaupt Menschen davon erfahren.

Das Netz und Social Media können einen wichtigen Beitrag leisten, Themen ins Gespräch zu bringen. Menschen könnten von klima-kommunistischen Forderungen Kenntnis erlangen und sich damit auseinandersetzen. Im besten Fall stoßen wir damit einen öffentlichen Diskurs an. Allerdings reichen diese Formen des Engagements nach den bisherigen Erfahrungen bei Weitem nicht aus, um etwas zu bewirken.

Der Druck muss von der Straße kommen. Wir sollten dabei von den ›Gelbwesten‹ in Frankreich lernen, um die dortigen Fehler nicht zu wiederholen. In der allgemeinen Wahrnehmung haben die Protestierenden dort Kreisverkehre und Straßen blockiert, um gegen eine Steuer zu protestieren, die das Autofahren zusätzlich verteuerte. Die Initiatorin und viele Aktivist:innen sind aber von Anfang an für eine sozialere Klimapolitik auf die Straße gegangen. Dafür zum Beispiel, dass nicht die Berufspendler belastet werden, während die Businessflieger steuerlich befreit sind. In der Öffentlichkeit wurden sie aber auf den Protest gegen die steigenden Spritpreise reduziert und als Gegner:innen des Klimaschutzes abgestempelt.[157]

Es wäre daher ein Fehler, in Zukunft bloß gegen steigende Energiepreise zu protestieren. Dann würde man in dieselbe Falle tappen, in

156 Doro Blome-Müller, Petition gegen Privatjet-Flüge am Flughafen Düsseldorf, WDR, 12.09.2023, abrufbar unter: https://www1.wdr.de/nachrichten/rheinland/flughafen-duesseldorf-privatjets-stopp-fluege-starts-landungen-100.html

157 Siehe hierzu: David Goessmann, Kurs Klima-Kollaps, Das große Versagen der Politik, Berlin 2021, S. 267 ff.

der sich auch die französischen ›Gelbwesten‹ wiedergefunden haben. Aussichtsreicher dürfte es vielmehr sein, direkt für positive Forderungen auf die Straße zu gehen. Für eine stärkere Belohnung klimafreundlichen Verhaltens aus der Perspektive der Normalverdiener:innen. Für die Beschränkung des klimaschädlichen Konsums der Oberschicht. Bewegungen wie örtliche Klimacamps und vor allem *Fridays for Future* liefern ein Vorbild und könnten sich in diese Richtung weiterentwickeln. Ohne die Schulstreik-Demos in vielen Städten auf der ganzen Welt, mit Tausenden Aktivist:innen und prominenten Stimmen wie Greta Thunberg, Luisa Neubauer oder Vanessa Nakate wäre der Klimaschutz niemals so nachhaltig ins öffentliche Bewusstsein gerückt. Die Chuzpe von *Fridays for Future* bestand darin, sich politisch nicht wirklich festzulegen. Sie forderten nichts Radikales, sondern das »was ihnen bereits alle versprochen haben und nicht einhalten.«[158] Die Politiker sollten gefälligst alles Nötige tun, um die Ziele des Pariser Klimaabkommens einzuhalten. Und endlich auf die Wissenschaft hören. »Wir behaupten nicht, selbst mit allen Lösungen zu kommen. Wir verweisen auf die Forschung. Und wir sagen den Politiker_innen: Hej, ihr müsst auf dieses Wissen eingehen (...) und es ins reale Leben übersetzen, durch angemessene Maßnahmen«[159], so die schwedische Aktivistin Isabelle Axelsson. Wenn wir auf die Forschung hören und daraus schließen möchten, welche Maßnahmen heute angemessen wären, kommen wir nicht umhin zu erkennen, dass das klima-kommunistische Maßnahmen sein müssten. Die Wissenschaft legt das nahe und erlaubt diese Schlussfolgerung. Sie kann aber nicht selbst solche Forderungen erheben, weil sie neutral bleiben will. Bewegungen wie *Fridays for future* wiederum können sich nicht mehr nur auf die Wissenschaft berufen und dabei vermeiden, konkretere Positionen zu beziehen. Sie müssten eigentlich einen Schritt weitergehen.

Ich bin in den vergangenen Jahren auf mehrere *Fridays-for-Future*-Demonstrationen gegangen. Zur Hochzeit der Bewegung war ich mit Tausenden auf der Straße. Am Klimastreiktag im September 2023 fanden sich bei uns in Düsseldorf zwar nur noch mehrere Hundert Demonstrierende

---

158 David Fopp, Isabelle Axelsson, Loukina Tilla, Gemeinsam für die Zukunft, Fridays for Future und Scientists for Future, Bielefeld 2021, S. 264.

159 Ebd., S. 266.

vor der Landtagswiese zusammen, die Stimmung war dennoch gut. Aber die Botschaften hatten sich kaum weiterentwickelt. Die jungen Sprecherinnen auf der Bühne forderten ein allgemeines Umdenken, mithin den Abschied von der Wachstumswirtschaft. Es blieb bei der Einladung, gemeinsame Ideen zu entwickeln. Wenn es mal konkret wurde, schwankten die Themen zwischen der Forderung nach einem Tempolimit (harmlos) oder dem Lob der veganen Ernährung (individuelles Verhalten). Und sie erinnerten die Ampel-Regierung daran, ihr Wahlversprechen einzuhalten und mehr zu tun für den Klimaschutz. Eine Rednerin betonte, dass wir uns nicht einreden lassen sollten, dass etwas *nicht* umsetzbar sei, nur weil es heute noch radikal erscheint. Alles richtig. Doch konkretere Umsetzungsvorschläge im Sinne radikaler politischer Eingriffe spielten zumindest auf den FFF-Demos, in denen ich zugegen war, nach wie vor keine Rolle. Das ist meines Erachtens heute zu wenig.

Die Zeit, in der man möglichst viel offen lassen konnte, um für viele Leute anschlussfähig zu bleiben, dürfte vorbei sein. Mittlerweile nehmen weniger Menschen an den Demos teil als vor zwei Jahren. Zu allem Unglück sorgte das internationale *Fridays for future*-Netzwerk im Zuge der einseitigen Palästina-Solidarisierungen in Social-Media-Posts für negative Schlagzeilen und den Vorwurf des Antisemitismus. »Fridays for Future« werden nicht den Nahostkonflikt lösen, und die Erwartungen an ein klima-aktivistisches Netzwerk sind auch andere.

Doch sie haben es in den vergangenen Jahren geschafft, die Klimakrise ins öffentliche Bewusstsein zu hieven. Sie haben eine Zeitlang die Politik vor sich hergetrieben, entschlossener Klimaschutz zu betreiben. Sie haben den Zeitgeist beeinflusst und damit in Deutschland zum Beispiel zu einem Regierungswechsel beigetragen.

Eine Weiterentwicklung der *Fridays for Future*-Bewegung könnte nun darin bestehen, erneut ihrer Zeit voraus zu sein und klima-kommunistische Forderungen zu popularisieren. Zum anderen könnten neue Bewegungen und Aktivist:innen diese Forderungen gerade mit ähnlichen Aktionsformen, die wie Schulstreiks einen sanften Regelbruch darstellen, auf die politische Tagesordnung setzen. Das Erfolgsrezept der *Fridays for Future* wäre von großem Nutzen: die Fähigkeit, die öffentliche Stimmung zu drehen mit einer breiten Mobilisierung, der sich auch Menschen anschließen, die auf eine Demo gehen, aber nichts Radikaleres tun möchten.

Auf der anderen Seite bestünde eine Option darin, mit heftigeren Aktionsformen öffentlichen Druck aufzubauen. Ein Stichwortgeber dazu ist der schwedische Aktivist und Autor Andreas Malm, der massenhaft Luft aus den Reifen von SUVs zu lassen ebenso befürwortet wie Löcher in Erdgas-Pipelines zu bohren. Denn es sei notwendig, das zerstörerische business as usual des fossilen Kapitalismus zu durchbrechen. »Maßnahmen sollten nur dann ergriffen werden, wenn Plan, Zweck und Ausführung begründet werden können und Unterstützung finden, und vor allem sollten die Aktivist*innen in enger Beziehung zu bestehenden Überzeugungen agieren, über die sie sich in kleinen Schritten hinwegsetzen«, definiert er Voraussetzungen für das, was er »intelligente Sabotage« nennt. »Sie sollte für genügend Menschen weitestgehend erklärbar und vertretbar sein – wenn nicht bereits heute, so doch zumindest bald, lässt doch der Kollaps nicht mehr allzu lange auf sich warten.«[160]

In der deutschen Öffentlichkeit erregten zuletzt die Protestaktionen der *Letzten Generation* die größte Aufmerksamkeit. Die Klimakleber sind zur Zeit der Inbegriff des zivilen Ungehorsams für den Klimaschutz. Und sie sind mittlerweile bei vielen unbeliebt. Insbesondere wegen der wiederholten Blockaden des Autoverkehrs durch das Ankleben auf der Straße in Berlin und anderswo. Dem wohnt eine gewisse Tragik inne. Denn die Aktivist:innen der *Letzten Generation* greifen zu drastischen Mitteln, weil sie das Gefühl hatten, dass es nichts gebracht habe, bloß mit dem Megafon in der Innenstadt zu stehen und sich an die Regeln zu halten. Auch das Ergebnis des Hungerstreiks, mit dem sie ein öffentliches Gespräch mit Bundeskanzler Olaf Scholz erzwangen, war nicht befriedigend. Mehr noch: »Die Letzte Generation hat 30-mal Pipelines abgestellt. Das hat aber leider kaum jemanden interessiert, es wurde wenig bis gar nicht darüber berichtet.«[161]

Erst als sie begannen, sich auf der Straße festzukleben, bekamen sie, was sie wollten und wonach die Öffentlichkeit giert. Starke Bilder. Sie waren in aller Munde. Allerdings ist es ihnen nicht gelungen, die Mehrheit

---

160 Andreas Malm, Wie man eine Pipeline in die Luft jagt. Kämpfen lernen in einer Welt in Flammen, Matthes & Seitz Verlag, Berlin 2020, S. 136.

161 Lina Eichler, Henning Jeschke, Jörg Alt, Die letzte Generation – das sind wir alle. Wenn die Welt in Flammen steht, hilft es nicht, den Feueralarm auszustellen, München 2023, S. 95.

der Bevölkerung auf ihre Seite zu ziehen. Im Gegenteil, viele lehnen die Klimakleber-Aktionen ab. Die *Letzte Generation* vermittelt den Eindruck einer falschen Radikalität. Sie drücken ihre emotionale Empörung aus, halten die ›Maschine‹ aber nur symbolisch an, denn nach jeder Aktion fahren die Autos weiter wie bisher. Mit den Blockadeaktionen treffen sie die arbeitende Bevölkerung und damit die Falschen. Ihre Aktionen vermitteln nicht den Eindruck, dass sie eine Verbesserung der Lage der Vielen bezwecken. Den Klassenwiderspruch, der wie oben gezeigt die Klimapolitik durchzieht, haben sie damit noch verstärkt. Das ist der Bewegung durchaus bewusst. Eine neue Protestform richtete sich gegen die Reichen. Auf Sylt besprühten sie einen Privatjet mit oranger Farbe.

Bei einer ihrer Aktionen blockierte die *Letzte Generation* schließlich den Betrieb der Flughäfen in Düsseldorf und Hamburg. Im Juli 2023, mitten in der Urlaubssaison, gelang es den Aktivist:innen, mehrere Stunden lang Rollfelder zu besetzen. Insgesamt 48 Flüge mussten daraufhin storniert werden. Nun drohen ihnen neben Verfahren wegen Sachbeschädigung und Hausfriedensbruch auch Schadensersatzklagen von Eurowings, Condor und TUIfly in Millionenhöhe. Und all das dafür, dass mehrere Hundert Passagiere unfreiwillig im Hotel übernachten mussten, um zu einem späteren Zeitpunkt doch wie geplant in den Urlaub zu fliegen. Eine größere Debatte zur politischen Begrenzung von Flugreisen wurde mit solchen Aktionen bislang nicht bewirkt.

Die radikalen Aktionsformen stehen in einem eigentümlichen Widerspruch zu den eigentlich harmlosen Forderungen der *Letzten Generation*. Sie fordern zum Beispiel prominent den Kohleausstieg schon 2030, die Einführung des Tempolimits 100 auf Autobahnen und die Wiedereinführung des 9-Euro-Tickets. Lohnt es sich, dafür hohe Geld- und Haftstrafen zu riskieren, die einigen Aktivist:innen nun drohen? Für Tempo 100? Wäre es überhaupt notwendig fürs 9-Euro-Ticket Straßen zu blockieren? Theoretisch sprechen sie auch von einem Systemwechsel, ohne ihn genau zu benennen. Für die Kreislaufwirtschaft ist auch die EU-Kommission. Nicht mal vom Kapitalismus ist in ihren Texten die Rede, lediglich von der Überwindung des Neoliberalismus.[162]

162 Siehe exemplarisch ebenda, S. 170 ff. Ebenso: https://letztegeneration.org/forderungen/

Auch bei den Farbattacken auf das Kanzleramt oder auf Uni-Gebäude bleibt für viele Menschen jenseits des Nachrichtenwerts unklar, was daraus folgen soll. Selbst wenn man der Bewegung attestieren muss, dass sie Mut bewiesen hat und nach wie vor junge Engagierte mobilisieren kann, mehren sich die Zeichen, dass sie wenig bewirken wird. Bei vielen Menschen hat die Marke *Letzte Generation* eine Aversion gegen Klima-Aktivist:innen produziert. Das ist absolut kontra-produktiv. Wer sich für Klima-Kommunismus einsetzen will, kann nur davon lernen, um diesen Effekt zu vermeiden.

Sowohl die *Letzte Generation* als auch *Fridays for Future* fordern die Einberufung von Klimaräten, von Bürgerräten, eines Gesellschaftsrats, in dem repräsentativ ausgewählte Menschen aus allen Bevölkerungsschichten Empfehlungen erarbeiten, was die Bundesregierung tun soll. Interessant ist dabei, inwieweit dort klima-kommunistische Ansätze artikuliert werden können oder ob sie eher ausgelassen und vermieden werden. Denn die Menschen, die daran teilnehmen, sind ja Teil dieser Gesellschaft, in der für einen großen Teil der Leute Autos, Flugreisen, Markenklamotten, Fast Fashion, hoher Fleischkonsum usw. ihren Lebensstil und ihren Wohlstand ausmachen.

Bei bestimmten Themen ergibt es Sinn, von einem Gegensatz zwischen den Mächtigen und der Bevölkerung zu sprechen, der durch solche Räte überwunden werden könnte. Zum Beispiel wenn die Lobbyinteressen der Kohle, Öl- und Gas-Industrien und der meist konservativ geprägten Politiker:innen, die sie unterstützen, zulasten der eigentlichen Interessen der breiten Bevölkerung gehen, die von günstiger erneuerbarer Bürgerenergie eher profitieren würde. Allerdings ist dieser Gegensatz nicht immer gegeben. Die alte Bundesregierung unter Angela Merkel hat sich immer wieder in Brüssel dafür eingesetzt, dass die EU-Grenzwerte für Autoabgase nicht zu streng ausfielen, um die Gewinninteressen der deutschen Autokonzerne zu schützen. Es gibt aber darüber hinaus auch viele einfache Leute, denen es wichtiger war, ordentlich aufs Gaspedal drücken zu können und leistungsstarke Autos zu fahren, als sich am Klimaschutz zu beteiligen. Viele konnten an dieser Lobbyarbeit für deutsche Automarken nichts Falsches finden.

Es bleibt also abzuwarten, welchen Beitrag Klima- oder Bürgerräte leisten können, wenn sie von einer Regierung offiziell einberufen werden sollten. Die Erfahrungen aus Frankreich stimmen verhalten optimistisch. Der Klimarat in Frankreich hat zum Beispiel das Verbot von Inlandsflügen gefordert. Zumindest für die Ziele, die in weniger als vier Stunden mit dem Zug erreichbar sind. Die französische Regierung hat diese Forderung im Sommer 2023 in abgeschwächter Form umgesetzt. Für Flugziele, die mit dem Zug in höchstens zweieinhalb Stunden erreichbar sind. Kritiker sagen, das war eine Alibi-Maßnahme. In Deutschland sind wir immer noch nicht soweit.

Weitere Beispiele: Der französische Klimarat hat die Forderung erhoben, dass für junge Leute kostenlose Leihräder bereitgestellt werden, ähnlich wie man Bücher aus der Schulbibliothek ausleihen kann. Außerdem schlagen sie vor, das Budget für nachhaltige Mobilität zu erhöhen. Für Menschen in ländlichen Gebieten oder in prekären Lebensumständen auf 1.800 Euro im Jahr. Eine Mobilkarte gibt es schon in Frankreich, allerdings nur, wenn sie der Arbeitgeber anbietet. Seit 2021 beträgt das Guthaben bis zu 500 Euro im Jahr, das für Fahrräder, die Elektroauto-Miete oder Elektroauto-Aufladung ausgegeben werden kann. Das ist noch freiwillig und es hängt davon ab, ob der Arbeitgeber das seinen Angestellten zur Verfügung stellen möchte. Im Gegenzug kann das Unternehmen die Kosten absetzen und Abgaben sparen. Auch hier ist Frankreich aber schon weiter als wir in Deutschland. Der Klimarat hat ebenfalls vorgeschlagen, Kantinen zu einem Veggie-Tag gesetzlich zu verpflichten.[163]

Wie wir sehen, können sich in Klimaräten von Bürger:innen Mehrheiten für Vorschläge finden, die sich als klima-kommunistisch bezeichnen lassen. Das sind positive Ansätze, auch wenn im Großen und Ganzen der Schwerpunkt eher auf Anreize gesetzt wird. Die Empfehlungen von solchen Klima-Bürgerräten bleiben in ihrer Grundstruktur allerdings dem herrschenden Paradigma verhaftet.

Auch in Deutschland sind bei einem *Bürgerrat Klima* 160 Menschen aus der ganzen Republik zusammengekommen. Die Empfehlungen dieses Bürgerrats gehen häufig nicht wirklich über das hinaus, was schon durch die Ampelregierung mittlerweile unternommen wird, etwa bei

163 Rapport de la Convention citoyenne pour le climat à l'issue de son adoption formelle dimanche 21 juin 2020. Abrufbar unter: https://www.lecese.fr/sites/default/files/pdf/Convention/ccc-rapport-final.pdf

der Energiewende. Maßnahmen, die darauf hinauslaufen, dass wir uns in der Bevölkerung effektiv die Möglichkeiten zum klimaschädlichen Verhalten aufteilen und insgesamt begrenzen, finden sich darin nicht. Der Bürgerrat hat sich für CO_2-Preise und eine einkommensabhängige Klima-Dividende zum sozialen Ausgleich ausgesprochen.[164]

An der Universität Erfurt wurde in einer repräsentativen Umfrage untersucht, wie eigentlich die Bevölkerung über die Vorschläge des Bürgerrats denkt.[165] Interessant sind dabei die Zustimmungs- und Ablehnungswerte der Befragten zu bestimmten Themen. So stimmten zum Beispiel die meisten einem Kurzstrecken-Flugverbot wie auch einer generellen Verteuerung von Flugtickets zu. Eine überwältigende Mehrheit will einen günstigeren öffentlichen Nahverkehr. Eine große Mehrheit ist der Meinung: »Die Klimawende muss global gerecht sein«. Der Aussage »Bevor wir den Klimawandel in Deutschland angehen, sollen erstmal andere Länder ihre Emissionen verringern« stimmte allerdings ebenfalls mehr als die Hälfte stark oder teilweise zu. Das ist natürlich ein Widerspruch. Die allermeisten finden »Die Verantwortung liegt bei den einzelnen Bürger:innen, die ihren eigenen Konsum anpassen müssen.« Das kann man so oder so lesen. Das Problem bei diesen Ansätzen ist, dass sich damit eher abbilden lässt, wie weit die öffentliche Debatte ist und wo sie auf der Stelle tritt. Es bleibt fraglich, ob Bürgerräte zum Klimaschutz wirklich in der Lage wären, weitergehende Maßnahmen und Forderungen zu formulieren, die gerecht und effektiv wären, aber gesellschaftlich noch umstritten sind.

Damit wir das erreichen, werden wir auch soziale Bewegungen brauchen, die bereit sind, sich mit den Mächtigen anzulegen. Anders dürfte es kaum gelingen, klima-kommunistische Forderungen auf die politische Tagesordnung zu setzen. Das Aktivist:innen-Netzwerk *Ende Gelände* lieferte in den vergangenen Jahren ein erfolgreiches Beispiel dafür, wie es gelingen kann, Standpunkte, die anfangs undenkbar erschienen, zum Mainstream werden zu lassen, weil sie klimapolitisch sinnvoll sind.

---

164 Siehe: https://buergerrat-klima.de/ergebnisse-gutachten

165 Siehe: https://projekte.uni-erfurt.de/pha2se/summary/analysis/#leits%C3%A4tze-und-empfehlungen-des-b%C3%BCrgerrats-klima

Anfangs noch von wenigen beachtet, mauserten sich die Besetzungen von Betriebsgeländen, in denen Kohle abgebaut wird, seit 2015 zu einer massenhaften Aktionsform, die am Ende die ganze Republik verfolgte – von der Lausitz bis zum rheinischen Braunkohlerevier und der letzten Auseinandersetzung um »Lützi bleibt« Anfang 2023. Der wichtigste Erfolg bestand sicher darin, dass der Kohleausstieg in Deutschland keine radikale Forderung mehr ist, die viele in der Öffentlichkeit kaum auszusprechen wagten. Vielmehr ist er zu einer realen politischen Maßnahme geworden. Das seien nicht die Politiker gewesen, die das geschafft haben, finden die Aktivist:innen von *Ende Gelände*:

> »Das waren nämlich die Zehntausenden von Menschen, die sich gemeinsam mit einer Vielfalt von Protesten über Jahre hinweg der Zerstörung in den Weg gestellt, die öffentliche Meinung geprägt und die Regierung der Bundesrepublik Deutschland zu Zugeständnissen gezwungen haben. Als am 6. Oktober 2018 über 50.000 Menschen am Hambacher Wald protestierten, Barrikaden aufbauten und mit Kinderwagen in den Tagebau spazierten, war klar, dass das Ende der Kohle eingeleitet war. VON UNS ALLEN.«[166]

Anders als bei den *Fridays for Future*-Demos blieb es nicht bloß beim Appell an die Regierenden. Aber auch anders als bei den Aktionen der *Letzten Generation* waren die Blockaden nicht eher symbolischer Natur.

> »Bei Ende Gelände verschmolzen direkte Aktion, bei der es um Störung und unmittelbare Erfolge (den Tagebau lahmzulegen) geht, mit zivilem Ungehorsam, bei dem oft mittels eines ›illegalen‹ Akts an die Machthabenden appelliert werden soll.«[167]

Den sofortigen Kohleausstieg hat die Bewegung nicht erreicht. Aber er ist in NRW auf 2030 terminiert, wofür die ›Grünen‹ in der Regierungskoalition mit der CDU das Abbaggern von Lützerath mittragen mussten. Bundesweit bleibt es bislang beim Ausstiegsdatum 2038.

Für so etwas wie einen Klima-Kommunismus können wir von der ›Dilemma-Strategie‹ lernen, die *Ende Gelände* angewandt hat. Den Staat in eine Situation zu bringen, in der er nur schlecht dastehen

166 Ende Gelände, We shut shit down, Nautilus Flugschrift, Hamburg 2022, S. 11.

167 Ebenda, S. 33.

kann, egal wie er reagiert. In der Lausitz ließ man die Aktivist:innen gewähren und diese konnten dann mit der Besetzung der Kohlegrube und der Transportbänder den Betrieb des Kraftwerks lahmlegen. Bei den Besetzungsaktionen im rheinischen Braunkohlerevier versuchte die Polizei mit dem Einsatz von Gewalt, genau das zu verhindern, was zu Empörung in Teilen der Öffentlichkeit führte. Denn es wurde offenbar, dass die Landesregierung bereit war, massive Gewalt einzusetzen (wie sich im Nachhinein herausstellte, auch mit rechtlich fadenscheinigen Begründungen), um den ungestörten Abbau der klimaschädlichen Braunkohle aufrecht zu erhalten. Was wiederum dazu führte, dass über das Thema häufiger in der Öffentlichkeit berichtet wurde und mehr Menschen erfuhren, wie klimaschädlich das Verbrennen von Braunkohle zur Energieerzeugung ist.

Bei einem greifbaren Ort der Auseinandersetzung wie einem Tagebaugebiet ist das natürlich einfacher als bei Forderungen, das CO_2-Buget gerecht zu teilen, die jetzt schon klimafreundlicher lebenden Menschen zu belohnen und die Reichen und Wohlhabenden gesetzlich einzuschränken. Es gibt keine einzelne Grube und keinen Bagger, der das symbolisieren und den man besetzen könnte. Es gilt also herauszufinden, welche Aktionsformen im Sinne der ›Dilemma-Strategie‹ funktionieren könnten.

Wir müssen schließlich beweisen, dass wir in unserer Demokratie auch große Schritte gehen können. Ein Land wie China hält uns ja den Spiegel vor. Der chinesische Staat ist mit wirkungsvollen Maßnahmen wie der Förderung der E-Mobilität und dem Ausbau der Solarenergie ein Vorreiter in Sachen Klimaschutz. Es ist peinlich für kapitalistische Staaten, dass ein ehemaliges Entwicklungsland, das von einer kommunistischen Partei diktatorisch regiert wird, sie überholt. Aktuelles Beispiel: die chinesische Entwicklung und Massenfertigung von Natrium-Ionen-Akkus für E Autos als günstige, ressourcenschonende Alternative zur Lithium-Batterie.

Alles, was ein Regime wie in Peking hinkriegt, können wir auch in einem demokratischen System tun, betont Ökonomin Claudia Kemfert gerne. Wir brauchen dazu keine Zauberkräfte, nur den politischen Willen zu neuen Regeln. Sie schlägt eine Neuausrichtung unserer Demokratie vor. Wir brauchen »eine Demokratie in vertraglich vereinbarten ökologischen Grenzen«.[168] Ich übernehme diese hübsche Definition, auch wenn bisher damit eher softe Regeln gemeint gewesen sind: mehr Radwege, E-Autos, Klimageld etc. Eine Demokratie in vertraglich vereinbarten ökologischen Grenzen zu gestalten, läuft, zu Ende gedacht, auf einen demokratisch verstandenen Klima-Kommunismus hinaus, wie ich ihn zu beschreiben versuche.

Im öffentlichen Diskurs müssen wir zunächst einmal den Boden dafür bereiten, dass es legitim ist, in einer Demokratie klima-kommunistische Ziele zu verfolgen. Häufig begegnet uns das Argument, dass niemand anderen Menschen das Recht absprechen dürfe, selbst zu entscheiden, wie viele Autos sie besitzen, wie oft sie damit fahren oder wie oft sie in den Urlaub fliegen möchten etc. Die Möglichkeit, diese Dinge zu tun, entspringt allerdings nicht irgendeinem Recht dazu, sondern den technischen Möglichkeiten, die vorhanden sind und dies überhaupt erst erlauben. Vor wenigen Jahrzehnten existierten diese technischen Möglichkeiten für die meisten Menschen gar nicht. Vor anderthalb Jahrhunderten für niemanden. Es wäre unerheblich gewesen, ob jemand der Meinung gewesen wäre, er hätte das Recht vier Mal im Jahr irgendwohin zu fliegen oder sich alle naselang neue Klamotten und ein neues Smartphone zu kaufen. Daher stellt sich auch heute nicht die Frage, wie wir mit den Rechten bestimmter Menschen oder Bevölkerungsgruppen umgehen, sondern ob wir den Gebrauch der technischen Möglichkeiten in einem Maß zulassen, von dem wir wissen, dass er uns als Gesamtgesellschaft immer mehr schadet. Es geht also um Regeln im Umgang mit diesen technischen Möglichkeiten. Nicht mehr, aber auch nicht weniger. Und dennoch werden Menschen aufschreien: »Ich lasse mir das nicht verbieten!«

Philipp Lepenies, Professor für Politik in Berlin, hat darauf hingewiesen, dass Klima-Wissenschafler:innen schon seit Längerem erklären, dass es notwendig ist, unsere Konsummuster zu verändern. Aber es habe sich ebenso der polemische und reflexhafte Vorwurf der ›Ökodiktatur‹ etabliert, wenn es um Vorschläge geht, wie das politisch umzusetzen wäre. Den Grund dafür macht er in der vom Neoliberalismus durchgesetzten

168 Claudia Kemfert, Mondays for Future, Was tun? Die entscheidenden Fragen und Antworten, Hamburg 2020, S. 58.

Vorstellung aus, dass Freiheit vor allem individuelle Konsumfreiheit sei. Der Konsument habe den politischen Bürger als Souverän abgelöst. So komme es, dass viele der Meinung seien, der Staat dürfe gar nicht bestimmte Konsumformen verbieten und zum Verzicht anregen.

Ironischerweise, so Lepenies, wurde in der Entstehungsphase des Kapitalismus Verzicht auf unnötigen Konsum durchaus als Tugend verstanden. »Konsumverzicht galt (...) lange Zeit nicht als Einschränkung der Freiheit.« Erst die neoliberale Denkschule habe im Verlauf des 20. Jahrhunderts die Vorstellung durchgesetzt, dass Markt, Demokratie und der allseits freie Konsument ein untrennbares Triptychon darzustellen haben. »Die Einzelnen *müssen* und *sollen* konsumieren, damit die Märkte, die Demokratie und die Gesellschaft optimal funktionieren.«

Heute leben wir in einer globalisierten Konsumkultur, in der die Leute beim Shoppen in ihren Gefühlen angesprochen und von diesen geleitet werden. Mit den Dingen und Dienstleistungen, die wir erwerben, drücken wir unsere Persönlichkeit aus. Wenn Konsum also unsere Identität stabilisiert, ist es umso schwieriger, diese Vorstellungen aufzubrechen, denn damit würden wir uns selbst ein Stück weit infrage stellen. Die Aufforderung, auf etwas zu verzichten, trifft unsere Seele, die wir uns angewöhnt haben, mit Kaufentscheidungen zu streicheln. Und zwar in allen gesellschaftlichen Schichten. Internet, Smartphones und Social Media hätten das Ganze ins Irrationale verstärkt, glaubt Lepenies.

Die kulturpessimistische Vorstellung der Menschen als bloße Beherrschte der sozialen Medien und der Konsumkultur ist mir zwar zu einseitig. Sie unterschlägt unsere Handlungsmacht. Und es ist ja nicht so, dass wir aus einer Zeit der Herrschaftsfreiheit in die Abhängigkeit von Likes und Werbung geraten sind. Mitunter geht es auch in den sozialen Medien um Themen des Allgemeinwohls. Junge Menschen erhalten dort auch in Sachen Klimaschutz und Antirassismus eine Stimme, Informationen und können sich vernetzen.

Das Problem, auf das Lepenies hinweist, ist aber wichtig für unsere Auseinandersetzung mit den Möglichkeiten eines Klima-Kommunismus. Wessen Selbstbild vom Konsumieren-Können und der digitalen Bestätigung abhängt, der oder die reagiert erst einmal emotional und lehnt Vorschläge, die darauf abzielen, zu verzichten und den Konsum politisch einzuschränken, ab. Ganz frei machen davon kann sich niemand von uns.

Jede:r hat schon einmal so reagiert. Das heißt aber nur, dass wir uns umso mehr darum bemühen müssen, nach der Empörung des ersten Moments von der emotionalen Ebene auf die rationale Ebene zu gelangen. Wir müssen darüber öffentlich diskutieren und dabei hartnäckig bleiben.

Denn zu Recht betont Lepenies, dass die neoliberale Vorstellung – hier die Individuen und da der von den Individuen getrennte Staat, der verbietet – unterschlägt, dass der Staat auch aus Menschen besteht. Und dass in der Demokratie eigentlich alle Individuen mitbestimmen, was der Staat tun soll. Die strikte Trennung, die die Neoliberalen behaupten, gibt es also gar nicht. Allerdings bestimmen die einen mehr und die anderen weniger mit. Das ist der springende Punkt. Gerade diejenigen, die meinen, der Staat sollte am besten gar nicht in den Markt eingreifen, sind mitverantwortlich dafür, dass wir beim Klimaschutz nicht schnell genug sind und die Klimakrise voranschreitet.

Tatsächlich müssen wir deshalb darum kämpfen, überhaupt im Rahmen demokratischer Debatten sachlich diskutieren zu können, welche Maßnahmen notwendig und sinnvoll sind. »Verbot und Verzicht sind alles andere als illegitime Instrumente staatlichen Handelns. Und sie sind auch keine Maßnahmen, die sich in einer Demokratie nicht korrigieren lassen sollten, falls sie nicht wirkten«, betont Lepenies.

> »Hinter Verbots- und Verzichtsvorschlägen steckt der Versuch, negative Effekte unseres Konsumverhaltens, die auch zur Klimakatastrophe geführt haben und diese weiter verschlimmern, abzumildern oder umzukehren. Die Ideen für Verbot und Verzicht entstammen nicht dem perversen und sadistischen Wunsch, grundlos zu verbieten und zum Verzicht aufzurufen. Sie sind konkrete Vorschläge für die Rettung unseres Klimas.«[169]

Klima-kommunistische Maßnahmen, wie ich sie in diesem Buch diskutiere und wie sie auch andere Stimmen einfordern, sind vor diesem Hintergrund gerade in einer Demokratie legitim. Sie machen unser System demokratischer, je besser es damit gelingt, die soziale Spaltung zu bekämpfen. Wenn wir uns den Klima-Kommunismus auf die Fahnen schreiben, tun wir nichts weniger als das: Wir streiten für die Demokratie.

---

169 Philipp Lepenies, Verbot und Verzicht, Politik aus dem Geist des Unterlassens, Berlin 2022, S. 263 f. Die vorangegangenen Zitate ebenda, S. 73, 212.

Was es bedeutet den Klimaschutz zu dekolonisieren

»Ordinary people from the Global South
and the Global North must unite
and pressure governments,
multinational companies
and the richest to change.«
Mitzi Jonelle Tan

»We stand with Palestine.« Mit dieser Überschrift veröffentlichten *fridaysforfuture* und *fridaysforfuturemapa* am 27. Oktober 2023 ein Statement auf ihren internationalen Social-Media-Accounts. Die Bewegung schoss damit ein unerwartetes Eigentor. Es gab Kritik und zahllose Kommentare von Follower:innen, die sich von Fridays for Future bei so einer einseitigen Parteinahme nicht repräsentiert fühlten. Denn die palästinensische Hamas hatte zuvor bei einem terroristischen Angriff auf israelische Siedlungen rund 1.200 Menschen ermordet und mehr als 200 als Geiseln verschleppt. Das FFF-Statement verurteilte allerdings nicht das Massaker, das die Islamisten verübt hatten, sondern explizit nur die Gegenangriffe der israelischen Armee in Gaza, die ebenfalls mörderisch waren und nach mehrmonatigen Kämpfen mehr als 20.000 Palästinenser:innen das Leben gekostet haben. »Als MAPA (vom Klimawandel am meisten betroffene Personen und Regionen) wissen wir zu gut um die Ungerechtigkeiten und die extreme Gewalt, die aus der Geschichte der Kolonisierung, der weißen Vorherrschaft, der Profit-Akkumulation und der Entmenschlichung unserer Bevölkerungen herrühren«[170], begründeten sie ihre Pflicht zur Solidarität allein mit Palästina.[171]

170 »As MAPA we know too well the injustices and extreme violence stemming from a history of colonization, white supremacy, profit accumulation, and the dehumanization of our people« Siehe: https://www.instagram.com/p/Cy5lRKkNmyQ/?img_index=5

171 MAPA steht als Abkürzung für »Most affected people and areas« für vom Klimawandel am meisten betroffene Menschen und Regionen.

Diese Erklärung hat zu Konflikten innerhalb des internationalen Netzwerks von Fridays for Future geführt. Die deutsche Bewegung distanzierte sich. International allerdings blieben viele Aktivist:innen bei ihrer Haltung. Und auch in Deutschland schlug Greta Thunberg gerade von Menschen, die selbst eine Herkunft aus dem Globalen Süden haben, Sympathie entgegen; dafür, dass sich die prominente Klimaschutz-Aktivistin von der Parteinahme für die palästinensische Sache nicht abbringen ließ.[172] Interessanter ist allerdings die Frage, weshalb es den Autor:innen des Statements und auch Thunberg nicht gelang, eine Position zu formulieren, die Klimagerechtigkeit mit einer antikolonialen Haltung glaubwürdiger verbindet. Der Anspruch lautet doch: »Klimagerechtigkeit ist anti-kolonial. Klimagerechtigkeit bedeutet die Befreiung der Marginalisierten und Unterdrückten!«

Obwohl sie beteuerten, als »Leute, die meist selbst aus Kolonien und Neo-Kolonien stammen«, gegen *alle* Formen des Rassismus, der Kolonisierung, der Unterdrückung und der Ungerechtigkeit einzutreten[173], waren sie eben dazu nicht in der Lage. Sie nahmen Stellung gegen *eine* Form der Unterdrückung, gegen andere aber nicht! Die einseitige Dämonisierung Israels ist mit weit verbreiteten antisemitischen Stereotypen zu erklären. Gerade für eine Bewegung, die sich dem Kampf gegen den Klimawandel verschrieben hat, ist das jedoch erstaunlich. Denn in der Region des Nahen Ostens leiden viele Menschen sowohl an den Folgen der Erderwärmung als auch unter Regimen, die weitaus größere Menschenrechtsverletzungen und Verbrechen begehen, als es Israel jemals zur Last gelegt werden könnte. Warum wurde das nicht gesehen?

Erinnert sei an die Belagerung von Yarmouk am Rande von Damaskus durch das syrische Assad-Regime. Auch dort leben viele palästinensische Flüchtlinge beziehungsweise deren Nachkommen, die von Nahrung und Hilfsgütern abgeschnitten, deren Schulen und Krankenhäuser bombar-

---

172 Abzulesen in den zahlreichen Kommentaren von Usern, die sonst wenig Sympathie für Klimaaktivismus aufbringen. Siehe: https://www.instagram.com/p/CzmfjoxrEIp/?hl=de&img_index=1

173 »as people mostly from colonies and neo-colonies ourselves«, »we stand against all forms of systemic racism, colonization, oppression, and injustice.«, Siehe u.a.: https://coda.io/d/Palestine_d0zejwFQaHK/Overview_sutcl#_lu2Vi sowie https://www.instagram.com/p/CPvUmIVB-2i/?hl=de&img_index=1

diert wurden. Eine Solidarisierung mit diesen palästinensischen Opfern systematischer Unterdrückung war in der sich antikolonial verstehenden internationalen Bewegung damals nicht zu vernehmen. Dasselbe gilt generell für die Grausamkeiten, mit denen das Assad-Regime die Bevölkerung in Syrien überzogen hat. Ebenso wenig gab es Solidarisierungskampagnen mit den (anders als bei der Bevölkerung in Gaza) wirklich von einem Völkermord durch den *Islamischen Staat* betroffenen Jesidinnen und Jesiden im Nordirak. Auch gegen die etwa zeitgleich stattfindenden Bombardierungen der kurdischen Bevölkerung in Nordsyrien durch syrisches und russisches Militär und zuvor auch durch die Türkei regte sich aus der Klimagerechtigkeitsbewegung kein Protest. Sie zog es vor, sich ausschließlich gegen Israel zu Wort zu melden. Die Bewegung schwieg auch zur Vertreibung von zwei Millionen Afghan:innen aus Pakistan, die zeitgleich stattfand.

Noch befremdlicher an den Erklärungen des internationalen Accounts von *fridaysforfuture* und *fridaysforfuturemapa* mutet an, dass vor allem Staaten, die wichtige Akteure des fossilen Kapitalismus sind, in etwa zur selben Zeit wie zur Eskalation zwischen Israel und der Hamas Verbrechen begangen haben, über die die Bewegung ebenfalls geschwiegen hat. Einen Monat zuvor hatte das Militär des Gas- und Erdöl-Exportlandes Aserbaidschan rund 100.000 Armenier:innen aus ihrem angestammten Gebiet Bergkarabach/Arzach vertrieben. Haben nur Palästinenser einen Anspruch auf Solidarität, Armenier aber nicht? Die Armenier:innen hatten in dem Jahre währenden Konflikt um Unabhängigkeit, ähnlich wie die Palästinenser:innen viele Todesopfer zu beklagen.

Ein weiteres Erdöl förderndes Land ist der Iran, in dem seit Jahrzehnten das Mullah-Regime gewaltsam herrscht und jede Oppositionsbewegung brutal niedergeschlagen wird. Zuletzt nach den Protesten infolge des Todes von Mahsa Jina Amini seit dem Herbst 2022. Auch hier richtete sich die Gewalt besonders heftig gegen die kurdische Bevölkerung im Norden, die man als kolonisiert bezeichnen könnte, folgte man der Logik der einseitigen Palästina-Solidarität. Last but not least: In direkter Nachbarschaft zu Israel befinden sich die Öl-Staaten der Arabischen Halbinsel. Sie werden anders als Israel allesamt undemokratisch regiert. Und die dortigen Regime sind weder gewillt, die Menschenrechte von Frauen noch die von Oppositionellen oder Minderheiten zu achten.

Allen voran Saudi-Arabien, Nummer zwei in der Erdölförderung hinter den USA, das für seine Brutalität bekannt ist. In dem Land finden laut Amnesty International nach wie vor öffentliche Hinrichtungen statt. Dem Regime wird die Ermordung des Journalisten Jamal Khashoggi zur Last gelegt, ebenso wie die Ermordung Hunderter Geflüchteter an der saudischen Grenze zum Jemen. Jemens Zivilbevölkerung wird seit Jahren Opfer der Bombardierungen durch das Regime in Riad. Seine Rüstungsgüter erhält Saudi-Arabien bekanntlich aus den USA ebenso wie aus der EU. Es nutzt neuerdings den internationalen Fußball, um sein Image aufzupolieren.

Wollte man also Stellung beziehen gegen Staaten, die die Klimakrise befeuern und zugleich systematische Unterdrückung betreiben, gäbe es mit den genannten Regimen weitaus passendere Adressaten. Dass dies bislang ausbleibt, liegt daran, dass offenbar ein Verständnis von Dekolonisierung dominiert, welches unter anderem in den oben genannten Erklärungen seinen Ausdruck fand, das einem vereinfachenden Schwarzweiß-Schema verhaftet bleibt. Das kann die globale Klimagerechtigkeitsbewegung in ihrem Potenzial behindern. Insofern war es gut, dass die *Fridays for Future*-Posts eine Debatte entfacht haben. Sie war überfällig und kann dazu führen, ein angemesseneres Verständnis davon zu entwickeln, was es bedeutet, den Klimaschutz zu dekolonisieren.

Das Bewusstsein ist gewachsen, dass es notwendig ist, Klimaschutz nicht nur mit den Augen des privilegierten Nordens, sondern vor allem aus dem Blickwinkel des Globalen Südens zu betrachten. Zugleich muss aber auch das Bewusstsein dafür reifen, dass es notwendig ist, die holzschnittartigen Vorstellungen darüber, wie (post-kolonialer) Rassismus und die Klimakrise miteinander verschränkt sind, zu überwinden. Ich möchte als Beispiel den »Flyer für gerechten Klimaaktivismus« heranziehen, den die *Greenpeace Jugend* in Deutschland unter dem Titel »Rassismus. Macht. Ungerecht.« 2023 in Umlauf gebracht hat. »Das wichtigste Ziel von Klimaaktivismus darf nicht die Erhaltung des Lebensstandards im Globalen Norden sein, sondern muss sich auf den Einsatz für globale Gerechtigkeit konzentrieren«, heißt es dort richtigerweise. Nichts anderes ist das Ziel von Klima-Kommunismus. Um den fortwirkenden rassistischen und post-kolonialen Machtstrukturen, die zur Klimakrise beitragen, entgegenzuwirken, »müssen die Menschen und Regionen im Zentrum des Kampfes für Klimagerechtigkeit stehen, die von diesen Strukturen und so am stärksten durch die Krise betroffen sind«, heißt es dort weiter. »Andernfalls entscheiden privilegierte, *weiße* Menschen, die kaum von der Klimakrise betroffen sind, über MAPA hinweg. Allein MAPA können entscheiden, inwiefern etwas wirklich angebrachte Hilfe ist.«

Es ist absolut begrüßenswert, dass sich junge Klima-Aktivist:innen vermehrt mit den globalen Machtstrukturen bei diesem Thema auseinandersetzen. Zugleich ist es aber problematisch, wenn dabei unterstellt wird, »*weiße* Menschen« und Menschen in den am meisten betroffenen Regionen seien als homogene Gruppen zu betrachten mit jeweils voneinander abzugrenzenden Interessen und Privilegien. Das kann man nur tun, wenn man die Klassenverhältnisse außer Acht lässt und ebenso die Tatsache, dass ähnlich wie in unseren europäischen Gesellschaften auch in den Gesellschaften des Südens Machtstrukturen und Interessengegensätze existieren. Eigentlich sind sie *Fridays for Future*-Aktivist:innen aus dem Globalen Süden sich dessen durchaus bewusst. Ihre Organisierung unter dem Label MAPA verstehen sie als Versuch Klimaschutz-Politik neu zu ›framen‹ und die Auswirkungen auf »Gemeinschaften im Globalen Süden ebenso wie auf BIPOC und Gemeinschaften mit geringem Einkommen im Globalen Norden«[174] in den Mittelpunkt zu stellen.

Ein weißer Obdachloser in Deutschland ist zum Beispiel garantiert nicht privilegierter als ein qatarischer Geschäftsmann in Doha. Auch nicht in Bezug auf den persönlichen CO_2-Abdruck. Und wo würden wir einen Asylsuchenden oder eine ausländische Arbeiterin aus dem Süden, die in Deutschland, Frankreich oder Großbritannien leben, auf dieser Skala einordnen? Menschen, die wiederum in Südeuropa die Folgen des Klimawandels schon heftiger zu spüren bekommen als wir in Mitteleuropa, befinden sich diesbezüglich in einer ähnlichen Situation wie Menschen aus dem Nahen Osten. Ihre Interessen stehen klimapolitisch im Gegensatz sowohl zu den Interessen der fossilen Lobbys in den europäischen Staaten, den USA und Russland als auch der arabischen Öl-Förder-Staaten.

---

174 The Forge, Fighting Climate Change in the Global South, 28. April 2022. Abrufbar unter: https://forgeorganizing.org/article/fighting-climate-change-global-south

Klima-Aktivist:innen aus dem Globalen Süden wie Mitzi Jonelle Tan oder Yusuf Baluch berichten zudem, dass Aktivismus in Ländern des Globalen Südens durchaus lebensgefährlich sein kann.[175] Der iranische Regisseur Ayat Najafi berichtet ebenfalls, wie sich der Klimawandel unter anderem darin bemerkbar macht, dass der einst wasserreichste Fluss Zentralirans ausgetrocknet ist. Und Umweltaktivist:innen werden vom Regime inhaftiert, gefoltert und kommen zu Tode.[176] Es sind nicht europäische oder amerikanische Regierungen, die Aktivist:innen des Globalen Südens im Zweifel mit Inhaftierung oder sogar dem Tod bedrohen, sondern jene in ihren eigenen Ländern. Die Europäer:innen sind insoweit privilegiert, als sie in ihren Demokratien in der Regel keine Verfolgung befürchten müssen, wenn sie gegen die Folgen des Klimawandels demonstrieren. MAPA-Aktivist:innen bleibt häufig nur die Form des digitalen Protests. Undemokratische Regime im Nahen Osten wiederum bestehen nicht nur, weil sie von ehemaligen europäischen Kolonialmächten unterstützt wurden und werden, sondern auch, weil die Angehörigen der dortigen Eliten die Machtstrukturen erhalten wollen, von denen sie profitieren. Im Zweifel auch zum Schaden der eigenen Bevölkerung, die den Klimaschäden umso ungeschützter ausgesetzt wird.

Beispiel Libyen: Im September 2023 wurde dort die Küstenstadt Derna überschwemmt. Die Extremregenfälle waren eine Folge des Klimawandels. Der Staudamm vor der Stadt hielt den Wassermassen nicht stand. Die Behörden sprachen von bis zu 20.000 Menschen, die in den Fluten gestorben sind. Ich sprach darüber mit dem libyschen Demokratieaktivisten Salah Ngab, der heute in Deutschland lebt. Für ihn war die Katastrophe Folge eines »Wirtschaftsverbrechens«. Denn mehrere Millionen Dollar, die an die Gemeinde Derna ausgezahlt wurden, um den Staudamm zu überwachen, seien »in den Taschen der Korrupten« vor Ort verschwunden. »Das Letzte, woran die meisten Libyer denken, ist die Klimakrise und die globale Erwärmung«, versicherte er mir. Die libysche Gesellschaft gebe dem Westen die Schuld für andere Dinge. »Im

175 Ebd.

176 Siehe hierzu: WDR Cosmo – Iran im Herzen: Klimakrise, Folterhaft für Umwelt- und Klimaschutz. Abrufbar unter: https://www1.wdr.de/radio/cosmo/podcast/iran-im-herzen/klimakrise-in-iran-folterhaft-fuer-umwelt-und-klimaschutz-100.html

heutigen Libyen geben die meisten Libyer dem Westen und insbesondere der NATO (zu der auch Deutschland gehört) die Schuld für den Zusammenbruch des libyschen Staates, den sie durch ihre Intervention im Jahr 2011 herbeigeführt haben. Und auch dafür, dass nach ihrem Rückzug aus Libyen dort islamistische Extremisten und bewaffnete Milizen die Macht übernommen haben.« Also Leute wie die Hamas, mit deren Regiment in Gaza sich der internationale Account von *Fridays for Future* implizit solidarisch zeigte.

Die Konsequenz aus den skizzierten Widersprüchen kann nur lauten: Dekolonisierung bedeutet, die Verantwortlichen für die Klimakrise zu benennen und post-koloniale Machtverhältnisse dabei zu berücksichtigen und zu überwinden. Der Maßstab dafür können aber nur universalistische Werte und Prinzipien sein.[177] Es geht also darum, wirklich gegen *alle* Formen der Unterdrückung einzutreten und nicht bei jenen wegzuschauen, die von Machthabenden in Ländern begangen werden, die in der Vergangenheit vom Westen kolonisiert wurden. Dabei haben viele dieser Länder zugleich auch eigene Kolonisierungstraditionen gegen Bevölkerungen und Minderheiten in der Region, die ebenfalls heute noch fortwirken. Es ergibt aus klima-aktivistischer Sicht keinen Sinn, Unrecht á la carte zu benennen und wahlweise zu schweigen. Des Weiteren lautet eine Konsequenz: Einzelne Menschen aus den *weißen* Wohlstandsregionen einerseits oder aus den am meisten betroffenen Regionen andererseits stehen nicht qua Herkunft auf der richtigen oder falschen Seite. Insbesondere gilt das für Politiker:innen und auch soziale Gruppen oder Bewegungen.

Wenn sich heute in der Bewegung für Klimagerechtigkeit im Sinne einer strukturellen Dekolonisierung mit Akteuren des Globalen Südens solidarisiert wird, dürfen die Erfahrungen der formalen Dekolonisierung im 20. Jahrhundert nicht übergangen werden. Häufig entstanden in den betreffenden Staaten nach deren Unabhängigkeit Diktaturen. Das ist eine Lehre, die die internationale Solidaritätsbewegung auch aus der Geschichte des Kommunismus im 20. Jahrhundert ziehen musste. »So

177 Was das in Bezug auf den Nahost-Konflikt bedeutet, verdeutlicht die Erklärung der Universalistischen Linken* Gegen jeden Antisemitismus – gegen die Empathielosigkeit der okzidentalen Ideologie, abrufbar unter: http://www.niatu.net/universalistischelinke/Erklaerung_Universalistische-Linke.pdf

wurde etwa in den 1970er Jahren in Ländern wie Kambodscha oder Äthiopien hinreichend deutlich, wozu scheinbar progressiv ausgerichtete Befreiungsbewegungen in der Lage sind (...): Vormalige emanzipatorische Bewegungen verwandelten sich in Terrorapparate«, schreibt Alexander Behr und weist darauf hin, »dass sich Akteur*innen globaler Solidarität heute aus guten Gründen verstärkt an Basisbewegungen orientieren. Parolen für den ›Sieg im Volkskrieg‹ sind passé«.[178] Ganz passé offenbar doch nicht. Zuweilen erstehen sie wieder auf und muten wie reanimierte Zombies aus der Vergangenheit an.

Was es bedeutet, den Klimaschutz zu dekolonisieren, können wir also nur beantworten, wenn wir uns anschauen, wie der globale Kapitalismus mit der Rohstoffextraktion in ehemals kolonisierten Ländern und dem modernen energieintensiven konsumistischen Lebensstil zusammenhängt, der zur Klimakrise führt. Eine schablonenhafte Aufteilung in Gut und Böse, Ost und West, Süd und Nord ergibt dabei immer weniger Sinn.

Unstrittig ist, dass die USA und die heutigen EU-Länder an den weltweiten Treibhausgas-Emissionen von 1850 bis 2000 den größten Anteil hatten. Sie sind die Hauptschuldigen an der Erderwärmung. Innerhalb Europas hat in diesem Zeitraum Deutschland neben Großbritannien den größten nationalen Anteil an der Verantwortung für die Erderwärmung durch die historischen Treibhausgas-Emissionen.[179] Von der Zeit der Industrialisierung bis zur globalen Durchsetzung des Kapitalismus hatten die USA und Europa etwas mehr als die Hälfte des Ausstoßes zu verantworten, obwohl sie nur einen geringen Teil der Weltbevölkerung ausmachten. In der Periode zwischen 1990 und 2000 allerdings hat China seinen Anteil an den Emissionen verdoppelt, während der Anteil der USA und der EU zurückgegangen war, aber immer noch fast 40 Prozent ausmachte.

Dabei müssen wir berücksichtigen, dass in Ländern wie China und anderswo viele Produkte in Fabriken hergestellt werden, die wir bei uns

178 Alexander Behr, Globale Solidarität. Wie wir die imperiale Lebensweise überwinden und die sozial-ökologische Transformation umsetzen, München 2022, S. 85.

179 Siehe: Matthew W. Jones et al., National Contributions to climate change due to historical emissions of carbon dioxide, methane, and nitrous oxide since 1850, in: scientific data, 29 March 2023, abrufbar unter: https://www.nature.com/articles/s41597-023-02041-1 Siehe auch: https://www.wri.org/data/greenhouse-gas-emissions-over-165-years

konsumieren. Die EU-Länder, die USA aber auch Japan oder Südkorea haben zwischen 1990 und 2010 durch ihren Konsum mehr CO_2-Emissionen im Ausland verursacht als durch ihre eigene Produktion vor Ort, anders als Länder wie China, Indien oder Russland.[180] In Wirklichkeit sind wir also für einen höheren CO_2-Ausstoß verantwortlich als bloß für das, was wir an Abgasen vor unserer Haustür verursachen.

Bei den Neu-Emissionen liegt China als einzelner Staat seit 2007 vor den USA, der EU, Indien und Russland. Nach der Jahrtausendwende hat sich das Verhältnis zwischen Industrie- und sogenannten Entwicklungsländern umgekehrt. Letztere sind zusammen genommen für einen größeren Anteil an Treibhausgas-Emissionen verantwortlich. Daraus folgt, dass Klimaschutz-Maßnahmen in Staaten aus beiden Gruppen notwendig sind, um die Erderwärmung auf unter zwei Grad zu begrenzen. Vor allem auch, weil für die Vermeidung von Treibhausgasemissionen in den sogenannten Entwicklungsländern weniger Geld investiert werden muss als in den Industrieländern, um denselben Effekt zu erzielen.

> »Mit einem Euro lassen sich in den Entwicklungsländern mehr THG vermeiden als in den Industrieländern. Aus einer ökonomischen Betrachtungsweise ist es daher rational, da effizient, in den Entwicklungsländern mit der Vermeidung von THG-Emissionen zu beginnen. (...) Die Entwicklungsländer halten von diesem Argument wenig, weil sie es als Ausrede für mangelnde Mitigationsanstrengungen der Industrieländer betrachten, können sich ihm aber auch nicht ganz verschließen, wenn die Industrieländer ihnen Mitigationsprojekte finanzieren.«[181]

Klar ist seit dem Kyoto-Protokoll, dass die Industrieländer vorangehen müssen.

Zusätzlich hat sich in der internationalen Klimadiskussion das normative Prinzip der Gleichheit zumindest in der Theorie durchgesetzt. Das heißt, bei dem verbleibenden Rest an Treibhausgasen, den wir als Menschheit ausstoßen dürfen, steht jedem Menschen der gleiche Anteil zu und es wäre ungerecht, bestimmten Menschen einen größeren Anteil zuzusprechen. Das ist im Grunde schon mal ein dekolonialer Ansatz,

---

180 Georg Simonis (Hg.), Handbuch Globale Klimapolitik, Paderborn 2017, S. 110f.

181 Ebd. S. 108f.

auf den wir uns immer stützen können. In Vorbereitung auf die Weltklimakonferenz 2009 bezifferten Forschende das Gesamtrestbudget der Menschheit auf 1.000 Gigatonnen CO_2. Das wäre maximal zulässig, um die CO_2-Konzentration in der Atmosphäre unterhalb eines bestimmten Wertes zu halten und mit ausreichender Wahrscheinlichkeit die Erderwärmung auf maximal zwei Grad zu begrenzen.

Einer Aufteilung des Budgets nach Staaten, Bevölkerungsgröße und dem jeweiligen Anteil eines Landes an der Weltbevölkerung zufolge hätte Deutschland ohne Klimaschutzmaßnahmen und Emissionssenkungen sein Budget innerhalb von zehn Jahren aufgebraucht gehabt. Ein Land wie Burkina Faso wiederum stößt so wenig Treibhausgase aus, dass ihm sein Budget für 2892 Jahre reichen würde! Die USA kamen in dieser Berechnung auf gerade mal sechs Jahre, China auf 24. Indien hätte mit seinem Budget noch 88 Jahre so weitermachen können.[182] Einer aktuellen Studie zufolge haben Länder des Globalen Nordens ihr CO_2-Budget schon längst aufgebraucht, während dies bei Ländern des Südens nicht der Fall ist.[183] Wir leben klima-politisch betrachtet gerade auf Kosten des CO_2-Budgets eines beträchtlichen Teils der übrigen Menschheit.

»Der menschengemachte Klimawandel trifft besonders Teile des Globalen Südens, obwohl er kaum eine historische Verantwortung dafür trägt. Am Beispiel Klimaungerechtigkeit lassen sich viele koloniale Kontinuitäten besonders gut sichtbar machen«, kritisiert daher Eine-Welt-Promotor Serge Palasie.

> »Die Industrialisierung, die entscheidend auf dem in den Jahrhunderten des transatlantischen Versklavungshandels erwirtschafteten Kapital aufbaute, machte uns überhaupt erst zu ›entwickelten‹ Industrienationen und schuf strukturell das, was noch immer viel zu oft als ›Entwicklungsländer‹ bezeichnet wird.«[184]

182 Ebd. S. 95.

183 Siehe hierzu: Lalon Sander, Das Konto ist längst überzogen. Studie zu Gerechtigkeit beim Klimaschutz, taz, 02.12.2023. Abrufbar unter: https://taz.de/Studie-zu-Gerechtigkeit-beim-Klimaschutz/!5975665/

184 Serge Palasie, Warum wir (fast) alle von der Überwindung kolonialer Kontinuitäten profitieren, 9. Oktober 2023, abrufbar unter: https://wellfair.ngo/ueberwindung-kontinuitaeten/

Palasie richtet den Blick vor allem auf die koloniale Arbeitsteilung, die immer noch fortbestehe. Den Ländern des Südens komme dabei lediglich die Rolle der billigen Rohstofflieferanten zu, während die Länder des Norden die Gewinne aus der Weiterverarbeitung generieren. Diese Gewinne wiederum erlauben es ihnen, besser auf die Klimakrise zu reagieren, die sie als Hochemittenten hauptsächlich verursacht haben.

Durchaus strittig ist allerdings, ob für die Entstehung des europäischen, kapitalistischen Entwicklungsmodells Ausbeutung und Ausplünderung von Rohstoffen in den kolonisierten Regionen der Erde entscheidend waren. Oder ob nicht eher die eigenständige Entwicklung von Wissenschaft und Technik in Verbindung mit der Ausbeutung von Lohnarbeit den Ausschlag gab. Letztere Position vertritt in der klimapolitischen Diskussion Ulrike Hermann. »Die meisten Sklaven wurden ausgebeutet und entrechtet, um Luxusgüter herzustellen, die zwar sehr begehrt waren, die Industrialisierung aber nicht befördert haben«, weist sie auf die geringe volkswirtschaftliche Bedeutung des Anbaus von Zucker, Kaffee oder Silber hin.

> »Da die Sklaven entrechtet waren und keinen Lohn erhielten, fehlte die Massenkaufkraft, damit sich Technik rentierte. (...) Die moderne Sklaverei war ein mörderisches Verbrechen, aber sie war ökonomisch nicht zwingend. Sie hat die Industrialisierung nicht befördert, sondern behindert.«[185]

Auch bei der Frage der Rohstoffe liegen die Dinge nicht so eindeutig. Zwar ist es richtig, dass viele Rohstoffe in Ländern des Globalen Südens abgebaut und gefördert wurden und werden, um überproportional die Bedürfnisse der Industrieländer des Nordens zu stillen. Aber für die Industrialisierung an sich spielten sie nicht unbedingt die entscheidende Rolle. Denn der wichtigste Rohstoff wurde in Europa selbst gefördert: Kohle. Sie löste Holz als wichtigste Energiequelle ab und ermöglichte den Boom des 19. Jahrhunderts. Im Ruhrgebiet zum Beispiel, beschreibt der Historiker Christoph Nonn,

---

Siehe hierzu auch: https://www.youtube.com/watch?v=gscKtKgueTw sowie https://soundcloud.com/alleweltonair/klimakrise-und-kolonialismus

185 Ulrike Herrmann, a.a.O., S. 72 f.

»wurde 1840 knapp eine Million Tonnen Steinkohle gefördert. Das war zu diesem Zeitpunkt bereits etwas mehr als der jährliche Zuwachs an Holz in allen Wäldern auf dem Gebiet des heutigen Nordrhein-Westfalen. 1866 lieferten die Ruhrkohlezechen aber schon zehnmal so viele Energie wie die Wälder der Region. 1912 war es dann weit über hundertmal so viel. (...) Die Nutzung fossiler Ressourcen seit der Industrialisierung vergrößerte aber nicht allein die Menge der zur Verfügung stehenden Energie gigantisch. Sie beschleunigte auch die Produktionsprozesse und damit die Produktivität des Gewerbes immens.«[186]

Die dekoloniale Kritik übersieht häufig diese Zusammenhänge. Sie weist aber auf die wichtigste Verbindung zwischen dem europäischen Kolonialismus, dem Kapitalismus und der heutigen Klimakrise hin. Im Zuge des Kolonialismus ist nicht nur der moderne Rassismus entstanden, mit dem sich Weiße als überlegen darstellten. Darauf fußend entstand auch eine historisch neue Form der Naturbeherrschung, die in der Entwicklung des Kapitalismus und der Ausbeutung der Natur bis hin zur heutigen Klimakrise mündete. Die Autor:innen und Aktivist:innen Laura Berchert, Dodo und Shayli Kartal betonen:

»*Weiße* Menschen haben sich gegenüber kolonisierten Menschen als ›überlegen‹ inszeniert. Dieser Prozess ging untrennbar damit einher, dass sich *weiße* Menschen auch gegenüber der Natur als ›überlegen‹ darstellten. Das führte zu einem kolonialen Naturverständnis, mit dem europäische Kolonisator*innen die Beherrschung und Ausbeutung von ›Natur‹ rechtfertigten. (...) Aufbauend auf dem kolonialen Naturverständnis fand eine kapitalistische Bewertung von ›Natur‹ statt.«[187]

Auch wenn nicht allein die Kolonien, sondern vor allem heimische Ressourcen im globalen Norden für die Industrialisierung wichtig waren, leben wir heute in einer Welt, die von diesem kolonialen Naturverständnis geprägt ist. Natur gilt als Rohmaterial, das uns bedingungslos zur Verfügung zu stehen hätte, damit wir technologischen Fortschritt,

186 Christoph Nonn, Umweltgeschichte von Nordrhein-Westfalen, Köln 2018, S. 34.

187 Laura Berchert, Dodo, Shayli Kartal, Kolonialismus & Klimakrise, Über 500 Jahre Widerstand, herausgegeben von: Jugend im Bund für Umwelt und Naturschutz Deutschland e.V., Berlin, 2021, S. 25, 28.

wirtschaftliches Wachstum und den entsprechenden Lebensstil verwirklichen können. Inklusive der Nutzung unsrer Erdatmosphäre als globale Müllkippe für die entstehenden Abgase.

Dipesh Chakrabarty weist allerdings darauf hin, dass in den ehemals kolonisierten Ländern die Verbindung von Technologie und Kapitalismus, die die (West-)Europäer:innen in die Welt gesetzt haben, mittlerweile nahezu ausnahmslos als erstrebenswertes Ziel gilt, obwohl diese Länder besonders unter den Klimafolgen leiden.

> »Schließlich sind die Treibhausgasemissionen fast ausschließlich aufgrund des Strebens nach industriellen und postindustriellen Modernisierungs- und Wohlstandsformen angestiegen. Wie sehr sie einander auch kritisiert haben mögen, hat keine Nation dieses Entwicklungsmodell je verschmäht.«

Auch kulturell habe es gemeinsame, reaktionäre Anknüpfungspunkte gegeben. »Technische Naturbeherrschung wurde weit über die Grenzen des sogenannten Westens hinaus als Ausdruck von Männlichkeit wahrgenommen.«

Das führt uns zu dem Dilemma vor dem jedes Bemühen, den Klimaschutz kapitalismuskritisch zu dekolonisieren, steht.

> »Historisch gesprochen trifft es natürlich zu, dass die reicheren Nationen für den überwiegenden Teil der Treibhausgasemissionen verantwortlich sind, da sie Entwicklungsmodelle verfolgt haben, die zu weltweiter Ungleichheit führten. Doch stelle man sich kontrafaktisch die Realität einer gerechteren Welt vor, in der sich der Wohlstand gleichmäßiger verteilt, die von derselben Anzahl von Menschen bewohnt wird wie heute und auf der Nutzung preiswerter, sich aus fossilen Brennstoffen speisender Energie basiert. Solch eine Welt wäre zweifellos – zumindest im Hinblick auf Einkommensverteilung und Wohlstand – egalitärer und gerechter, aber die Klimakrise wäre größer!«[188]

Für unsere heutige Diskussion über Klimagerechtigkeit und die Möglichkeiten, diese zu dekolonisieren, ist es daher entscheidend, beide Stränge zusammenzudenken. Obwohl der moderne Rassismus im Zuge der Kolonisierung und der Durchsetzung des Kapitalismus entstanden ist,

188 Dipesh Chakrabarty, Das Klima der Geschichte im planetarischen Zeitalter, Berlin, 2022, S. 14, 104, 175.

haben sich auch die ehemals Kolonisierten, die von diesem Rassismus betroffen waren und sind, das kapitalistische Wohlstandsmodell und ein koloniales Verhältnis zur Natur zu eigen gemacht. In der aktuellen Debatte über globalen Klimaschutz wäre es zudem rassistisch, wenn wir den Bevölkerungen in den Ländern des Südens unseren Konsumstandard nicht gönnen wollen, obwohl genau dieser klimaschädlich ist und die Menschen im Globalen Süden die Folgen des Klimawandels als Erste zu tragen haben.

Bei den politischen Forderungen nach Klimagerechtigkeit geht es derzeit nicht um eine tiefgreifende Dekolonisierung und eine Überwindung dieses Systems, sondern eher darum, am globalen Kapitalismus besser zu partizipieren. Auf der praktischen Ebene konzentrieren sich die Staaten, die jetzt schon am meisten von der Erderwärmung betroffen sind, auf die Forderung nach Reparations- und Ausgleichszahlungen. Aus guten Gründen. »Die Auswirkungen der Klimakrise auf die Wirtschaft, die Landwirtschaft und die Ernährungssicherheit müssten dringend abgefedert werden«, forderte zum Beispiel Lamine Cissé vom senegalesischen Büro der *African Climate Foundation* zum Weltklimagipfel im November 2022 im ägyptischen Sharm el Sheikh. »Wegen des steigenden Meeresspiegels erodiert in dem westafrikanischen Land die Küstenlinie und Böden versalzen. Mit der fortschreitenden globalen Erwärmung gibt es häufiger Dürreperioden.«[189]

Serge Palasie weist darauf hin, dass die zunehmende Wüstenbildung in Westafrika in Verbindung mit dem Ansteigen des Meeresspiegels gesellschaftliche Krisen verschärfen und zur Zunahme von religiösem Extremismus und Migration nach Europa führen kann. Zugleich steht den afrikanischen Staaten aber weniger Geld zur Verfügung, um die Folgen der Wüstenbildung zu bekämpfen, als europäischen Staaten wie zum Beispiel Spanien, die ebenfalls davon betroffen sein werden.[190]

Das Thema ›Loss & Damage‹, also der finanzielle Ausgleich für vom Klimawandel verursachte Verluste und Schäden schaffte es mit der Welt-

189 Siehe: https://www.evangelisch.de/inhalte/208354/17-11-2022/senegalesischer-experte-fordert-ausgleichszahlungen-bei-klimaschaeden

190 Serge Palasie, Klimawandel in Westafrika, Eine Welt Netz NRW, April 2018. Abrufbar unter: https://eine-welt-netz-nrw.de/fileadmin/ewn/data/Themen/Flucht_Migration/Treiber_Flucht_Klimawandel-Palasie.pdf

klimakonferenz COP27[191] endlich auf die höchste Ebene internationaler Verhandlungen. Das war überfällig, betonte der Jurist Ademola Oluborode Jegede, Professor der Venda-Universität in Südafrika. Fluten in Nigeria und Dürre in Somalia hatten in diesem Jahr »das Leben Hunderter Menschen beendet und die Lebensweise Hunderttausender unmöglich gemacht«, betonte Jegede. Der Umgang damit müsse gesondert zu den Maßnahmen zur Klimaanpassung diskutiert werden. »Was unwiederbringlich verloren ist, kann nicht angepasst werden«, so der Jurist. »Wir werden nie wieder dahin kommen, wie es war, aber Ausgleichszahlungen können helfen, eine bessere Zukunft zu schaffen.«[192] Im Zweifel sollten die MAPA-Staaten für ihr Recht auf Kompensation von Klimaschäden vor dem Internationalen Gerichtshof in Den Haag klagen.

Auf dem Gipfel in Sharm el Sheikh einigten sich die Regierungen auf die Einrichtung eines Loss-and-Damage-Fonds. In diesen Geldtopf sollen die reicheren Staaten einzahlen, damit ärmere Länder daraus Gelder erhalten, um Schäden aus Überschwemmungen, Dürren etc. ausgleichen und beheben zu können. Wer wie viel einzahlen soll, blieb ein Streitpunkt. Aber schon die Tatsache, dass solch ein Fonds eingerichtet werden sollte, galt als Durchbruch. Bei dem Versuch einer Vereinbarung zum Ausstieg aus Öl und Gas scheiterte der Gipfel jedoch erneut.[193] Zu den Staaten, die den Antrag blockierten, gehörten Greenpeace zufolge die USA, Großbritannien und Australien ebenso wie China und Saudi-Arabien. Auch auf dem Folgegipfel COP 28 in Dubai im Dezember 2023 war von einem Ausstieg aus den fossilen Energien immer noch keine Rede im Abschlussdokument. Dass ein unverbindlicher Übergang weg von fossilen Energieträgern vereinbart wurde, galt schon als historischer Erfolg. Dass vor allem auch die arabischen Ölstaaten den Ausstieg aus Öl und Gas weiterhin blockieren, zeigt, dass es auch Staaten des Globalen Südens sind, die den fossilen Kapitalismus am Leben zu erhalten versuchen, auch

191 Conference of the Parties of the UNFCCC (Die Konferenz der Vertragsparteien des Rahmenübereinkommens der Vereinten Nationen über Klimaänderungen)

192 Siehe: https://www.evangelisch.de/inhalte/208214/14-11-2022/nigerianischer-jurist-fordert-recht-auf-kompensation-fuer-klimaschaeden

193 Siehe: https://www.tagesschau.de/ausland/afrika/klimakonferenz-cop27-eu-abschlusserklarung-klimawandel-101.html

zum Schaden anderer Länder des Globalen Südens. Während Stimmen aus Afrika den Systemwandel am dringlichsten einfordern.

Immerhin gelang es aber auf dem Gipfel in Dubai konkrete Zusagen für die Finanzierung des Loss-and-Damage-Fonds zu vereinbaren. Zu Beginn der COP 28 hatten Deutschland und die Vereinigten Arabischen Emirate jeweils 100 Millionen US-Dollar zur Verfügung gestellt, die sie in den Fonds einzahlen wollen. Insgesamt kamen Finanzierungszusagen von 800 Millionen Dollar zusammen. Dieses Geld reiche aber bei Weitem nicht aus, betont Sara Ahmed, Leiterin des Sekretariats der »Vulnerable 20«, einem Zusammenschluss von Finanzminister*innen von Staaten, die besonders stark vom Klimawandel bedroht sind. Sie weist darauf hin, dass für die benötigten weltweiten Anpassungsmaßnahmen derzeit 366 Milliarden US-Dollar fehlten.[194] Die bisherigen Zusagen sind also vorerst nicht mehr als ein Tropfen auf den heißen Stein. Dass reiche Staaten beginnen, sich konkret an der Finanzierung zu beteiligen, ist aber immerhin ein Anfang. Hamira Kobusingye von der Organisation *Climate Justice Africa* in Uganda nannte den Fonds einen »Rettungsanker« und einen »Hoffnungsschimmer angesichts einer Klimakrise, die wir nicht verursacht haben, aber unter der wir leiden«.[195]

Zuvor hatten die Regierungsoberhäupter auf dem Afrika-Klima-Gipfel im September 2023 in der gemeinsamen »Nairobi Declaration« die Forderung nach Reparationen und Ausgleichszahlungen in den Mittelpunkt gestellt. Tenor war, dass Afrika die geringste Verantwortung am Klimawandel trägt, aber schon jetzt massive negative Folgen zu bewältigen hat. Die afrikanischen Staatsoberhäupter drängten die Verursacherstaaten, unbedingt ihre Verpflichtung auf die Pariser Klimaziele einzuhalten. Sie verpflichteten sich selbst zu einer »grünen Industrialisierung« in Afrika und Investitionen in erneuerbare Energien und Klimaanpassung. Im Gegenzug fordern sie mehr finanzielle Unterstützung.[196]

---

194 BMZ bewertet COP 28 »im Großen und Ganzen positiv«, Ausschuss für wirtschaftliche Zusammenarbeit und Entwicklung, heute im bundestag, 17.01.2024.

195 »Das ist keine Bitte, das ist ein Hilfeschrei«, Bericht aus dem Ausschuss für Wirtschaftliche Zusammenarbeit und Entwicklung des Deutschen Bundestags, 8. November 2023.

196 Siehe: https://mofep.gov.gh/sites/default/files/news/Nairobi-Declaration.pdf

Das setzt allerdings ein Weiterfunktionieren des Kapitalismus voraus, insbesondere in den Staaten des Nordens. Denn nur so werden die Finanzmittel aufzubringen sein, die nötig sind, um sowohl für die Kosten der Klimaschäden und -anpassung im Süden aufkommen, als auch die eigene Bevölkerung im Norden weiterhin versorgen, plus die Energiewende finanzieren zu können. Die Förderung der Energiewende in den Industriestaaten wiederum sorgte dafür, dass durch die steigende Nachfrage die Produktion von Solaranlagen günstiger wurde und sich damit auch mehr Menschen in ärmeren Ländern Solarmodule leisten können. Solarpaneele sind heute kein teures Nischenprodukt mehr. Sie werden in Massenproduktion hergestellt und der Stückpreis ist massiv gefallen.

Forderungen, die sich direkt an uns aus den Verursacherstaaten richten und verlangen, dass wir unseren Lebensstil verbindlich ändern, finden sich in solchen Gipfel-Erklärungen selbstredend nicht. Denn dann müssten sowohl die Regierungen der Länder des Nordens als auch des Südens den wohlhabendsten Teilen ihrer Gesellschaften den größten Beitrag abverlangen.

Sherry Rehman, die bis zum Sommer 2023 Ministerin für Klimawandel in Pakistan war, ist eine der wenigen, die sich als Politikerin genauso für Reparationszahlungen stark gemacht hat, wie sie auch unmissverständlich den Lebensstil in den Industriestaaten als nicht mehr hinnehmbar benennt. In ihrer Amtszeit erlebte Pakistan die schlimmste Flutkatastrophe, bei der mehr als tausend Menschen ihr Leben verloren. Eine Million Häuser wurden zerstört. Insgesamt 33 Millionen Menschen waren betroffen.[197]

Rehman warnte seit Langem vor solchen Katastrophen und wies immer wieder darauf hin, dass ihr Land in den kommenden Jahren vor großen Herausforderungen stehe. Der pakistanische Staat muss große Summen in die Klimaanpassung und Schadensregulierung investieren, und die Menschen in Pakistan müssen Wasser sparen, denn das Land leidet zugleich unter Dürre. Durch den Klimawandel bedingte Naturkatastrophen stellen für die Bevölkerung eine permanente Bedrohung

197 Siehe: https://de.euronews.com/2022/08/30/klimawandel-verursacht-flut-in-pakistan-heissester-ort-der-erde Ebenso: https://www.medico.de/blog/hilfe-reparationen-18790

dar.[198] Entsprechend beklagte Rehman das Hick-Hack darum, wer wie viel in den Loss-and-Damage-Fonds einzahlen soll:

> »Das ist das Schicksal vieler solcher Fonds. Aber der Loss-and-Damage-Fond ist wichtig für den globalen Süden, weil er eine Sache anerkennt: dass der globale Norden einen zu exzessiven Konsum hat und die Ressourcen des Planeten übernutzt, was diese Klimakrise verursacht hat. (…) Emittenten wie wir, die für weniger als ein Prozent der weltweiten Emissionen verantwortlich sind, Afrika, das weniger als vier Prozent verursacht, sind mit den Konsequenzen konfrontiert. Wir zahlen die Rechnung für den verantwortungslosen Konsum anderer Länder. Wenn Sie ihre Handtücher zu oft waschen, zahlen wir die Rechnung dafür. Wenn Sie zu viel heizen und dabei Gas verbrennen, zahlen wir die Rechnung dafür. Das ist nicht nur Geld. Es sind Menschenleben, die verloren gehen. Es sind Kinder, die ihre Zukunft verlieren.«[199]

Was in den internationalen Diskussionen aber nach wie vor fehlt, ist, die naheliegende politische Schlussfolgerung daraus zu ziehen. Und die kann nur darin bestehen, dass wir im Globalen Norden nicht nur den im Wesentlichen von uns verursachten Schaden bezahlen, sondern auch unseren Lebensstil verändern müssen, um weiteren Schaden zu minimieren. Wir müssen uns einschränken. Das muss politisch umgesetzt werden und es ist nötig, diese Forderung global zu erheben und offen dafür zu streiten. Im Mittelpunkt müssen dabei die globalen Klassenverhältnisse stehen. Das bedeutet es, den Klimaschutz zu dekolonisieren.

Wenig überraschend wird die Beschäftigung mit dieser Frage bei staatsnahen Think Tanks wie zum Beispiel der *Global Commission on the Economy and Climate* vermieden. Diese Kommission setzte sich aus Ex-Regierungspolitiker:innen aus Kolumbien, Äthiopien, Indonesien, Norwegen, Südkorea, Schweden und dem Vereinigten Königreich zusammen. Der Schwerpunkt der Forschungen und Berichte lag darauf, wie Länder resilienter werden, »grünes Wachstum« entwickeln und sich möglichst

---

198 Climate diplomacy, Sherry Rehman: »It is high time Pakistan learns from its climate-induced challenges«, 5. Oktober 2023, abrufbar unter: https://climate-diplomacy.org/magazine/environment/sherry-rehman-it-high-time-pakistan-learns-its-climate-induced-challenges

199 Insight: A conversation with Senator Sherry Rehman, Climate Change Minister, Government of Pakistan, abrufbar unter: https://www.youtube.com/watch?v=Ig5tJac0qPo

gut an den Klimawandel anpassen können – inklusive Ausgleichszahlungen.[200] Welche einschränkenden Maßnahmen die reicheren, konsumstarken Länder zugunsten der ärmeren ergreifen sollten, spielte keine Rolle. Diese Fokussierung auf Resilienz und Anpassungskosten in ärmeren Ländern, die nur dazu dient, eine Einschränkung des Konsummodells in den wohlhabenderen Ländern beziehungsweise den wohlhabenden Schichten weltweit zu umgehen, ist typisch für den Mainstream-Diskurs.

Doch auch die Klimaschutz-Bewegungen stellen diese Frage bisher wenig in den Vordergrund. Dabei wäre es an der Zeit, genau dieses Anliegen auf die politische Agenda zu setzen. Die *Ende Gelände*-Aktivistin Zade Adullah kritisiert beispielsweise, dass schon das 1,5-Grad-Ziel des Pariser Klimaschutzabkommens ein Kompromiss gewesen sei, der auf Kosten der am meisten betroffenen Menschen im Globalen Süden erzielt wurde. Die kapitalistischen Staaten des globalen Nordens mit kolonialer Vergangenheit hätten ihn aufgrund ihrer Vormachtstellung durchgesetzt. Bei der aktuellen Auseinandersetzung darum, wie dieses Machtungleichgewicht überwunden werden kann, geht es dann aber häufig nur darum, dass *weiße* Aktivist:innen ihre Reproduktion von Rassismus in der Klima-Bewegung erkennen sollen und aufhören, sich paternalistisch als »white saviour«[201] zu verhalten.[202] Viel interessanter wäre es aber zu fragen, welche praktischen Konsequenzen sich für uns aus der Solidarisierung mit den Klima-Aktivist:innen im globalen Süden ergeben. Welche politischen Forderungen zu stellen sind, wenn wir Klimagerechtigkeit als Bruch mit dem kolonialen Erbe des globalen Kapitalismus verstehen wollen.

Das wären dann nämlich klima-kommunistische Ziele und Maßnahmen, wie sie in diesem Buch vorgestellt und besprochen werden. Aber auch weitere Maßnahmen in diesem Geist, die noch diskutiert und entwickelt werden können. Es sind aber Maßnahmen, die auch in der anti-kolonial auftretenden Klimagerechtigkeitsbewegung kaum konkret

200 Siehe: https://newclimateeconomy.net/

201 Der Begriff des ›white saviour‹ kritisiert die Überheblichkeit, mit der Menschen aus dem Globalen Norden als ›weiße Retter‹ auftreten und dabei Menschen im Globalen Süden lediglich die passive Rolle des zu Rettenden zuweisen. Damit zementieren sie das Oben-Unten-Verhältnis, das sie zu überwinden vorgeben.

202 Ende Gelände, a.a.O., S. 160 ff.

ausgesprochen und offensiv vertreten werden. Sich bloß für mehr Radwege einzusetzen und zu einem bewussteren Konsum anzuregen, ist zu wenig, wenn wir es ernst damit meinen, Klimaschutz zu dekolonisieren.

Eine solche Politik müsste sowohl von Aktiven aus dem Globalen Süden wie aus dem Globalen Norden vertreten werden. Die Loss-and-Damage-Forderungen haben es ja nur dadurch auf den internationalen Verhandlungstisch des Klimagipfels geschafft, weil sich Wissenschaftler:innen, Aktivist:innen und Politiker:innen aus dem Globalen Süden dafür jahrelang stark gemacht haben. Nach wie vor besteht allerdings eine Lücke zwischen dem Versprechen der Staatengemeinschaft und der Umsetzung. Der Weg ist also steinig und schwer. Aber ebenso wie die Frage der Ausgleichszahlungen können wir die Frage der politischen Einschränkungen des klimaschädlichen Konsums nicht allein den Aktiven und Betroffenen aus den Staaten Afrikas, Asiens oder Südamerikas überlassen. Es ist auch unsere Verantwortung in den wohlhabenderen Ländern, in Deutschland und anderswo. Wenn wir persönliche Bindungen zu Ländern des Südens besitzen, sollten uns diese ein zusätzlicher Ansporn sein. Im besten Fall gelingt es, sich international dafür zu vernetzen. Engagierte Menschen aus dem Norden und dem Süden müssten sich vereinen, um im Geiste eines Klima-Kommunismus solche Forderungen gemeinsam zu erheben und auf die Tagesordnung der internationalen Klimagipfel zu setzen.

Diese Forderungen richten sich dann aber nicht nur an den Globalen Norden. Die einfache Dichotomie, die zuweilen im Dekolonisierungs-Diskurs vorherrscht, sollten wir überwinden. Das ergibt sich zunächst schon aus der Tatsache, dass Staaten unterschiedlich gut beim Klimaschutz performen. Zu den Ländern, die innerhalb von fünf Jahren am schnellsten Wind- und/oder Solaranlagen zugebaut haben, gehören Uruguay, Dänemark, Litauen, Namibia, die Niederlande, Palästina, Jordanien und Chile.[203] Eine einfache Aufteilung in Nord, Süd, West, Ost oder nach ex-kolonialen Kategorien ist nicht auszumachen.

Mit dem ›Climate Change Performance Index‹ stellen die NGOs *Germanwatch e.V.*, *Climate Action Network International* und *New Climate Institute* dar, wie weit jene 59 Staaten und die EU als Gesamtes, die

---

203 Siehe: https://www.wri.org/insights/countries-scaling-renewable-energy-fastest

zusammen genommen 92 Prozent der globalen Treibhausgas-Emissionen verursachen, beim Klimaschutz sind.[204] Regelmäßig die schlechtesten Plätze belegen berüchtigte Akteure des Globalen Südens und des Globalen Nordens gemeinsam: Saudi-Arabien, der Iran und die USA. Letztere konnten sich aktuell etwas verbessern, nachdem die US-Regierung unter Joe Biden ein milliardenschweres Investitionsprogramm für den Ausbau erneuerbarer Energien und strengere Reduktionsziele beschlossen hat. Aber auch Staaten wie Japan oder China, Ungarn oder Malaysia, Russland und Kanada zeichnen sich nach wie vor dadurch aus, dass sie im unteren Drittel rangieren. Unter den Staaten, die eine besonders engagierte Klimapolitik betreiben, sind ebenfalls sowohl Länder des Globalen Südens als auch des Globalen Nordens vertreten. Schweden, Dänemark, Marokko und Chile sind seit Jahren Vorreiter. Marokko will 2030 mehr als die Hälfte seines Stroms aus erneuerbaren Energien produzieren. Das Land investiert viel in Energieeffizienz, Solar- und Windenergie.

Ein Land wie Indien wiederum rückte 2023 in dem Index auf Platz 8 vor, obwohl es die Nutzung fossiler Energieträger (Kohle, Gas, Öl) noch bis 2030 ausbauen will. Der Index honoriert aber die Klimaziele, die sich Indien gesetzt hat, unter anderem bis 2070 klimaneutral zu werden. Die ehemalige Kolonialmacht Großbritannien rangiert in dem Ranking etwas hinter Indien, obwohl die Briten schon 2025 aus der Kohleverstromung aussteigen wollen. Der Index berücksichtigt, in welchem Verhältnis die aktuellen Pro-Kopf-Emissionen zu den Pariser Klimazielen stehen. Da liegen die Briten im Plan. Die indischen Emissionen steigen zwar noch, betragen aber im Schnitt nur ein Drittel der britischen Pro-Kopf-Emissionen. Deutschland liegt hinter Ländern wie den Philippinen und Portugal auf Platz 16. Auch unsere Emissionen sind zwar gesunken, liegen aber noch über dem, was nötig ist, um die Pariser Klimaziele zu erreichen. Das ist auch in Ländern wie Indonesien oder Argentinien der Fall, und erst recht in Staaten wie Kasachstan oder Saudi-Arabien, deren Pro-Kopf-Emissionen nicht gesunken sind und beträchtlich über unserem Niveau in Deutschland liegen. Gemäß den Daten des World Resources Institute haben die USA immer noch den höchsten Ausstoß an CO_2-Äquivalenten pro Kopf mit durchschnitt-

204 https://ccpi.org/

lich 17,7 Tonnen im Jahr. Dahinter folgen Russland, Südkorea und der Iran.[205]

Wenn klima-kommunistische Maßnahmen nötig sind, um die Lücke zwischen den Pariser Klimazielen und der Wirklichkeit zu schließen, dann bedeutet das, dass wir damit sowohl Länder des Globalen Nordens als auch Länder des Globalen Südens konfrontieren müssen. Die Einwohner:innen Saudi-Arabiens eher als die Inder:innen. Die Deutschen eher als die Marokkaner:innen. In Deutschland sollten wir uns schon deswegen verpflichtet fühlen, voranzugehen, weil Deutschland seit dem 19. Jahrhundert bis in die 1990er-Jahre hinein zu den vier größten Emittenten weltweit gehörte.[206]

Klima-Kommunismus bedeutet darüber hinaus, dass wir das Scheinwerferlicht der globalen Öffentlichkeit auf die reiche Elite der Weltbevölkerung richten, die einen sehr viel klimaschädlicheren Lebensstil pflegt als die Normalbevölkerung. Einer Studie der NGO *Oxfam* zufolge sind die reichsten zehn Prozent der Weltbevölkerung für etwas mehr als die Hälfte aller Treibhausgas-Emissionen verantwortlich.[207]

Zu diesen Menschen gehören auch Promis, die unter anderem ihr Image damit pflegen, Fotos von ihren exklusiven Reisen auf Social Media zu posten. »Prominente sind einflussreiche Personen, die einen großen Einfluss ausüben in der Ausformung von moralischen und gesellschaftlichen Normen in Bezug darauf, welche Formen des Konsums als akzeptabel oder wünschenswert gelten«[208], betont der schwedische Klimaforscher Stefan Gössling. Er hat das Flugverhalten von 30 Prominenten anhand ihrer Social-Media-Posts analysiert. Alles vor dem Hintergrund, dass Fliegen besonders klimaschädlich ist. Spitzenreiterin im schlechten Sinne war dieser Studie zufolge Jennifer Lopez mit 77 Flugreisen innerhalb eines Jahres, gefolgt von Paris Hilton (68) und Bill Gates (69). Letzterer kam allerdings auf die meisten zurückgelegten Flug-Kilometer.

205 Siehe: https://www.wri.org/insights/interactive-chart-shows-changes-worlds-top-10-emitters

206 Siehe: https://www.wri.org/data/greenhouse-gas-emissions-over-165-years

207 Siehe: https://www.tagesschau.de/ausland/oxfam-klima-reich-arm-101.html

208 Stefan Gössling, Celebrities, air travel and social norms, in: Annals of Tourism Research Vol. 79, November 2019.

Prominente – ob Künstler:innen, Schauspieler:innen, Fußballer:innen – sind gerne darauf bedacht, in der Öffentlichkeit gut dazustehen. In den sozialen Medien möchten sie sich ebenfalls makellos zeigen. Dies bietet aber zugleich eine Angriffsfläche, um Forderungen nach Einschränkungen für Reiche zu platzieren. Hier ließe sich die Forderung nach Dekolonisierung personalisieren. Jedes Mal, wenn wieder Menschen infolge des Klimawandels zu Tode gekommen sind, vor allem im Globalen Süden, könnte man Prominente mit ihrer Verantwortung für dieses Leid konfrontieren– ob Pitbull (182 Flüge in 2022), Jay Z (156 Flüge) oder Kim Kardashian (99 Flüge), die laut dem Portal *Climate Jets* für viele Tonnen CO_2-Ausstoß pro Jahr allein aufgrund ihrer Vielfliegerei verantwortlich sind. An der Spitze dieses Negativ-Rankings steht der amerikanische KI-Software-Milliardär Thomas Siebel. Ihm folgen viele superreiche Unternehmer, darunter prominente wie Elon Musk, Jeff Bezos etc.[209]

Laut einer Studie des *World Inequality Lab* ist jede Person, die zu dem reichsten Prozent der Weltbevölkerung gehört, für den Ausstoß von durchschnittlich 101 Tonnen CO_2-Äquivalenten im Jahr verantwortlich. Wenn wir das Budget zugrunde legen, dass wir an Treibhausgasen noch ausstoßen dürfen, um bis 2050 die Erderwärmung auf 1,5 Grad zu begrenzen, dann stehen laut IPCC-Bericht von 2021 jedem Menschen auf der Erde nur 1,9 Tonnen pro Jahr zur Verfügung. Das reichste Prozent der Weltbevölkerung beansprucht also fünfzigmal so viel, wie ihm eigentlich zusteht, die reichsten zehn Prozent immer noch dreißigmal so viel. Aktuell kommen nur die Menschen des sub-saharischen Afrika mit dem Budget von 1,9 Tonnen pro Jahr aus.[210]

Die meisten super-klimaschädlichen Reichen sind nach wie vor Weiße aus dem Globalen Norden. Umso wichtiger ist es, sie zunehmend auch persönlich in die Verantwortung zu nehmen, um den Klimaschutz zu dekolonisieren und Klimagerechtigkeit walten zu lassen. Laut dem Welt-Reichtumsbericht des *Credit Suisse Instituts* sind 42 Prozent der Millionäre auf der Welt nach wie vor Nordamerikaner:innen, hauptsächlich aus den USA, gefolgt von Europäer:innen, die 27 Prozent ausmachen. Diese

209 Siehe: https://climatejets.org/

210 Chancel, L., Bothe, P., Voituriez, T. (2023) Climate Inequality Report 2023, World Inequality Lab Study 2023/1, S. 24.

beiden machen also einen Großteil des reichsten Prozents der Weltbevölkerung aus. Zugleich aber ist die Zusammensetzung der Reichen global gesehen diverser geworden und es ergibt wenig Sinn, sich nur darauf zu konzentrieren.

Die Zahl der Menschen auf der Welt, die ein Vermögen zwischen 100.000 und einer Million US-Dollar besitzen, hat sich seit der Jahrtausendwende verdreifacht – auf 642 Millionen. Ebenfalls verdreifacht hat sich im Zeitraum 2000 bis 2022 die globale Mittelschicht. 1,8 Milliarden Menschen besitzen dem Bericht zufolge mittlerweile ein Vermögen zwischen 10.000 und 100.000 US-Dollar. Mehr als die Hälfte der Menschen in diesen beiden Vermögensklassen leben in China, Indien und Lateinamerika. Nur vier Prozent in Afrika.[211] Die Weltbank bezeichnet Nordamerika, Europa (mit Ausnahme des Westbalkans und Bulgariens), Saudi-Arabien, Qatar, die Vereinigten Arabischen Emirate, Oman, Israel, Australien, Neuseeland, Japan und Südkorea als Länder mit hohem durchschnittlichen Einkommen. Mit Ausnahme der meisten afrikanischen Staaten, die ein geringes Einkommen charakterisiert, ordnet sie die meisten übrigen Länder dem mittleren Einkommen zu.[212]

Im Sub-Saharischen Afrika sowie im Mittleren Osten, in Nordafrika und Lateinamerika kommt hinzu, dass die Ungleichheit größer ist als etwa in Europa. Mehr als die Hälfte des nationalen Einkommens fließt in die Taschen der besser verdienenden zehn Prozent, während die ärmere Hälfte der Bevölkerung mit neun oder zehn Prozent des nationalen Einkommens auskommen muss.[213].

Folglich gibt es überall auf der Welt Wohlstandsregionen, in denen Reichtum und Wohlstand zunimmt. In diesen Regionen hat auch die Zahl der Menschen zugenommen, die sich einen energieintensiven und meist noch klimaschädlichen Lebensstil leisten können und wollen. Es wäre also verfehlt, sich im Namen der Dekolonisierung nur auf den *weißen* Globalen Norden zu fokussieren. Vielmehr müssen sich in Zukunft

---

211 Credit Suisse Research Institute, UBS Global Wealth Report 2023. Leading perspectives to navigate the future, 15 June 2023, S. 21 f.

212 Siehe: https://datatopics.worldbank.org/world-development-indicators/the-world-by-income-and-region.html

213 Siehe: https://gfmag.com/features/wealth-distribution-income-inequality/

die Wohlhabenden und Besserverdienenden in den meisten Staaten der Welt einschränken, wenn wir es mit der Klimagerechtigkeit ernst meinen. Aktionsformen wie zum Beispiel Demonstrationen oder Blockaden vor Autohäusern, in denen SUVs verkauft werden, lassen sich in vielen Ländern der Welt realisieren. Und sie ließen sich ebenso sinnvoll verbinden mit der Forderung, den Besitz von Autos auf einen Pkw pro Haushalt zu begrenzen. Wenn die Dekolonisierung die Emanzipation vom (post-)kolonialen Lebensstil, dort, wo er die Klimakrise verursacht, beinhaltet, dann kann sich das sinnvollerweise nur auf alle beziehen, die diesen Lebensstil adaptieren – gleich welcher Hautfarbe und Herkunft. Das entscheidende Kriterium ist die Klassenzugehörigkeit.

Dieser Ansatz des Klima-Kommunismus kann einen Ausweg aus den Dilemmata bieten, weil er es uns erlaubt, die Gleichheit in den Mittelpunkt zu stellen. Eine Gleichheit, die im Budgetansatz des Weltklimarats enthalten ist. Dazu ist es notwendig, die globalen Reichtumszonen in den Fokus zu nehmen – gleich ob im Norden oder Süden.

Dekolonisierung bedeutet damit, die Einschränkung des Lebensstils der Privilegierten global anzusprechen und dafür politischen Druck auszuüben. Nachdem es die Forderung nach Ausgleichszahlungen an den Globalen Süden auf die Tagesordnung der Weltklimakonferenzen geschafft hat, ist dies der nächste Punkt, der dort auf den Tisch kommen sollte.

Denn wir werden die Erderwärmung nur dann auf eine gerechte Weise stoppen und den Klimaschutz dekolonisieren, wenn wir bei der globalen Elite und der oberen Mittelschicht weltweit anfangen. Der amerikanische Unternehmer muss als Erstes seinen persönlichen Treibhausgas-Ausstoß reduzieren, aber ebenso die Jet-Set-Elite in der Europäischen Union und in Russland bis hin zur chinesischen Oberschicht. Niemand hat behauptet, dass Klima-Kommunismus eine einfache Angelegenheit ist. Aber ohne die Adressierung der globalen Klassenfrage beim Klimaschutz quer zu nationalen Grenzen und Herkünften wird es nicht gelingen, den Diskursraum zu öffnen, den wir brauchen, um Klimagerechtigkeit nachhaltig durchzusetzen.

Das Paradox der Produktivität und das Erbe der Gewalt

Während der Arbeit an diesem Buch teilte ich Freundinnen, Kollegen und Bekannten meist beiläufig mit: »Ich schreibe ein Buch über Klima-Kommunismus.« Ohne weitere Erklärungen. Ich wollte herausfinden, wie sie spontan auf so ein Schlagwort reagieren. Naturgemäß fielen die Reaktionen unterschiedlich aus. Ein guter Freund war am Telefon begeistert: »Genial. Du brauchst gar nicht weiterzureden. Ich weiß genau, was Du meinst.« Eine Bekannte schaute mich mit fragenden Augen an: »Was soll das heißen?« Eine Kollegin warnte mich, als wir während einer Zugfahrt darüber sprachen: »Das ist doch das, was uns die AfD vorwirft.« Ein Kollege, der in der DDR aufgewachsen ist, quittierte meine Ankündigung, dass ich über Klima-Kommunismus schreibe, mit einem Grinsen und einem »lieber nicht«. »Meinst Du etwa 5-Jahres-Pläne fürs Klima?«, fragte mich ein Jugendfreund, der in der Forschung tätig ist und aus seiner Anerkennung für den Vorsprung Chinas beim Ausbau der Windenergie keinen Hehl macht.

Am bemerkenswertesten fand ich das Gespräch, das ich mit einem Freund führte, als wir mit dem Rad durch die Stadt fuhren. An einer Kreuzung wäre es beinahe zum Crash gekommen. Ein Autofahrer wollte abbiegen, hatte uns nicht gesehen, bremste aber noch rechtzeitig und verhinderte um Haaresbreite einen Unfall. »Wegen so einer Situation musste ich mal einen verklagen«, regte sich mein Kumpel auf. Ein Autofahrer hatte ihn beim Abbiegen angefahren. Zum Glück wurde er nicht verletzt, aber sein Fahrrad war kaputt. Der Autofahrer versprach ihm das Fahrrad zu ersetzen, was er aber nicht tat. Mein Freund musste vor Gericht ziehen, um an sein Geld zu kommen. »Habe ich Dir schon erzählt, dass ich ein Buch über Klima-Kommunismus schreibe?«, teilte ich ihm mit. »Die Natur kann man nicht unterjochen«, lautete seine spontane Erwiderung.

So kamen wir darüber ins Gespräch, wie viel Geld der Staat reichen Leuten dazugibt, wenn sie sich ein E-Auto kaufen möchten. Und dass es an der Zeit ist, dieses Geld umzuverteilen, um zum Beispiel Fahrradfahrer:innen zu alimentieren. Sofort war er ganz auf meiner Seite. »Ich fahre fast nie Auto. Wenn ich mir überlege, wie viel Rad ich in meinem Leben gefahren bin, habe ich definitiv mehr fürs Klima getan als alle Tesla-Fahrer zusammen«, stimmte er mir zu. Dann witzelte er noch darüber, dass die Leute, die sich einen Tesla zulegen, ohnehin »geil« auf so ein Auto sind und es auch ohne Förderung kaufen würden. Es sei auf jeden Fall Zeit, pflichtete er mir bei, dass auch Menschen wie er Geld dafür bekommen, dass sie sich klimafreundlich verhalten. Die Idee des Klima-Kommunismus hatte einen potenziellen Sympathisanten mehr.

Wenn wir über Kommunismus sprechen, dann sind wir uns dessen bewusst, dass Menschen sehr Unterschiedliches damit verbinden. Die einen assoziieren ein Versprechen auf soziale Befreiung, die anderen eine Form der Bevormundung und Unterdrückung. Der Begriff ist also zugleich kontaminiert wie nach wie vor aktuell.

Welchen Nutzen hat der Begriff des Kommunismus heute für uns? Welche Bedeutungen besitzt er in der Gesellschaft? Wie können wir ihn sinnvoll gebrauchen, ohne seine problematischen Aspekte unter den Teppich zu kehren? Weshalb ist es nach wie vor sinnvoll, ein Schlagwort zu besitzen, um Gegenentwürfe zur kapitalistischen Gegenwart in Zeiten der Klimakrise benennen zu können? In Umfragen äußern viele Menschen ihre Unzufriedenheit mit dem Kapitalismus. Es bleibt aber meist bei dem Unbehagen, was daran liegt, dass uns keine Alternative zur Verfügung zu stehen scheint. Eine Alternative wäre nämlich Kommunismus; in einer zeitgemäßen, annehmbaren Form und Ausprägung.

Der wichtigste Grund, weshalb nach wie vor viele Menschen der Idee des Kommunismus mit Skepsis begegnen, ist das sozialistische Smartphone. Welches sozialistische Smartphone? Richtig, es hat nie eines gegeben. Und es würde vermutlich auch nie eines geben, wenn Wirtschaft rein auf der Grundlage bestehender Bedürfnisse geplant würde. Das Smartphone ist das Sinnbild der kapitalistischen Produktivität. Eine Science-Fiction-Fantasie, die wahr geworden ist. Das Bedürfnis nach Kommunikation konnten wir auch vor seiner Erfindung ausreichend befriedigen. Nun aber gelingt dies mit einem Gerät, das in die Hosentasche passt und mit dem man Menschen an weit entfernten Orten sprechen und gleichzeitig dabei sehen kann. Live und in Farbe. Mit demselben Gerät ist es möglich, Nachrichten, Bilder und Videos zu versenden und das gesamte Wissen der Welt in Sekundenschnelle abzurufen. Klingt mittlerweile banal, aber vor wenigen Jahrzehnten hätten die meisten Leute niemals geglaubt, dass so ein Gerät produziert werden könnte.

Heutzutage werden jedes Jahr mehr als eine Milliarde Smartphones verkauft. Weltweit. In den vergangenen zehn Jahren sind doppelt so viele Smartphones verkauft worden, wie Menschen auf der Erde leben. Der Anteil der in Nordamerika und Europa verkauften Geräte hat sich allerdings in den 2010er-Jahren ungefähr halbiert. Die meisten werden mittlerweile in Asien und dem pazifischen Raum abgesetzt.[214] Lediglich in Afrika besitzen gemessen an seiner Bevölkerungszahl weniger Leute ein Smartphone als im Globalen Norden. Im westlichen, östlichen und in Zentralafrika nutzen etwa 90 Prozent der Bevölkerung auch keine Social-Media. Aber im nördlichen und südlichen Teil des Kontinents schon fast die Hälfte der Afrikaner:innen. Und auch in Afrika shoppen immer mehr Menschen online. Die Umsätze haben sich in den vergangenen fünf Jahren verdreifacht. In Ägypten tätigen fast vierzig Prozent der Einwohner:innen statistisch gesehen mindestens einen Online-Kauf pro Woche.[215]

Die Rohstoffe, mit denen Smartphones hergestellt werden, bauen Arbeiter:innen unter neo-kolonialen Verhältnissen ab. In Regionen Afrikas, vor allem der Demokratischen Republik Kongo, unter teils ausbeuterischen und menschenunwürdigen Bedingungen, inklusive Kinderarbeit. Dennoch hält das niemanden davon ab, sich ein Smartphone zuzulegen, auch nicht im Globalen Süden, auch nicht People of Color. Zum Rassismus in Deutschland gehört es, dass sich – vor allem nach der Ankunft vieler Geflüchteter ab 2015 – manche Leute darüber echauffieren, dass die Geflüchteten »alle ein Smartphone in der Tasche« haben.

---

214 Statista, Absatz von Smartphones weltweit nach Hersteller in den Jahren 2007 bis 2022. Quellen: IDC, Gartner, 2023. Statista, Verteilung des Smartphone-Absatzes weltweit nach Region von 2010 bis 2017. Quelle: GfK, 2023.

215 Statista, E-Commerce in Afrika, 2023 sowie Statista, Anteil der Internetnutzer, die wöchentlich über ein beliebiges Endgerät online einkaufen, in Südafrika, Ägypten und weltweit im Jahr 2022, Statista 2023.

Als ob Menschen, die sich aus Afghanistan, Syrien oder dem Nordirak teils unter Lebensgefahr auf eine lange Reise begeben, so ein Gerät nicht nötiger hätten als Menschen in Deutschland, die mit Insta-Stories lediglich ihre Langeweile vertreiben.

Der Kapitalismus ist ein System, das in der Lage ist, solch ein Wundergerät zu erfinden und in schwindelerregend hoher Stückzahl herzustellen. Er versetzt damit jeden Menschen in die Lage, auf Instagram-Posts nachzulesen, dass uns zu viel Instagram depressiv macht. Das hat noch keine Zivilisationsform vor ihm geschafft. Brauchen tut die Dinger niemand wirklich. Aber sie sind nützlich und unterhaltsam. Einmal in die Welt gesetzt, will sie jede:r haben. Ebenso versetzt uns der globale Kapitalismus in die Lage, mehr Klamotten zu kaufen, als wir jemals tragen können. Nachhaltiger wäre es natürlich, wie in der DDR, Kleidung so zu produzieren, dass sie länger hält. Einen anderen Umgang mit Klamotten zu pflegen, Hosen und Shirts länger zu tragen und zu flicken. Schließlich waren Rohstoffe in der DDR knapp, was nolens volens eine Überproduktion ausschloss. All das mutet heutzutage eher uncool an. Umweltverschmutzung gab es unter den Kommunisten im Ostblock genauso wie unter den Kapitalisten im Westen. Das Gesellschaftsmodell an sich wäre aber klimagerechter als unser aktuelles. Hätte der Kapitalismus nicht vorerst gesiegt – dank seiner Produktivität, die ihm Anziehungskraft verleiht.

In der DDR mussten selbst die Privilegierten lange auf ihren Trabi warten, als im Kapitalismus schon jeder Malocher sich eine eigene Karre leisten konnte. Was sich mittlerweile als das Klima zerstörender Erfolg erweist. Die Liste ließe sich lange und auf viele Produkte fortführen. Wer wollte heute noch nachhaltig Wäsche am Waschbrett schrubben, damit sie sauber wird? Eine ganze Generation von Hausfrauen war dankbar über die Massenproduktion von Waschmaschinen, als Frauen noch durchweg gedrängt wurden, Hausarbeit alleine zu erledigen. Was sie häufig immer noch werden. Last but not least: Die wichtigste Entwicklung war, dass seit der Nutzung chemischer Erkenntnisse und der Einführung von Maschinen in der Landwirtschaft viel mehr Nahrungsmittel produziert werden können als jemals in vorkapitalistischen Zeiten.

Die schiere Produktivität des Kapitalismus ist der entscheidende Grund, weshalb dieses System immer noch existiert, trotz der vielen Krisen, die es zugleich produziert. Es existiert als profitgetriebene und kreditfinanzierte Wirtschaft, die alles zur Ware macht und in der (in der Regel) private Unternehmer:innen die Produktionsmittel besitzen. Der Staat schafft die dafür nötigen Rahmenbedingungen, immer darauf bedacht, die Investitionsbereitschaft der Kapital-Besitzer:innen nicht zu sehr durch Umverteilung des gesellschaftlich produzierten Reichtums abzuwürgen.

Doch trotz dieser Produktivität gelingt es dem Kapitalismus nicht, einige der wichtigsten realen Probleme zu lösen. Eigentlich müsste zum Beispiel niemand mehr hungern, genug Lebensmittel wären da. Tatsächlich hungern aber nach wie vor sehr viele auf diesem Planeten. 800 Millionen Menschen haben nicht genug zu essen! Die Zahl ist seit 2015 sogar gestiegen, sagt Martin Qaim, Direktor des Zentrums für Entwicklungsforschung (ZEF) an der Universität Bonn. Schwierigkeiten bei der weiteren Ertragssteigerung und gleichzeitiger Klimaanpassung der Landwirtschaft führten zu Preissteigerungen. Menschen hungern dann, weil ihnen das Geld für ausreichende Lebensmittel fehlt. Hunger entsteht nicht durch einen realen Mangel an Nahrungsmitteln, beklagt Sarah Schneider, Referentin für Landwirtschaft und Welternährung des Hilfswerks Misereor, »sondern als Folge von Armut, Konflikten, sozialer Benachteiligung, Diskriminierung oder Vertreibung«.[216] Dass das immer noch so ist, stellt ein wortwörtliches Armutszeugnis für eine Weltgesellschaft dar, in der sich der Kapitalismus nahezu vollständig durchgesetzt hat.

Dasselbe lässt sich auch über Obdachlosigkeit sagen. Ich kann mich erinnern, dass in meiner Kindheit Obdachlose eher eine Ausnahme im Stadtbild darstellten. Heutzutage laufe ich im Bahnhofsviertel täglich an Menschen vorbei, die auf dem Boden schlafen, an Hauswänden zusammengekauert in Schlafsäcken. Obwohl der Kapitalismus heute viel produktiver ist als in der Vergangenheit, sehen wir mehr obdachlose Menschen. In nicht komplett durchkapitalisierten Gesellschaften sind die Gemeinschaften in der Lage, sich gegenseitig so aufzufangen, dass niemand auf der Straße bleiben muss. Es ist ein Kennzeichen der kapitalistisch entwickelten Gesellschaften, dass Menschen auf der Straße landen, obwohl sie von Wohlstand umgeben sind. Der Grund für die

216 Kampf gegen Hunger braucht Investitionen und Innovationen, Anhörung im Ausschuss für Menschenrechte und humanitäre Hilfe im Deutschen Bundestag, 7. November 2023.

Obdachlosigkeit liegt nicht daran, dass es an den Fähigkeiten fehlen würde, genügend Wohnungen zu bauen.

Um das Problem der Obdach- oder Wohnungslosigkeit zu lösen, müssen die Regierungen signifikante Teile des Wohnungsmarktes dem Kapital entziehen. Statt auf den Markt zu vertrauen, muss die Politik in bezahlbare Wohnungen investieren und das kapitalistische Prinzip der Profitmaximierung beiseiteschieben. Ein historisches Beispiel ist der soziale Wohnungsbau in Wien. Dort, wo nach dem Ersten Weltkrieg »die schlechtesten Wohnverhältnisse aller europäischen Metropolen« zu beklagen waren und Arbeiterfamilien in »illegal errichteten ›Bretteldörfern‹« hausten, starteten die regierenden, damals noch marxistisch orientierten Sozialdemokrat:innen den Bau von Tausenden Gemeindewohnungen, die sie von den Reichen finanzieren ließen:

> »Ermöglicht wurde die massive Bautätigkeit der Gemeinde Wien durch die Finanzpolitik der neuen sozialdemokratischen Stadtregierung, für die der von Konservativen als ›Steuerbolschewist‹ verschriene Finanzstadtrat Hugo Breitner stand. Die scharf progressiv gestaffelte Wohnbausteuer traf insbesondere die Besitzer von Villen, Stadtpalästen und Luxuswohnungen hart. Für die teuersten 0,5 Prozent der potenziellen Mietobjekte in Wien mussten sie fast die Hälfte des gesamten Wohnbausteueraufkommens der Stadt entrichten.«[217]

Aktuell ist Finnland das Land in der EU, das das beste Rezept gegen moderne Obdachlosigkeit aufweist. Das Problem gilt als fast gelöst, 2027 soll es in Finnland keine langfristig obdachlosen Menschen mehr geben. Obdachlose Menschen werden beim ›Housing first‹-Ansatz in öffentlichen Wohnungen untergebracht und von Sozialarbeiter:innen dabei unterstützt. »Mehr als 8000 Apartments wurden in den vergangenen Jahren nur für Wohnungslose geschaffen, das Ende der Obdachlosigkeit ist seit über 15 Jahren gemeinsames Ziel aller Regierungen, von links wie von rechts.«[218]

---

217 Jens Wietschorke, Wien ist anders? Das Modell Gemeindebau, in: Aus Politik und Zeitgeschichte, 16.12.2022. Abrufbar unter: https://www.bpb.de/shop/zeitschriften/apuz/bauen-und-wohnen-2022/516389/wien-ist-anders/

218 Jan Petter, Wie Finnland die Obdachlosigkeit abschafft, Spiegel online, 07.01.2024, abrufbar unter: https://www.spiegel.de/ausland/finnland-housing-first-wie-das-land-die-obdachlosigkeit-abschafft-a-42acd6e8-2dd7-42fa-803d-f575d4e2bf9b

Der Kapitalismus ist trotz seiner Produktivität nicht in der Lage, aus sich heraus bestimmte soziale Probleme zu lösen. Selbst wenn wir zugestehen, dass er theoretisch dazu in der Lage wäre, widerspricht es doch seinen Prinzipien und die Einzelkapitalist:innen haben kein Interesse daran, wenn sie daraus keinen Profit schlagen können. Das ist auch ein Kernproblem der Klimakrise. Sie ist ein Problem, das der Kapitalismus mit der Industriegesellschaft erschaffen hat und bis jetzt nicht lösen konnte. Die Klimakrise ist ebenso wie die gerade erwähnten Phänomene Ausdruck der aktuellen Klassenverhältnisse. Und sie ist eng verwoben mit dem Widerspruch der kapitalistischen Produktivität.

Um die Klimakrise zu lösen, müsste der Kapitalismus nämlich seine eigene Produktivität ausbremsen. Die meisten Menschen erwarten allerdings vom Kapitalismus, dass er eben diese Produktivität weiterhin aufrechterhält, damit sie morgen mehr und bessere Dinge besitzen können als heute und gestern. Wir wären zwar weder glücklicher noch unglücklicher, wenn wir zum Beispiel von einem Tag auf den anderen keine Smartphones mehr kaufen könnten, und würden dann sogar weniger Strom verbrauchen, was klimafreundlich wäre. Sehr viele Leute würden das aber als Rückschritt empfinden. Und über jedes *Weniger* an *Etwas* wären viele Menschen enttäuscht. Nicht weil uns wirklich etwas Wichtiges fehlen würde, sondern weil wir uns an Dinge und Dienstleistungen gewöhnt haben. Wenn sie wegfallen, würden wir es als Indiz für einen Leistungsabfall unseres Systems lesen. Wir wollen also weiterhin von der Produktivität des Kapitalismus profitieren, als Garant eines ›guten Lebens‹, während diese Produktivität zugleich immer mehr Ressourcen verbraucht, nach wie vor Abgase produziert, die Erdatmosphäre aufheizt und in letzter Konsequenz eben dieses ›gute Leben‹ auf dem Planeten gefährdet. Das ist das Paradox der Produktivität, das wir auflösen müssen, um die Klimakrise zu bewältigen.

Das Vertrauen in die Innovationsfähigkeit des Kapitalismus sorgt aber dafür, dass viele an ihm festhalten möchten, obwohl sie wissen müssten, dass dies als Rezept bisher nicht funktioniert hat, um die Klimakrise zu stoppen. Ein Beispiel wäre der deutsche Klimaforscher Mojib Latif, der darauf hinweist, dass Wissenschaftlern schon seit dem Ende des 19. Jahrhunderts klar war, dass die Industrialisierung zu erhöhten CO_2-Konzentrationen in der Atmosphäre und damit zu einer gefährlichen

Erderwärmung führt. Dennoch sei der Kapitalismus das beste System, wenn es gelänge, Profite nicht mehr auf Kosten der Umwelt zu erzielen und stattdessen mehr in erneuerbare Energien zu investieren.[219]

Der Öko-Sozialist Bruno Kern ist eine jener Stimmen, die dieses »Märchen vom grünen Wachstum« kritisieren. Der Kapitalismus sei aufgrund seines immensen Material- und Energieverbrauchs nicht in der Lage, wirklich klimaneutral zu wirtschaften.

> »In die Energiebilanz [der erneuerbaren Energien (d. A.)] meistens nicht miteinbezogen werden die Produktionsvoraussetzungen und die erforderliche Infrastruktur insgesamt. Wer eine Energiebilanz ehrlich erstellen will, der muss – wie in jeder betriebswirtschaftlichen Kostenrechnung auch – den gesamten Prozess der Herstellung der entsprechenden Anlagen anteilsmäßig miteinbeziehen. Das heißt etwa für Strom aus Photovoltaikmodulen: Man müsste bei der Herstellung der Fabriken für die Produktion der Bagger anfangen, die den Sand zur Siliziumherstellung fördern, und so weiter.«[220]

Die kapitalistische Industriegesellschaft sei vor diesem Hintergrund nur als historische Ausnahme mit Ablaufdatum zu verstehen. Eine kurze Episode in der Menschheitsgeschichte. Die Klimakrise zwinge uns zu einem »Prozess der industriellen Abrüstung«[221], einem Rückbau der Industriegesellschaft. Kerns Maximalprogramm geht durchaus weiter als die Maßnahmen, die in diesem Buch diskutiert werden. Vom Verbot der Rüstungsproduktion, der Getränkedosen und Verpackungen bis zum Verbot von Privatautos und Privatbanken.

Beliebt macht man sich damit bei vielen Leuten nicht gerade. Die Idee oder Erkenntnis, dass wir einen Systemwechsel brauchen, scheint aber sehr wohl beliebter zu werden. Davon zeugt der internationale Verkaufserfolg von Kohei Saitos Buch *Systemsturz. Der Sieg der Natur über den Kapitalismus*. Als die deutsche Ausgabe erschien, war das Werk innerhalb weniger Tage in den Buchhandlungen vergriffen und meine Lieblingsbuchhandlung informierte mich, dass der Verlag kurzfristig

219 Mojib Latif, »Man muss anerkennen, dass wir jetzt schon in einem anderen Klima leben«, in: Aus Politik und Zeitgeschichte, 28–29/2023, 10. Juli 2023.

220 Bruno Kern, Das Märchen vom grünen Wachstum, Plädoyer für eine solidarische und nachhaltige Gesellschaft, Zürich, 2019, S. 64 f.

221 Ebd., S. 31.

nicht nachliefern könne. Viele Menschen wollen offenbar wissen, wie es weitergeht. Sie möchten nicht mehr darauf vertrauen, dass es der Kapitalismus schon richten wird. Sie haben Angst, dass unser Festhalten an diesem System uns mehr schaden wird, als uns lieb sein kann.

Tatsächlich sind ja die Gefahren durch die Folgen des Klimawandels spätestens seit den 1980er-Jahren bekannt. Doch sie wurden ignoriert und beiseite gewischt. Stattdessen hat der westliche Kapitalismus nach dem Zusammenbruch der Sowjetunion in seinem Siegeszug die Erderwärmung vorangetrieben und die Probleme vergrößert. Bei vollem Bewusstsein. Vor Gericht würde man eher von Vorsatz sprechen als von Fahrlässigkeit. »Bevor der Kapitalismus in sich zusammenbricht, wird die Erde schon ein lebensfeindlicher Ort geworden sein«, warnt Saito und zieht die Schlussfolgerung, »dass wir den Kommunismus benötigen, um die Klimakrise zu überwinden.«[222]

Saito plädiert für einen sogenannten ›Degrowth-Kommunismus‹, ausgehend von einer Wiederentdeckung der weniger bekannten Schriften des späten Karl Marx. Anders als in seinen Anfangstagen habe Marx in seiner späten Schaffensphase nicht mehr daran geglaubt, dass sich die im Kapitalismus entwickelten Produktivkräfte gerechter und nachhaltiger nutzen lassen. Die Ausplünderung der Natur sei ihm zu inhärent. Wenn Saito von Kommunismus spricht, meint er damit einen Abschied vom Wirtschaftswachstum und eine Besinnung auf Gemeingüter. Es soll mehr Genossenschaften geben, erneuerbare Energien unter Bürger:innenverwaltung etc. Nach diesem Modell solle ein großer Teil der Wirtschaft vergesellschaftet und dem Kommerzdruck entzogen werden, sodass wir am Ende weniger Stress im Leben und »mehr Zeit für gegenseitige Hilfe und Aktivitäten, die nicht unter dem Stern des Konsumismus stehen«[223], haben. Mehr Zeit für Ausflüge in den Park statt fürs Smartphone und Shoppen.

Nun wissen wir aber: Der Mainstream der Politik glaubt nach wie vor, dass der Kapitalismus in der Lage ist, die Klimakrise zu meistern. Auch ausgewiesen linke Politiker:innen wie die US-Kongressabgeordnete Ale-

222 Kohei Saito, Systemsturz. Der Sieg der Natur über den Kapitalismus, München, 2023, S. 40, 153.

223 Ebd. S. 198.

xandria Ocasio-Cortez plädieren eher für den Green New Deal, getreu dem Motto, Investitionen in grüne Technologien schaffen Arbeitsplätze und kommen damit auch der Arbeiter:innenklasse zugute. Lediglich auf die Option des Degrowth, also des Abschieds vom Wirtschaftswachstumsmodell zu setzen, bedeutet, auf Zwischenschritte zu verzichten. Ein kompletter Umbau der Wirtschaft, selbst wenn er politisch mehr Anhänger:innen gewinnen würde, ist noch viel schwieriger durchzusetzen und braucht mehr Zeit als Einschränkungen des Konsums im Sinne eines Klima-Kommunismus. Wenn wir stattdessen mit bestimmten Einschränkungen des Konsums anfangen, können wir erste Schritte tun, die wichtig sind, um herauszufinden, wie ein Abschied von der Wachstumswirtschaft aussehen kann. Zunächst in einzelnen klimapolitisch wichtigen Bereichen. Je nachdem, wie die Erfahrungen ausfallen, könnte es dann mit dem Umbau weitergehen. Das dürfte auch vermittelbarer sein, als der Aufruf zu einem Komplettumbau, der zu viele Fragen auf einmal aufwirft.

Das Schlagwort »Degrowth‹ mag in gewissen Szenekreisen geläufig sein, es ist aber kein Bestandteil der Alltagssprache der Mehrheit. Es bleibt damit zu abstrakt, um Gegenstand der allgemeinen politischen Diskussion zu werden. Die meisten Menschen können nicht beurteilen, ob ›Degrowth‹ unerwartete Nachteile brächte oder die Vorteile überwögen. Auch Expert:innen sind sich da uneins. Über konkrete Fragen, die bestimmte Bereiche betreffen – Fliegen, Fahren, Essen – können wir aber alle viel einfacher sprechen. Den direkten Konsum in den Mittelpunkt zu stellen, dürfte daher effektiver sein.

Außerdem bedeutet Degrowth tendenziell weniger Produktion, also auch weniger Konsumgüter und Dienstleistungen, was in den Augen vieler Menschen nach Rückschritt klingt. Wie oben schon erwähnt, steht damit auch jeder Degrowth-Ansatz vor dem Problem, gewohnte Erwartungen bei *allen* zu enttäuschen. Die Fokussierung des Klima-Kommunismus auf bestimmte Konsumformen stellt dazu eine attraktive Alternative dar. Wo einige Privilegierte etwas verlieren, können viele Wenigerprivilegierte etwas dazugewinnen. Das ist ein wichtiger Aspekt.

Es geht also erst einmal darum, eine klimafreundliche Form der Umverteilung auf dem bestehenden Level unseres Lebensstandards hinzubekommen. Gleichheit muss in Zeiten des Klimawandels durch eine Angleichung zur Mitte hin erreicht werden. Damit ließe sich auch das Dilemma lösen, dass es bislang ökologisch kontraproduktiv gewesen wäre, mehr ökonomische Gleichheit herzustellen, weil ein steigendes Einkommen der unteren Schichten auch einen Anstieg des klimaschädlichen Konsums bedeutet hätte. Die Ökonomen Thomas Kopp und Markus Nabernegg empfehlen daher, in wohlhabenderen Gesellschaften eine Politik, die die soziale Ungleichheit reduziert, mit Maßnahmen zu verbinden, die umweltschädliches Verhalten limitieren. Ansonsten führt unter den aktuellen Umständen die Reduzierung von Ungleichheit eher zu einem erhöhten Ausstoß an Treibhausgasen und einer Verschlechterung des ökologischen Fußabdrucks pro Kopf.[224] Umgekehrt bedeutet das aber: Wir müssen Maßnahmen, die klimaschädliches Verhalten limitieren, so gestalten, dass sie auch mehr soziale Gleichheit schaffen und den Unterschied zwischen arm und reich verkleinern. Das wäre doppelt hilfreich, weil sich dann auch mehr Menschen zum Beispiel teures Bio-Fleisch leisten könnten, was dem Tier-, Natur- und Klimaschutz zugutekäme.

Bloße Schrumpfung an sich bietet keine Lösung, denn sie könnte auch zu mehr Ungleichheit führen. Wenn mit dem Abschied vom Wirtschaftswachstum der Lebensstandard im Hinblick auf materielle Güter allgemein gesenkt wird, bedeutet das für die Arbeiter:innenklasse, die keine Reserven hat, einen größeren Verlust als für die Mittel- oder Oberschicht. Es besteht die Gefahr, dass sich die soziale Kluft vergrößert, und viele Leute würden sich nicht allein damit vertrösten lassen, dass man ihnen mehr Freizeit verspricht. Eine ökologisch verträgliche Verkleinerung der Ungleichheit zur Mitte hin ist unverzichtbar und klima-kommunistische Maßnahmen stellen ein Werkzeug dafür zur Verfugung.

Auf ein weiteres zentrales Problem weist Tobias Vogel hin: Kapitalismus- als auch Wachstumskritik sind kein Selbstzweck. Ihnen geht es darum, eine grundsätzliche Veränderung unseres Wirtschafts- und Gesellschaftsmodells einzuleiten, unter anderem um die Gefahren des Klimawandels abzuwenden. Weil der Klimawandel aber schon fortgeschritten ist und weiter voranschreitet, fehle uns schlicht die Zeit dazu, zwei große Transformationen auf einmal (Klimaschutz und System-

224 Thomas Kopp, Markus Nabernegg, Inequality and Environmental Impact – Can the two be reduced jointly? In: Ecological Economics 201 (2022), S. 5 ff.

wechsel) hinzukriegen. Das würde uns überfordern. Zusätzlich könnte es sich als gefährlich und kontraproduktiv erweisen, den Kapitalismus abzuwürgen, weil dadurch die Investitionen für die Energiewende und andere Klimaschutzmaßnahmen nicht mehr finanziert werden könnten. Vogel betont:

> »Wenn also Suffizienzstrategien unter den Bedingungen des gegenwärtigen Wirtschaftssystems die ökonomische Stabilität gefährden, drohen die so bewirkten Reduktionen mit den wichtigen technologischen Innovationen in Konflikt zu geraten und die entsprechende technologische Transformation zu hemmen.«

Wenn am Ende das Geld für den Ausbau der Wind- und Solaranlagen fehlt, ist niemandem geholfen. Es gehe daher darum, zu definieren, in welchen Bereichen geschrumpft werden kann, ohne negative Nebeneffekte zu provozieren.

> »Damit ist auch aus einer dezidiert wachstumsbefürwortenden Position heraus angezeigt, dass es bei der Reduktion spezifischer Wachstumsabhängigkeiten Spielräume geben kann, die Suffizienzstrategien stärker zulassen, ohne den Investitionsfluss einer intakten Ökonomie zu untergraben.«[225]

Die Einschränkung der Wohlhabenden etwa bei Flugreisen ist unstrittig und Vogel befürwortet sie.

Ein anderer zentraler Bereich der Wirtschaft, der für den Klimaschutz schrumpfen muss, ist die Autoproduktion. Im Gegenzug müssen öffentlicher Güter ausgebaut werden, zum Beispiel der öffentliche Nahverkehr. Das bedeutet weniger Markt und mehr staatliche Investitionen. Und mehr Arbeitsplätze bei Bus und Bahn statt zum Bau von SUVs. Der Gewerkschafter Stephan Krull weist darauf hin, dass diese Erkenntnis schon Ende der 80er-Jahre auch in der deutschen Autoindustrie gereift war, dann aber bezeichnenderweise mit dem Zusammenbruch der Sowjetunion und der Öffnung Chinas beiseite gewischt wurde. »Unerwartete, riesige Absatzmärkte und die Aussicht auf gigantische Profite

---

225 Tobias Vogel, Grundlegung einer Kritischen Theorie des Wirtschaftswachstums. Normative Maßstäbe und kausale Zurechenbarkeit von Wachstumsproblemen, Marburg, 2020, S. 235 f.

ließen alle ökologischen Notwendigkeiten als Träume wie Seifenblasen zerplatzen.«[226]

Er gehört einem Arbeitskreis von Gewerkschafter:innen der IG Metall, Umweltaktiven und Forschenden an, die Vorschläge formuliert haben, was jetzt passieren muss:

> »Weg von zwei Tonnen Stahl auf vier Gummirädern zwecks des Transports von einer Person von A nach B – hin zu bedarfsorientiertem öffentlichen Personen- und Güterverkehr auf Schienen, Wasserwegen und – soweit unvermeidbar – auf Straßen; dann jedoch nicht in großen privaten Autos, (...) sondern in smarten kleinen Bussen, die von Algorithmen gesteuert werden und nach Bedarf fahren.«

Unabhängig von der Frage, ob nun Busse in Zukunft autonom fahren oder von Menschenhand gelenkt werden sollen – die Autoindustrie so umzubauen, dass sie den Interessen des Klimaschutzes zuarbeitet, statt ihnen zuwiderzulaufen, erscheint unwahrscheinlich, wenn sie ihr Geschäft weiterhin nach kapitalistischen Maßstäben betreibt. Um so eine Veränderung durchzusetzen, die den Arbeitenden eine Perspektive bietet, aber den aktuellen Profitinteressen der Eigentümer widerspricht, wäre ein Systemwechsel durchaus notwendig. Daher fordern sie den »Aufbau transparent arbeitender regionaler Transformationsräte aus Industrie, Gewerkschaft, regionaler Politik, Umwelt- und Verkehrsverbänden; [sowie die] Vergesellschaftung der großen Auto- und Zulieferkonzerne entsprechend Grundgesetzartikel 14.2 und 15.«[227] Für den Bereich der Autoindustrie ergibt die klassische Forderung nach der Vergesellschaftung der Produktionsmittel auch unter dem Blickwinkel des Klima-Kommunismus durchaus Sinn.

Es dürfte deutlich geworden sein, dass hier unter Kommunismus, der aufgrund der Klimakrise wieder relevant wird, etwas gänzlich anderes verstanden wird, als das, was autoritäre Kommunist:innen im Laufe des 20. Jahrhunderts aus dem Erbe der Oktoberrevolution gemacht haben.

---

226 Stephan Krull, Produktion des Gemeinsamen Vom Gesprächskreis »Zukunft Auto. Umwelt.Mobilität« zu Transformationsräten, in: Mario Candeias, Stephan Krull (Hrsg.), Spurwechsel. Studien zu Mobilitätsindustrien, Beschäftigungspotentialen und alternativer Produktion, Hamburg 2022, S. 64.

227 Ebd. S. 71, 74.

Ein Erbe, das ja immer noch wie ein Schatten über dem Begriff hängt. Als »Kasernensozialismus«[228] kritisierte Robert Kurz das untergegangene DDR- und Ostblock-System aus einer linken Perspektive. Ein System, das im Laufe des zwanzigsten Jahrhunderts zu einer schlechten Kopie des Kapitalismus geraten war und ihm in Sachen Produktivität hinterherhinkte.

Der freiheitliche Kommunismus, wie ihn die anarchistische Bewegung in Spanien propagiert hatte (communismo liberatario), stellte die historische Alternative dar. Ein Gegenmodell, das von den stalintreuen Kommunisten, die Moskau steuerte, bekämpft wurde. Die soziale Revolution, die sich im Sommer 1936 in Spanien ereignete, kam zwar nicht ohne Gewalt, aber ohne staatlichen Dirigismus aus. »Die Arbeiter brachten die Fabriken an sich, die Bauern nahmen das Land der Grundbesitzer.«[229] Die Betriebe wurden von gewählten Ausschüssen der Belegschaft geleitet. Besonders da, wo die anarchistische Gewerkschaft CNT stark war, in Katalonien zum Beispiel, gelang dies häufig ganz ohne staatliche Kontrolle. In Barcelona betraf das die städtischen Bahnen und Busse ebenso wie Kinos oder eine Autofabrik von Ford. In Aragon wurden drei Viertel der landwirtschaftlichen Fläche durch Kollektivbetriebe bewirtschaftet, bei der Apfelsinenernte, bei der Weinernte, beim Brunnenbau etc. funktionierte das. Getragen von vielen Menschen der CNT-Basis, die nicht mehr fragten, ob denn jetzt die Zeit reif sei für freiheitlichen Kommunismus.

Viele Arbeiterinnen und Arbeiter konnten damit ihre Lage verbessern, aber kollektivierte Betriebe, die wenig Geld- und Warenreserven besaßen, gerieten zunehmend in Schieflage. Auf dem Land blieb offen, wem der kollektivierte Boden rechtlich gehörte. Und dann führte der Gegenschlag der Militärs zu Versorgungsproblemen und zum Bürgerkrieg. Zudem mussten auch die revolutionären Arbeiter:innen feststellen, dass ihnen die Leitung der Betriebe in Selbstverwaltung nicht immer wie gewünscht gelang. Ob ohne den Krieg alles besser gelaufen wäre, lässt sich im

228 Robert Kurz, Der Kollaps der Modernisierung. Vom Zusammenbruch des Kasernensozialismus zur Krise der Weltökonomie, Berlin, 1996.

229 Pierre Broué, Emile Témine, Revolution und Krieg in Spanien. Geschichte des spanischen Bürgerkrieges. Erster Teil, Berlin, 1968, S. 183.

Nachhinein schwer beurteilen. »Die Umstellung der innerbetrieblichen Organisation und die Streichung der in Spanien überlieferungsgemäß sehr hohen Dividendenausschüttung ermöglichten einen fühlbaren Preisabbau, der erst später durch eine astronomische Rohstoffhausse zunichte gemacht wurde«, beschreiben die Historiker Pierre Broué und Emile Témine die Situation, »eine kapitalistische Wirtschaft hätte ihr in einer analogen Situation auch nicht entgehen können.«

Auch wenn solche Betrachtungen an dieser Stelle nur kursorisch erfolgen können, ist klar, dass es uns um einen offenen Begriff von Kommunismus gehen muss, wenn wir ihn heutzutage sinnvoll gebrauchen möchten. Ihn in Form des Begriffs Klima-Kommunismus zu verwenden, ergibt nur Sinn, wenn wir damit bestimmte konkrete Ziele meinen. Ziele, die sowohl klima- als auch sozialpolitische Verbesserungen bringen, und zwar solche, die über das, was bislang möglich ist, hinausgehen. Der Vorteil des Begriffs Kommunismus besteht darin, dass er sowohl das Versprechen der Gleichheit als auch die Hoffnung auf Gerechtigkeit und den Anspruch auf eine Alternative zum bestehenden System transportieren kann.

Das ist wichtiger als die Frage einer durchgängigen Vergesellschaftung der Produktionsmittel. Diese ist nicht nur unrealistisch, sie ergibt auch klimapolitisch nicht automatisch Sinn. Selbst wenn sie freiheitlich erfolgen würde und rein theoretisch genügend Menschen sie unterstützen würden, was derzeit nicht der Fall ist, würde sie nicht immer eine Lösung im Sinne des Klimaschutzes liefern. Sicher, die Menschen, die heute in der Autoindustrie klimaschädliche Fahrzeuge produzieren, könnten in Zukunft andere Fahrzeuge herstellen und Dienstleistungen erbringen, die klimafreundlicher wären. Und eine Vergesellschaftung würde dies insofern erleichtern, als dass die Produktion in eine Richtung gesteuert werden könnte, die gesellschaftlich und ökologisch sinnvoll ist. Der politische Wind weht freilich gerade nicht in diese Richtung und für so einen großen Schritt muss noch viel getan werden. Insbesondere weil die besser verdienenden Stammbelegschaften der Autoindustrie ein Interesse daran haben, ihre Arbeitsplätze nicht zu riskieren. Eine politisch harte Begrenzung der Autozahl wäre allerdings eher durchzusetzen und würde die Autoindustrie ebenso zwingen, sich zu verändern. Das könnte Spielräume eröffnen für eine weitere Transformation – auch im Sinne einer Vergesellschaftung.

Aber wie sollte zum Beispiel die Fast-Fashion-Industrie durch eine Vergesellschaftung klimaneutral werden? Die Frage der Vergesellschaftung von Produktionsmitteln spielt hier überhaupt keine Rolle. Fast Fashion bliebe klima- und umweltschädlich, auch wenn die Textil- und Landarbeiter:innen, die Fahrer:innen und Verkäufer:innen über die gesamte globale Wertschöpfungskette – rein theoretisch gesprochen – eine Revolution starten und ihre Betriebe übernehmen würden. Darauf zu warten, ist mehr als unrealistisch. Eine Reduktion des Konsums durch politische Maßnahmen könnte mehr bewirken.

Ob und wie eine freiheitliche Vergesellschaftung der Produktionsmittel heute vorbereitet und umgesetzt werden könnte, ist auch in Bezug auf andere Bereiche der Wirtschaft unklar und unwahrscheinlich. Das Netzwerk *Solidarische Landwirtschaft*[230] zum Beispiel stellt in Deutschland einen Versuch dar, kapitalistische Zwänge zu umgehen. Durch die Vernetzung von Produzent:innen und Verbraucher:innen vor Ort – unter Umgehung von Supermärkten und Zwischenhandel. Ein Element also, das schon im ›Sommer der Anarchie‹ in Spanien eine Rolle spielte. Etwa 500 solcher ›Solidarischer Landwirtschaften‹ gibt es zurzeit. Bei insgesamt etwa 250.000 landwirtschaftlichen Betrieben in Deutschland. Wir reden also von einer Nische, die auf absehbare Zeit nicht in der Lage sein wird, die deutsche Landwirtschaft als Ganzes klimafreundlicher zu gestalten.

Ganz abgesehen davon, dass in eben dieser Landwirtschaft Hunderttausende Männer und Frauen aus Osteuropa (Rumänien, Bulgarien, Polen, Georgien) arbeiten, die als Saisonkräfte im Land sind. Dank dieser Arbeitskräfte produziert die deutsche Landwirtschaft heute mehr Obst und Gemüse als noch in den 1990er-Jahren. Die Erntearbeiter:innen werden in der Regel ausgebeutet, entschließen sich aber meist nur dann dazu, offen für ihre Rechte zu kämpfen, wenn sie komplett um den Lohn betrogen werden. Sie sind in Deutschland, um mehr Geld zu verdienen, als es ihnen zu Hause möglich wäre. Und sie wollen mit einem gewissen Startkapital wieder zurückkehren.[231] Dieses ausländische Proletariat der deutschen

230 Siehe: www.solidarische-landwirtschaft.org

231 Siehe hierzu mein Theaterprojekt »ERNTE? HILFE!«, abrufbar unter: https://www.youtube.com/@erntehilfe2404; https://www.boell-bremen.de/de/ernte-hilfe; https://www.instagram.com/ernte_hilfe/

Landwirtschaft wird nicht die Revolution auf deutschen Feldern durchführen. Die klimafreundliche Umstellung der deutschen Landwirtschaft auf mehr Bio-Anbau erfordert zudem Investitionen des Staates.

Ähnlich sieht es in anderen Branchen aus. Auch dort, wo es kämpferische Projekte gibt, die sich aber ihrer begrenzten Reichweite bewusst sind. Nina Scholz berichtet von solchen Kämpfen in der digitalen Ökonomie. Berliner Deliveroo-Fahrer:innen gründeten zum Beispiel die Genossenschaft *Kolyma2*, um die Essensauslieferung sozialer zu gestalten und sich nicht mehr ausbeuten zu lassen. Allerdings stellte sich heraus, dass am Ende zu wenig Bestellungen eingingen, um den Lebensunterhalt aller Fahrer:innen bestreiten zu können. Zudem bräuchte es eine Änderung des deutschen Genossenschaftsrechts, um die Gründung kleinerer Genossenschaften zu erleichtern.[232]

Ob die Auslieferung von Essen an die Haustür überhaupt eine klimapolitisch sinnvolle Dienstleistung darstellt, ist eine andere Frage. Diese stellt sich erst recht bei einem der größten Konzerne weltweit: Amazon. Ähnlich wie in der Landwirtschaft arbeiten auch dort viele Einwander:innen, häufig Geflüchtete, unter Bedingungen, die gegenüber alteingesessenen Arbeitskräften schwieriger durchzusetzen wären. Hier zeigt sich ebenso die rassistische Aufteilung des deutschen Arbeitsmarkts.[233] Entsprechend schwer fällt es der Gewerkschaft ver.di, in den Versandlagern einen besseren Tarifvertrag zu erkämpfen. Selbst wenn die Amazon-Beschäftigten – rein theoretisch gesprochen – eine Revolution starten würden, stellt sich die Frage, wie sinnvoll es wäre, Amazon in Selbstverwaltung zu übernehmen. Zunächst besteht das Kernkapital des Unternehmens aus den Programmiercodes, auf die die Belegschaft nur schwer zugreifen könnte. Für den Klimaschutz wiederum ist das Geschäftsmodell des Online-Händlers ohnehin eher schädlich. Alles zu jeder Zeit kaufen und sich liefern lassen und im Zweifel wieder zurückschicken zu können, fördert eben jene Form des Überkonsums, die wir zurückfahren müssten.

232 Siehe: Nina Scholz, Die wunden Punkte von Google, Amazon, Deutsche Wohnen & Co. Was tun gegen die Macht der Konzerne? Berlin 2022. S. 120

233 Siehe hierzu: Peter Birke, Grenzen aus Glas. Arbeit, Rassismus und Kämpfe der Migration in Deutschland, Berlin 2022.

Die Infrastruktur von Amazon zu vergesellschaften würde außerdem bedeuten, eine Struktur zu übernehmen, die sich kaum emanzipativ nutzen ließe. »Die zur Ausbeutungsmaximierung programmierten Algorithmen sind Herrschaftsinstrumente, die in einer sozialistischen Planung unbrauchbar, weil unmenschlich sind.«[234] Würden die Arbeiter:innen in den Versandzentren und die im Subunternehmertum tätigen Fahrer:innen die Hetze und den Druck beenden, unter denen sie arbeiten müssen, dann würden sich die Lieferzeiten verlängern und so manche:r würde dann nicht mehr online bestellen.

Darüber hinaus leben die Vorreiter des digitalen Kapitalismus davon, dass alle, die auf ihren Plattformen verkaufen, hohe Provisionen zahlen. Wir haben es mit Plattformbetreibern zu tun, beschreibt Philipp Staab das Geschäftsmodell, die »rund dreißig Prozent der Produzentenprofite einbehalten, während sie gleichzeitig ihre Marktmacht einsetzen, um die Preise auf ihren Märkten so niedrig wie nur irgend möglich zu halten«.[235]

Die klassische Strategie einer Übernahme der Produktionsmittel ist also heutzutage schwieriger denn je umzusetzen, nicht nur wegen der historischer Erfahrungen, die uns misstrauisch machen, ob so eine Wirtschaft auch die bestehenden Erwartungen an die Produktivität erfüllen würde. Die Übernahme der Produktionsmittel ist als Ausweg auch deswegen schwierig, weil die Beschäftigten in den übernommenen Betrieben vielfach ihre eigene Produktion zurückfahren müssten. Sie wäre auch klimapolitisch nicht immer eine ausreichende Strategie. Daher ist es vielversprechender mit der Idee des Kommunismus beim Konsum anzusetzen und dort politische Erfolge zu erzielen, die als Basis dienen können, um weitere Veränderungen anzustoßen.

Die Idee des Klima-Kommunismus fokussiert sich zudem auf den Grundsatz der Gleichheit, weil wir ihn politisch für einen besseren Klimaschutz brauchen. Das geht einher mit einem Primat der Politik vor dem Markt und mündet eher in einer gerechten Begrenzung des Konsums als in einer kompletten Umwälzung der wirtschaftlichen Struktur. Auch

---

234 Nina Scholz, a.a.O.: S. 37.

235 Philipp Staab, Digitaler Kapitalismus, Markt und Herrschaft in der Ökonomie der Unknappheit, Berlin 2019, S. 227.

das kann aber Veränderungen unserer Gesellschaft in Gang setzen, die nicht wenige als revolutionär empfinden werden.

Die größte Hypothek, wenn wir den Begriff des Kommunismus nutzen, besteht darin, dass kommunistische Regime für eine große Zahl der Verbrechen verantwortlich waren, die das 20. Jahrhundert kennzeichneten. Ob in der Sowjetunion oder in China, ob in Kambodscha oder in Äthiopien. Arbeitslager und Inhaftierung, verursachte oder in Kauf genommene Hungersnöte, Massenmorde und Verfolgung kosteten viele Millionen Menschen das Leben. »Über einzelne Verbrechen, punktuelle, situationsbedingte Massaker hinaus machten die kommunistischen Diktaturen zur Festigung ihrer Herrschaft das Massenverbrechen regelrecht zum Regierungssystem«[236], urteilte der Historiker Stéphane Courtois bei der Herausgabe des *Schwarzbuch des Kommunismus*, das vor der Jahrtausendwende erschien und eine Überblicksdarstellung zu den Verbrechen des Kommunismus lieferte. Diese Verbrechen betrafen sowohl viele Kommunist:innen und andere Linke als auch Bevölkerungsgruppen, die willkürlich zur Zielscheibe gemacht wurden, bis hin zum Völkermord.[237] An der innerdeutschen Grenze wurden seit Bestehen der Mauer bis zur ihrem Fall mehrere Hundert DDR-Bürger:innen erschossen. Auch wenn die »Tötungsgewalt nicht zu den zentralen Merkmalen des SED-Staates« gehörte, sondern die »Unterordnung durch die Partei«, die als »beständige Gängelung«[238] erfahren wurde, klebt auch die Erinnerung an diese Formen der Unterdrückung am Begriff des Kommunismus.

Aus diesem Dilemma gibt es keinen Ausweg. Der Begriff wird immer auch eine belastete Konnotation haben. Menschen, die zum Beispiel aus Osteuropa stammen und familiäre Leidensgeschichten mit der Herrschaftszeit kommunistischer Diktatoren verbinden, reagieren zurecht sensibel. Es hilft auch nicht, lediglich darauf zu verweisen, dass wir die

---

236 Stéphane Courtois, Nicolas Werth, Jean-Louis Panné, Andrezej Paczkowski, Karel Bartosek, Jean-louis Margolin, Das Schwarzbuch des Kommunismus, Unterdrückung, Verbrechen und Terror, München 1998., S. 14.

237 Ebd., S. 326 ff. 178 ff, 700 ff.

238 Gerhard Sälter, Die Todesopfer des DDR-Grenzregimes, ihre Aufarbeitung und die Erinnerungskultur, 12.08.2020. abrufbar unter: https://www.bpb.de/themen/deutschlandarchiv/313950/die-todesopfer-des-ddr-grenzregimes-ihre-aufarbeitung-und-die-erinnerungskultur/

Letzten wären, die unter Ceaușescu hätten leben wollen, und heutige Diktatoren wie Kim Jong-Un verachten. Und dass wir etwas gänzlich anderes meinen, wenn wir uns den Begriff des Kommunismus im Rahmen der Klimaschutzdebatte offensiv aneignen. Was wir tun können, ist, diese Geschichte und zum Teil auch Gegenwart der Verbrechen zu reflektieren und immer zu berücksichtigen. Das ist ohnehin ein guter Schutz vor Überheblichkeit, um Verblendungen der Vergangenheit nicht zu wiederholen.

Dasselbe gilt aber auch für den Begriff der Demokratie. Als Demokrat:innen werden wir nicht darauf verzichten, obwohl wir wissen, dass auch in formalen Demokratien vom antiken Athen bis zu den USA Sklaven gehalten wurden. Dass auch formale Demokratien, wie etwa Großbritannien oder Frankreich, Kolonialverbrechen begangen haben. Diese Geschichte sowie die Präsenz des Rassismus durchzieht jede moderne Demokratie. Dennoch ist die Demokratie mehr als das Erbe ihrer Vergangenheit. Sie ist der Garant für das Recht auf Rechte. Sie ist sowohl Ergebnis wie Ermöglichung politischer Emanzipation.

Den Begriff des Kommunismus nur auf sein Erbe der Gewalt zu reduzieren, würde zudem bedeuten, die Kommunismus-Definition der Täter zu bestätigen. Stattdessen sollten wir uns eher an den Definitionen der Opfer orientieren, die sich als Kommunist:innen unterschiedlichster Couleur dem Terror widersetzt hatten. Ein so verstandener neuer Kommunismus ist weder totalitär noch teleologisch. Es gibt kein Ende der Geschichte und kein Recht, Menschen mit Gewalt zu ihrem vermeintlichen Glück zu zwingen. Es gibt aber ein Recht auf soziale Befreiung.

Zugleich stehen wir vor der Herausforderung, mit einem kapitalistischen Weltsystem umgehen zu müssen, das die Klimakrise produziert und unser Überleben als Menschheit aufs Spiel setzt. Und auch hier können wir nicht die Augen davor verschließen, dass der Kapitalismus zur Festigung seiner Herrschaft ebenfalls Leid verursacht und viele Millionen Tote produziert hat. Noam Chomsky etwa hat sein Lebenswerk der Aufgabe gewidmet, zu kritisieren, wie die europäischen Mächte und die USA seit der Zeit der Kolonialisierung bis hin zum modernen Neoliberalismus Prinzipien der Offenheit, des Freihandels etc. nur dann vertraten, wenn sie ihnen dazu dienten, sich gewaltsam die Reichtümer der eroberten und unterworfenen Gebiete anzueignen. »Der europäische Erfolg verdankte sich, wie Adam Smith bemerkt, der meisterlichen Handhabung der Mittel, in denen sich die Kultur der Gewalt konkretisierte.«[239] Diese Kultur der Gewalt zur Durchsetzung kapitalistischer Verhältnisse prägte auch das 20. Jahrhundert. Beispielhaft sei hier die Unterstützung diktatorischer Regime erwähnt.

> »Wirtschaftshilfe hängt aufs engste mit der Verbesserung des Investitionsklimas zusammen. Die Verbesserung erzielt man für gewöhnlich durch die Ermordung von Priestern und Gewerkschaftsführern, durch die Abschlachtung von Bauern, die sich organisieren wollen, durch Bombenattentate auf die unabhängige Presse usw.«[240]

Die Geschichte Lateinamerikas ist durchzogen von solchen Verbrechen des Kapitalismus. Aufgrund des 50-jährigen Gedenkens ist das Beispiel Chiles vielleicht noch am präsentesten. Die von den USA unterstützten Militärs um General Pinochet stürzten die gewählte Regierung des sozialistischen Präsidenten Salvador Allende und in der Folge wurden Zigtausende Menschen ermordet, gefoltert, verschleppt, um jede Opposition im Keim zu ersticken. Der US-Professor und Propagandist des Neoliberalismus Milton Friedman stand dem Diktator als Wirtschaftsberater zur Seite.[241] An der wirtschafts-wissenschaftlichen Fakultät der Uni Köln wurde uns während meines Studiums Friedmans Werk als Seminarlektüre aufgegeben, ohne seine Verstrickung mit dem chilenischen Terror-Regime auch nur zu erwähnen.

Ohnehin existiert nach wie vor ein befremdlicher Umgang mit den Opfern des Kapitalismus, insbesondere wenn diese Kommunist:innen waren oder diesen zugerechnet wurden. So gilt der Vietnamkrieg zumindest in der ›westlichen‹ Wahrnehmung nach wie vor als großes Trauma der USA und nicht etwa Vietnams. Dabei hatte zunächst die ehemalige Kolonialmacht Frankreich Vietnam mit Krieg überzogen und die USA waren dann 1965 in den Krieg eingetreten. Sie bombardierten das im

239 Noam Chomsky, Wirtschaft und Gewalt. Vom Kolonialismus zur neuen Weltordnung, München 1995, S. 33.

240 Ebd. S. 185.

241 Einen eindrücklichen Überblick liefert der ARTE-Themenschwerpunkt mit TV-Dokumentationen zu dem Thema. Abrufbar unter: https://www.arte.tv/de/videos/112851-000-A/chile-traeume-terror-neuanfang/

Vergleich arme Land systematisch, verübten Massaker und versuchten, so viele Menschen wie möglich zu töten, um die politische Oberherrschaft zu gewinnen.

> »Eine Million südvietnamesische Soldaten starben, etwa zwei Millionen tote Zivilisten waren zu beklagen; Zwei Millionen Menschen wurden verstümmelt. Es ist anzunehmen, dass in Nordvietnam mindestens genauso viele Menschen ihr Leben lassen mussten. Die USA warfen viermal so viele Bomben ab wie während des gesamten Zweiten Weltkrieges – mit einer Zerstörungskraft von etwa 600 Hiroshima-Atombomben und 20 Millionen Bombenkratern.«[242]

Ein weiteres Beispiel lieferte die Debatte um die antisemitischen Darstellungen auf einem Kunstwerk der Künstlergruppe *Taring Padi* aus Indonesien während der Documenta-Ausstellung 2022 in Kassel. Der Eklat um die Documenta 15 ist bekannt. Ebenso die offensichtliche Unfähigkeit oder der Unwillen der kritisierten Künstler, auf die berechtigte Kritik einzugehen. Andererseits verhandelten die Künstler traumatische Geschehnisse aus der Geschichte Indonesiens, die kaum jemandem in Deutschland bekannt sein dürften. Und denen auch im Verlaufe der Documenta-Debatte kaum Beachtung geschenkt oder Raum gegeben wurde. Es handelt sich um die Ermordung einer halben Million Menschen in den 1960er-Jahren in Indonesien, denen Kommunismus vorgeworfen wurde. Verantwortlich für die Massenmorde war der Langzeit-Diktator General Suharto, der von westlichen Staaten unterstützt wurde.[243] Der Fall ist deswegen interessant, weil er verdeutlicht, wie schwer es uns häufig fällt, den jeweiligen Schmerz des Anderen anzuerkennen und ›unser System‹ infrage zu stellen.

Diese Reflektiertheit brauchen wir aber. Gerade im Hinblick auf die Bewältigung der Klimakrise. Die ›Marktwirtschaft‹ zum Beispiel, so der neutralere Ausdruck für Kapitalismus, zeichnete sich sehr lange dadurch aus, dass die Zerstörung der Natur und in der Folge auch von Menschen im Zuge der Industrialisierung in Kauf genommen wurden. Technische Möglichkeiten, Schäden zu vermeiden, standen durchaus zur Verfügung,

242 Rolf Steininger, Der Vietnamkrieg, 20.10.2020, abrufbar unter: https://www.bpb.de/themen/nordamerika/usa/317398/der-vietnamkrieg/

243 Siehe: https://www.freitag.de/produkt-der-woche/buch/die-jakarta-methode/bundesdeutsche-mitverantwortung

hätten aber den Profit geschmälert. In den Industriegebieten an Rhein und Ruhr zum Beispiel hingen etwa ein Jahrhundert lang Dunstglocken aus Rauch und Schwefelgasen über den Städten. »Bergarbeiter an der Ruhr gingen um 1880 durchschnittlich mit Ende vierzig als Invaliden in den Vorruhestand«[244], beschreibt Christoph Nonn, wie das frühzeitige Sterben ganzer Generationen von Arbeitern hingenommen wurde. Luftverschmutzung galt als vernachlässigbar, solange sie die Wohngebiete der Mittel- und Oberschicht nicht belastete. Der Himmel wurde erst wieder blau, als sich die Gesellschaft in den 60er- und 70er-Jahren demokratisierte, die Umweltbewegung an Einfluss gewann und die Luftreinhaltung politisch durchsetzte.

Die Gewaltförmigkeit des Kapitalismus kehrt in Bezug auf die Natur und die Auswirkungen auf den Menschen mit der Klimakrise zurück. Die Gefahr besteht, dass die Katastrophen, die der Klimawandel hervorbringt, zunehmen, weil sich das System des Kapitalismus mit seinen Klassendimensionen erhalten will. Um diese Gefahr zu bannen, brauchen wir einen Gegenentwurf, der als solcher auch benannt werden muss. Klima-Kommunismus kann solch einen Gegenentwurf darstellen, wenn er den Begriff des Kommunismus auf eine reflektierte Art und Weise aktualisiert und ihn für eine der größten aktuellen Herausforderungen, nämlich den Klimaschutz, nutzbar macht.

So ließe sich auch die Frage beantworten, die häufig gestellt wird: »Wo hat denn der Kommunismus jemals funktioniert?« Genau, wo hat er das eigentlich? Tatsächlich lässt sich diese Frage relativ einfach beantworten. Bei der Erkämpfung von Rechten zum Beispiel.

Vielen ist gar nicht mehr bewusst, dass demokratische Rechte, die heute noch gelten, in Deutschland mit der Novemberrevolution 1918 erkämpft wurden. Von revolutionären Arbeitern, Arbeiterinnen und Intellektuellen, die den Bruch gewagt, den Frieden erzwungen und die erste deutsche Demokratie errungen hatten. Mit dem allgemeinen und gleichen Wahlrecht, dem Wahlrecht der Frauen, dem gesetzlichen Acht-Stunden-Tag, der Aufhebung der Zensur, der betrieblichen Mitbestimmung. Nicht alle waren in ihrer Selbstbezeichnung Kommunist:innen, die meisten eher linke Sozialdemokrat:innen. Ebenfalls Anarcho-Syndikalist:innen,

---

244 Christoph Nonn, a.a.O., S. 41.

die nach Gründung der Kommunistischen Partei auch dort Mitglied wurden, obwohl sich die Spitzen der beiden Organisationen als Gegner begriffen. Sie alle hatte die Oktoberrevolution in Russland, deren Ausgang noch nicht absehbar war, durchaus zum Aufstand inspiriert. Und sie wurden im Verlauf verraten von ihren gemäßigten sozialdemokratischen Führern, die eine Räterepublik fürchteten. Von diesem Kommunismus als Bewegung ist die spätere Entwicklung der KPD abzugrenzen, die zum einen selbst nationalistischer wurde und zum anderen einen verkürzten Faschismusbegriff entwickelte. Sie war nicht in der Lage oder willens zu erkennen, dass die bürgerliche Demokratie erhaltenswert war, gerade im Angesicht der drohenden Machtergreifung der Nazis, der auch die Arbeiterbewegung am Ende unterlag.[245]

Die Lehre aus diesen Erfahrungen kann heute lauten, sich vor Rechthaberei und dem Glauben, immer auf der richtigen Seite zu stehen, zu hüten. Demokratischer Klima-Kommunismus fürchtet nicht die eigene Falsifizierbarkeit. Wenn wir falsch liegen, verlieren wir nicht das Gesicht. Bini Adamczak hat den Anspruch, Revolution neu und queer zu denken, vor dem Hintergrund der historischen Erfahrungen, dass Solidarität im Kampf erfahren, aber dann nicht ins Politische übersetzt werden konnte, in eine doppelte Frage gegossen.

> »Gegenüber 1917 lautet diese Frage, wie der universelle Anspruch des Kommunismus gerettet werden kann, ohne die männliche Norm zu wiederholen, die sich in ihm versteckte. Gegenüber 1968 lautet dieselbe Frage, wie dem Anspruch nach Differenz und Freiheit Rechnung getragen werden kann, ohne den Fliehkräften der Individualisierung und Desozialisierung zu erliegen.«

Der »Sehnsucht« nach »solidarischen Beziehungsweisen“[246] gilt es eine neue Form zu geben.

Alexander Behr betont zurecht, dass Solidarität heute gerade im Angesicht der Klimakrise immer eine globale sein sollte, dass die Wechselwirkungen zwischen dem, was Menschen im globalen Norden und

---

245 Siehe hierzu: Gruppe Magma, »... denn Angriff ist die beste Verteidigung“. Die KPD zwischen Revolution und Faschismus, Bonn 2001, S. 162 ff., 258 ff.

246 Bini Adamczak, Beziehungsweise Revolution, 1917, 1968 und kommende, Berlin 2017, S. 284 f.

im globalen Süden tun, im Mittelpunkt stehen müssen.[247] In diesem Sinne gilt es, den Begriff des Kommunismus zu nutzen. Im Sinne eines neuen, klima-politischen Kommunismus, in welchem wir Gleichheit *und* Freiheit in Solidarität kombinieren können. Denn die Klimapolitik ist das Feld, auf dem wir Kommunismus als Imperativ der Solidarität und als neue Weise, in der Menschen zueinander in Beziehung treten, formulieren können.

---

247 Siehe Alexander Behr, a.a.O., S. 131 ff., 156 ff.

Klimawandel, Konsum und neuer Kommunismus

»Mit Abschalten war nicht das Gehirn gemeint.«
Plakatspruch auf *Fridays for Future*-Demo August 2021

Wir stehen erst am Anfang. Die globale Durchschnittstemperatur liegt heute bei 1,2 Grad über dem Wert, der vor der Industrialisierung normal war. Schon mit dieser Erwärmung beobachten wir Veränderungen, die bis vor Kurzem nicht normal waren. Manchmal schauen meine Frau und ich uns mit den Kindern Fotos an. Wir haben eins, bei dem sie vor unserer Haustür auf dem Bürgersteig einen Schneemann gebaut hatten. Mit einer knallroten Peperoni im Gesicht als Nase. Das ist erst wenige Jahre her. Meine Kinder wissen, dass diese Zeiten vorbei sind. Bei uns in Düsseldorf fällt kaum noch Schnee. Doch das ist unser geringstes Problem.

Freunde von uns schlafen seit Wochen mit den Kindern im Wohnzimmer, weil ihr Schlafzimmer unter Wasser stand. So etwas haben sie zum ersten Mal erlebt. Die Handwerker, die der Hausbesitzer zur Reparatur der Wasserschäden gerufen hatte, erklärten ihnen, dass das die Zukunft normal sein werde. Unsere Freunde denken über einen Umzug nach, was bei dem angespannten Wohnungsmarkt gar nicht so einfach ist. Einer meiner Cousins in Nordgriechenland ist Landwirt. Er baut unter anderem Weizen an, der nach Italien verkauft und dort zu Pasta verarbeitet wird. Mein Cousin musste im vergangenen Jahr bis kurz vor Weihnachten mit der Aussaat warten, weil es den Herbst über fast gar nicht geregnet hatte und der Boden steinhart war. Das sind vereinzelte, noch harmlos anmutende Beobachtungen, die in ähnlicher Form viele von uns machen. Doch sie fügen sich zu einem besorgniserregenden Ganzen zusammen.

2023 war wohl das wärmste Jahr seit Beginn der Wetteraufzeichnungen. Nach einem ungewöhnlich warmen Winter folgte ein Sommer, der in vielen Regionen der Erde so heiß war wie noch nie. China, Spanien und die USA vermeldeten Hitzerekorde. Wissenschaftler:innen sehen in diesen Phänomenen immer extremer werdende nachweisbare Folgen des menschengemachten Klimawandels. Forscher:innen der Initiative *World Weather Attribution* haben die Durchschnittstemperaturen in Südeuropa, den USA, Mexiko und China analysiert. »Dabei zeigte sich: Ohne den Klimawandel wären solche Extremwetter wie die aktuelle Hitzewelle nicht eingetreten. «[248]

Je weiter die Erderwärmung voranschreitet, desto häufiger werden sie vorkommen.

Wir stehen erst am Anfang. Extrem starke Regenfälle führten im September 2023 innerhalb weniger Tage in Griechenland, Bulgarien und Libyen zu massiven Überschwemmungen ganzer Städte und Regionen. In Libyen ertranken mehrere Tausend Menschen. So etwas hatten die Bevölkerungen in den betroffenen Regionen noch nie erlebt. Zwar sind die Auswertungen der Daten mit Unsicherheiten behaftet, so die Expert:innen, aber an der Ägäis mache der »menschengemachte Klimawandel solche extremen Ereignisse zehn Mal wahrscheinlicher und 40 Prozent intensiver«. Für Libyen sei die Wahrscheinlichkeit sogar um den Faktor fünfzig gestiegen.[249]

Zwei Jahre nach der Ahrtalflut gab es in Deutschland schon wieder Überschwemmungen. Zum Jahreswechsel 2023/2024 standen nach Dauerregen viele ländliche Regionen in Niedersachsen, Sachsen-Anhalt und anderen Bundesländern unter Wasser. Die Erderwärmung verlangsame den Jetstream und das sorge dafür, dass sich nicht nur Hochdruck- sondern auch Tiefdruckgebiete länger halten. »Das heißt, dass es sehr lange entweder sehr trocken sein kann oder sehr lange sehr feucht sein kann«, erklärt Ralf Merz, Hydrologe am Helmholtz-Zentrum für Umweltforschung in Halle (Saale).[250] Infolge des Klimawandels werden sowohl Dürren als auch Hochwasser in Deutschland zunehmen.

Wir wissen jetzt schon, dass wir eine Erderwärmung auf durchschnittlich 1,5 Grad kaum verhindern können. Wenn alles so weiterläuft wie

---

248 World Weather Attribution, Extreme heat in North America, Europe and China in July 2023 made much more likely by climate change, 25. July 2023.

249 World Weather Attribution, Interplay of climate change-exacerbated rainfall, exposure and vulnerability led to widespread impacts in the Mediterranean region, 19. September 2023.

250 Tagesschau Online, Welche Regionen besonders betroffen sind, 04.01.2024. Abrufbar unter: https://www.tagesschau.de/inland/gesellschaft/hochwasser-300.html

bisher, schaffen wir das nicht. Also ist eine Begrenzung auf höchstens zwei Grad unser aktuelles realistisches Ziel. Das heißt aber auch, dass wir davon ausgehen müssen, dass solche Katastrophen in naher Zukunft vermehrt auftreten werden. Wir müssen alles daransetzen, um diese Entwicklung zu stoppen, und verhindern, dass es noch schlimmer wird.

Für alle, die es immer noch nicht wahrhaben wollen, hat der Weltklimarat in seinem letzten Bericht, der im Frühjahr 2023 erschienen ist, unmissverständlich klargestellt: nur durch eine massive, schnelle (»rapid«) und nachhaltige Reduktion des Treibhausgas-Ausstoßes wird es möglich sein, die ohnehin nicht zu vermeidenden Klimaveränderungen zu begrenzen. Jede weitere Gigatonne Kohlendioxid, die wir als Menschheit in die Atmosphäre blasen, erwärmt die globale Oberflächentemperatur im Schnitt um etwa ein halbes Grad Celsius. Jede weitere Erwärmung führt zu noch mehr Hitzewellen, Dürren, Waldbränden, Wirbelstürmen und einem Anstieg des Meeresspiegels. In der Folge werden noch mehr Menschen sterben oder ihr Hab und Gut verlieren, Ernten werden ausfallen, Krankheiten und Krisen sich ausbreiten, Menschen ihre Heimat verlassen. Die Anpassung an den Klimawandel wird immer schwieriger, je weiter er fortschreitet.

Die Reduktion der Treibhausgas-Emissionen müsse sofort (»immediate«) in allen Bereichen erfolgen. Ohne Eingriffe in die fossile Infrastruktur sei das nicht möglich. Zu den weitreichenden Veränderungen in allen Sektoren gehört aber auch eine Veränderung unserer Lebensweise.[251] Die Wissenschaftler:innen des Weltklimarats lassen naturgemäß offen, welche Maßnahmen genau zu ergreifen sind. Klar ist, dass der Ausstieg aus der fossilen Infrastruktur bedeutet, den Ausbau der erneuerbaren Energien zu beschleunigen. Sie sollen Öl, Gas und Kohle ersetzen. Klar ist aber auch, dass der emissionsintensive Konsum reduziert werden muss.

Viel zu lange schon betteln die Forscherinnen und Forscher regelrecht darum, dass wir diesen zentralen Aspekt endlich ernst nehmen. Wie lange wollen wir die Warnungen und Aufforderungen, unseren Lebensstil zu ändern, noch überhören und beiseite wischen? In einer Erklärung, die 11.258 Wissenschaftlerinnen und Wissenschaftler aus 153 Staaten

251 IPCC, Synthesis Report of the IPCC Sixth Assessment Report, 2023.

unterzeichnet haben, betonen sie, dass die Klimakrise »eng verzahnt ist mit dem exzessiven Konsum im Lebensstil der Wohlhabenden«.[252] Sie fordern zum Beispiel sehr konkret, den überdurchschnittlichen Fleischkonsum zurückzufahren. Im »Future Earth«-Bericht erklärten internationale Wissenschaftlerinnen und Wissenschaftler zum Ende der Corona-Pandemie auf dem Glasgower Klimagipfel, dass die Weltwirtschaft nicht einfach wieder zum alten Wachstumsmodell zurückkehren solle. Denn dann würden alle Klimaschutzanstrengungen so gut wie nichts nützen. Die Hoffnungen auf ›grünes Wachstum‹ zu setzen, sei trügerisch. Was beim CO_2-Ausstoß bisher auf der einen Seite eingespart wurde, weil erneuerbare Energien ausgebaut und technische Geräte effizienter wurden, mache der wachsende Massenkonsum auf der anderen Seite wieder zunichte. Deshalb seien Einschränkungen nötig für den Klimaschutz. Spätestens seit dem Gipfel in Glasgow liegen Forderungen nach radikalen Einschnitten für Reiche im Sinne der Klimagerechtigkeit auf dem Tisch.[253] Nur will sich politisch niemand daran die Finger verbrennen und praktische Konsequenzen ziehen.

Daher ist der Klima-Kommunismus alternativlos. Im Sinne politischer Maßnahmen und im Sinne einer entschlossenen Bewegung, die politischen Druck ausübt. Diese Konsequenz ergibt sich aus der Dringlichkeit, möglichst schnell das Ruder herumzureißen. Die Dringlichkeit ergibt sich wiederum daraus, dass zu lange gewartet und vor Maßnahmen zurückgeschreckt wurde, die kapitalistische Gewissheiten infrage stellen. Wie wir gesehen haben, wird der Klima-Kommunismus aber auch aus anderen Gründen zur notwendigen und einzig Erfolg versprechenden Option. Er ist als einziger in der Lage, möglichst rasch und gerecht unseren Treibhausgas-Ausstoß zu senken. Zudem machen es klima-kommu-

---

252 William J. Ripple et al., World Scientists' Warning of a Climate Emergency, in: BioScience, Vol. 70, Nr. 1, January 2020, S. 1.

253 »Eine gerechte Verteilung des CO_2-Budgets erfordert vom reichsten ein Prozent der Weltbevölkerung, ihre Emissionen mindestens um den Faktor 30 zu senken. Die Pro-Kopf-Emissionen von 50 Prozent der weltweit ärmsten Bevölkerung könnten sich dagegen vom jetzigen Niveau verdreifachen.« Radikale Schnitte für die Superreichen, Wachstum für die ärmere Hälfte der Welt – diese Forderung stellt auf dem Klimagipfel von Glasgow eine Gruppe renommierter WissenschaftlerInnen, UN-Organisationen und Forschungsinstitute, die sich unter dem Label ›future earth‹ zusammenfinden.« https://taz.de/Der-Weg-zur-Klimagerechtigkeit/!5810428/

nistische Maßnahmen einfacher, den reduzierten Gesamtenergiebedarf aus erneuerbaren Energiequellen zu decken.

Denn auch bei gutem politischem Willen, der längst nicht überall und in ausreichendem Maß gegeben ist, wird es wohl länger dauern, so viele Windräder und Solaranlagen zu installieren, wie es nötig ist. Und manche Emissionen bleiben dennoch übrig (diese können wir nur über Einschränkungen für die Privilegierten und eine Verteilung nach dem Prinzip ›Gleiches Recht für alle‹ verringern): Rinder und Schweine lassen sich nun mal nicht mit Solar- und Windstrom mästen. Für den weltweiten Flugverkehr wird es nicht genügend nachhaltige Kraftstoffe geben, die bezahlbar sind. Weltweit immense Flächen an Ackerland zur Produktion von Bio-Kraftstoffen für Flugzeuge zu okkupieren, wäre wiederum nicht nachhaltig. Außerdem brauchen wir in Zukunft viel mehr Flächen, um sie wieder aufzuforsten. Wälder entziehen auf natürlichste Weise der Atmosphäre CO_2. Wir müssen uns entscheiden: Burger und Ballermann oder Bäume? Von beidem immer mehr wird nicht möglich sein.

Wichtiger als die technischen Aspekte dürfte die kulturelle Veränderung sein, wenn wir für Klima-Kommunismus eintreten. Klima-Kommunismus bedeutet, dass wir eine neue Richtung einschlagen. Denn wir entwerfen damit ein neues Gesellschaftsbild, mit dem wir die bisherigen Blockaden überwinden können. Wir erschaffen eine Vorstellung über unsere Gesellschaft durch neue solidarische Routinen und Alltagspraxen, die mit klima-kommunistischen Maßnahmen angestoßen werden. Damit verbunden ist die Hoffnung, dass sie unser Denken und Handeln insgesamt in Richtung Solidarität verändern. Wir brauchen solch ein Gesellschaftsbild, um die soziale Struktur neu auszurichten.

Der populistische Vorwurf einer ›Ökodikatur‹ überzeugt nicht. Wir können ihn einfach entkräften. Denn zunächst einmal ist es der fossile Kapitalismus, der sich auch auf diktatorische Regime stützt. Sei es mit den arabischen Ölstaaten oder Russland als Lieferanten von Öl und Gas. Sei es mit China als verlängerter Werkbank westlicher Unternehmen. Bei der Idee des Klima-Kommunismus geht es eher darum, eine ›Öko-Demokratie‹ zu erschaffen. Niemand von uns würde sich ernsthaft von einer Regierung vorschreiben lassen, wie wir Spaß haben und wie wir leben sollen. Es ist ohnehin ein Rätsel, wie autoritäre Kommunist:innen der Vergangenheit auf die Idee kommen konnten, dass dies etwas mit

Kommunismus zu tun haben könnte. Nein, es geht darum, bei der Begrenzung des klimaschädlichen Überkonsums das Prinzip ›Gleiches Recht für alle‹ durchzusetzen. Demokratischer geht's nicht.

Wir müssen den Klima-Kommunismus dafür rasch auf die politische Tagesordnung setzen. Ob und wie erfolgreich das gelingt, ist freilich nicht ausgemacht. Wie schon in Kapitel Fünf erläutert, bieten zwei Arten von Bewegungen die größten Erfolgsaussichten. Zum einen Bewegungen wie *Fridays for Future*. Aktivist:innen-Netzwerke, die an vielen Orten dezentral und koordiniert in der Lage sind, auf die Straße zu gehen, zu demonstrieren und den öffentlichen Diskurs zu beeinflussen. Flankiert von Bürger:innen-Aktivismus in jeglicher Form – von Social-Media über Online-Kampagnen bis hin zu Petitionen. Zum anderen Bewegungen wie *Ende Gelände*, die Blockadeaktionen und eine radikale Infragestellung des Kapitalismus im Sinne des Klimaschutzes mit der Mobilisierung von Aktivist:innen und der Konfrontation mit der Staatsmacht und Konzerninteressen verbinden. »So sollten Reform-Forderungen aus unserer Sicht einen utopischen Überschuss beinhalten, um zu einer grundlegenden Gesellschaftsveränderung beizutragen.«[254]

Weniger geeignet erscheinen Aktionsformen, wie sie die *Letzte Generation* verwendet hat. Der zivile Ungehorsam, der bei den Straßen- oder Rollbahnbesetzungen praktiziert wird, ist bislang nicht in der Lage gewesen, politische Ereignisse zu schaffen, die eine Veränderung bewirken. Der Preis, den Aktivist:innen mit der radikalen Protestform zahlen, steht in einem Missverhältnis zu den relativ moderaten Forderungen. Der Protest wird – wenn auch unbeabsichtigt – als Angriff auf die arbeitende Bevölkerung wahrgenommen. Dabei ist gerade die Überwindung von Klassengrenzen und -gegensätzen für den Klimaschutz zentral.

Wovon wird der Wandel abhängen? Wir müssen dafür auf die Straße gehen, Demos organisieren, Unterschriften sammeln, Petitionen einreichen und uns neue Aktionsformen überlegen. Wann aber wird der politische Druck ausreichen, um Veränderungen zu bewirken? So zynisch es klingt – der Leidensdruck wird aller Wahrscheinlichkeit nach der ausschlaggebende Faktor sein. Aktuell sagt der Weltklimarat katastrophale Szenarien für die Erderwärmung von plus 2,8 Grad Celsius voraus. Der

254 Ende Gelände, a.a.O., S. 190.

Deutsche Ethikrat fordert deshalb ein sofortiges Umsteuern. Er beruft sich auf das Umweltbundesamt, das die Notwendigkeit einer radikalen Reduktion des deutschen CO_2-Ausstoßes zur Erreichung der Klimaziele konstatiert. UN-Generalsekretär Antonio Guterres spricht ein ums andere Mal von einer tickenden »Klima-Zeitbombe«, bezeichnet die aktuelle Klimapolitik als »erbärmlich« und befand auf dem Afrika-Klimagipfel, dass es eigentlich »Quantensprünge« benötige, um die Erderwärmung zu bremsen.

Die meisten Menschen sind zu radikalen politischen Schritten aber nach wie vor nicht bereit. Wer seine Konsumfreiheit über alles stellt, muss aber die Frage beantworten: Wie viele Opfer sind wir bereit noch hinzunehmen? Wie viele Menschen müssen ihr Hab und Gut verlieren? Wie viele Menschen müssen infolge der Klimakrise sterben, bevor wir bereit sind, uns zu verändern? Eine Million? Zwei Millionen? Zwanzig Millionen? Ab welcher Opferzahl sind wir bereit zu sagen: »Ok, das sind jetzt genug Opfer, wir können uns vielleicht doch etwas in unserem Lebensstil einschränken.«"

Wer Kinder hat, sollte ehrlich zu seinem Nachwuchs sein. »Liebe Tochter, lieber Sohn, ihr werdet nicht so lange und so unbekümmert leben können wie ich, weil mir mein Auto und meine Urlaubsreisen einfach wichtiger sind als ihr.« Kriegen das die Gegner:innen des Klima-Kommunismus hin? Könnten sie das mit ihrem Gewissen vereinbaren? Dann nur zu. Das mag etwas übertrieben klingen, aber um nichts Geringeres geht es. Wir können diese moralische Frage ebenso wenig ausblenden wie die Realität unserer eigenen Trägheit. Wenn wir politisch Regeln setzen, dann erziehen wir uns alle ein wenig selbst damit. Jede:r von uns tut Dinge, von denen er oder sie weiß, dass sie klimaschädlich sind, aber denkt in dem betreffenden Moment: ›Scheiß drauf, ich achte das nächste Mal darauf.‹ Wenn wir uns Regeln für alle setzen, ersparen wir uns dieses Dilemma, uns immer entscheiden zu müssen.

In den kommenden Jahren werden wir weitere Naturkatastrophen mit vielen Opfern erleben. Die warnenden Voraussagen der Klimawissenschaftler:innen haben sich bisher bewahrheitet und es gibt leider keinen Grund, weshalb sie von nun an falsch liegen sollten. Die Folgen der Klimakrise werden damit noch sichtbarer werden. Da diese Folgen im globalen Süden wie bisher schon heftiger ausfallen werden, ist damit zu rechnen, dass die Menschen im globalen Norden und in den wohlhabenden Milieus des Südens weiterhin versuchen werden, sie auszublenden. Wie bisher schon. Denn schließlich geht nach jeder Naturkatastrophe der Alltag weiter. Es ist ja auch so, dass wir den Klimawandel meist nur schleichend bemerken, und trotzdem wie gewohnt weiterleben können. Wir schrecken nur dann auf, wenn extreme Wetterereignisse Opfer fordern. Erst, wenn die Schäden und Opfer auch in den Industrieländern merklich zunehmen, dürfte daher der Punkt erreicht werden, an dem eine Kehrwende möglich erscheint. So zynisch es klingt. Wir dürfen darauf hoffen, dass mit zunehmenden Opferzahlen und mit größer werdenden Klimaschäden auch in den Wohlstandregionen der Handlungsdruck steigen wird.

Es ist wahrscheinlich, dass sich damit auch die Akzeptanz für klimakommunistische Maßnahmen erhöht. Umso wichtiger ist es, diese Akzeptanz möglichst früh zu erreichen, um Opfer und Schäden zu minimieren. Es gilt, die beste Version unserer nahen Zukunft, wie sie die Szenarien des Weltklimarats vorhersagen, zu verwirklichen. Wir werden vielleicht für kurze Zeit das 1,5-Grad-Ziel überschreiten, können aber die Erderwärmung stoppen und langfristig auf diesem Niveau stabilisieren. Das wird wie erwähnt nur gelingen, wenn schnelle und tiefgreifende Maßnahmen in diesem Jahrzehnt ergriffen werden. Klima-Kommunismus wäre die einzige Möglichkeit, in den kommenden zwei Jahrzehnten die Emissionen so stark zu senken, dass die Erderwärmung abgeschwächt wird, eine katastrophale Entwicklung verhindert und die Gesellschaft dabei zugleich gerechter wird.

Klima-Kommunismus ist also ein Projekt der kommenden Jahre. Und er ist eine neue Form des Kommunismus. Wir wissen alle, dass er heute noch kaum durchsetzbar ist. Das ist zu erwarten und nicht weiter schlimm. Es kommt darauf an, in den folgenden Jahren dafür zu kämpfen, damit Klima-Kommunismus innerhalb dieses Jahrzehntes als politische Option die Oberhand gewinnt. Und zwar in all jenen Staaten, die zu den Hauptverursachern zählen. Etwa ein Drittel der Weltbevölkerung muss sich einschränken zum Wohle der ganzen Menschheit. Laut Weltklimarat leben etwa 35 Prozent der globalen Bevölkerung in Ländern, in denen der Pro-Kopf-Ausstoß neun Tonnen CO_2-Äquivalente pro Jahr übersteigt. Eines davon ist Deutschland. Die magische Zahl lautet 2030. Bis dahin sollten wir es schaffen, Klima-Kommunismus zu einer konsensfähigen Mainstream-Position zu entwickeln. Auch wenn er heute noch vielen zu radikal anmutet.

Die Maßnahmen, die wir in Deutschland brauchen, lauten: Begrenzung des Flugverkehrs. Jede:r Einwohner:in erhält das Recht, eine Flugreise pro Jahr zu unternehmen. Nicht mehr. Wer mag, kann sein Recht auf eine Flugreise an den Meistbietenden verkaufen. Oder es einer Freundin schenken, die ihre Großeltern im Ausland besuchen möchte. Jeder Haushalt erhält das Recht ein Auto anzumelden. Nicht mehr. Im Gegenzug erhalten alle erwachsenen Einwohner:innen je ein Mobilguthaben, das sie ausschließlich für Fahrradkauf und -reparatur, für Bus und Bahn-Fahrten und Car-Sharing nutzen können. In Deutschland könnte solch ein Mobilguthaben 500 Euro im Jahr betragen. Jede Einwohnerin und jeder Einwohner erhält eine Fleischkarte, die es erlaubt 500 Gramm Fleisch pro Woche zu kaufen. Wer mit weniger auskommt, kann andere seine Fleischkarte gegen Bezahlung nutzen lassen. Jede:r erhält ein Fashion-Kontingent, das es erlaubt 26 Kleidungsstücke im Jahr zu shoppen. Die Richtschnur dabei lautet: eine Halbierung des Konsums kritischer Güter und damit eine rasche Reduzierung der Treibhausgas-Emissionen, die durch unseren lebensstilbedingten Überkonsum entstehen.

Was darauf noch folgen kann, wird sich zeigen. Klima-Kommunismus läutet weder das Ende der Geschichte ein, noch das Ende aller Weisheit. Er gleicht einem offenen und lernenden System. Die demokratische Durchsetzung ist dabei unerlässlich. Die traditionelle Forderung nach einer Vergesellschaftung der Produktionsmittel steht dabei nicht im Mittelpunkt. Ausnahme: die Autoindustrie und der Umbau des Verkehrssektors. Hier kann eine Vergesellschaftung, wie sie auch das Grundgesetz erlaubt, schnellere Lösungen ermöglichen, als unser Vertrauen in die Einsicht von profitorientierten Konzernlenkern zu setzen.

Ein Kommunismus, der sich auf unsere Konsummöglichkeiten fokussiert, dürfte die dringend nötige Veränderung unseres Mindsets anstoßen und die Nachfrage in der Gesellschaft nach klimafreundlichen Produkten und Dienstleistungen stimulieren. Bis hin zu breiteren gesellschaftlichen Diskussionen, ob und in welcher Form weitere Vergesellschaftungen in der Produktion und beim Angebot von Dienstleistungen möglich und sinnvoll wären.

Es ist enorm wichtig, nicht mehr vor dem Aussprechen solcher Forderungen zurückzuschrecken. Wir brauchen kein Bilderverbot. Wozu im Ungefähren schwelgen, wie sich Gleichheit und Klimafreundlichkeit kombinieren lassen? Bieten wir die Möglichkeit zur konkreten Diskussion und lassen wir Angriffsflächen zu. Nehmen wir ernst, dass die Klimakrise einer Renaissance der Idee des Kommunismus Vorschub leistet. Lassen wir die Vagheit hinter uns.

Bislang führt kapitalistisch orientierte Klimapolitik dazu, dass Menschen Klimaschutz umso mehr als finanzielle Belastung erleben, je weniger sie ihn durch ihren Lebensstil zu verantworten haben. Bis hin zu dem Punkt, dass ihre Opposition gegen Klimaschutz wächst. Das können wir uns nicht leisten und es widerspricht am Ende dem Eigeninteresse. Menschen in der ärmeren Hälfte der Bevölkerung werden tendenziell mehr unter den Folgen des Klimaschutzes leiden.

Setzen wir diejenigen Menschen ins Recht – also auch uns –, die schon jetzt mehr leisten als andere. Es sind jene Schichten in der Gesellschaft, die schon klimabewusster leben als andere und sich bemühen, konsequenter zu sein, unabhängig davon, ob sie sich einen klimaschädlicheren Lebensstil leisten könnten oder nicht. Die sogenannten subalternen Klassen sind dabei die klimapolitische Vorhut. Jene Menschen, die die Erdatmosphäre weniger belasten und bisher dafür nicht belohnt werden. Meist tun sie das wider Willen, weil ihnen das Geld zu einem energieintensiveren Lebensstil fehlt. Wer in einer kleinen Wohnung lebt, heizt eben weniger als jemand, der in einem Einfamilienhaus wohnt. Nichtsdestotrotz, sie nehmen die Zukunft vorweg. Und es ist an der Zeit, dass diese gelebte Praxis zu ihrem Recht kommen und institutionalisiert werden kann. Es ist überfällig, das politisch zu artikulieren und als Ausgangspunkt einer Veränderung der Gesellschaft zu nehmen, die sie gerechter macht.

Eine am kommunistisch inspirierten Gedanken der Gleichheit und des Teilens orientierte Klimapolitik erweist sich als funktionaler und sie aktualisiert zugleich das Versprechen einer klassenlosen Gesellschaft. Sicher auf eine eigentlich recht bescheidene Art und Weise, aber doch weitgehender, als es die bisherige Politik zulässt. Daher sollten wir auch nicht die Krise in den Vordergrund stellen, sondern das Potenzial zur Emanzipation.

Was aber, wenn wir Klima-Kommunismus in einem Land betreiben, während sich die anderen Länder nicht darum scheren? Und uns im schlimmsten Fall bemitleiden, weil wir Begrenzungen einführen, die sie sich ersparen. Diese Annahme wäre verfehlt. Klimapolitik bleibt eine internationale Angelegenheit und die Ungleichzeitigkeit ist dabei einer ihrer Charakterzüge. Frankreich hat längst einige Inlandsflüge verboten, während wir uns immer noch nicht dazu durchringen können. Deutschland ist zur Jahrtausendwende mit einem Erneuerbare-Energien-Gesetz vorangegangen, das viele Länder kopiert haben. Es ist richtig und okay, voranzugehen und seinen Beitrag zu leisten, auch wenn andere Länder noch nicht bereit sind, diesen Schritt zu tun. Die Notwendigkeit zu klima-kommunistischen Maßnahmen besteht aber in allen Industrie- und Hoch-Emissionsländern.

Das Ergebnis des Weltklimagipfels COP 28 demonstrierte zudem einmal mehr, dass der notwendige Ausstieg aus den fossilen Energien über internationale Vereinbarung nur sehr schwer und schleppend erzielt werden kann, weil dieser Ausstieg eben von den Profiteuren des fossilen Energiesystems hinausgezögert wird. Mit der Einschränkung des Konsums mittels politischer Entscheidungen im nationalen Rahmen, und damit eben auch des Energieverbrauchs, können wir dafür sorgen, dass Öl, Kohle und Gas im Boden bleiben. Wenn wir sie nicht verbrauchen, können sie die Erzeuger nicht verkaufen. Das ist gerechter und effektiver, als auf die Effekte einer Verteuerung über CO_2-Steuern zu hoffen.

In allen Hoch-Emissionsländern müssen Regierungen dazu gebracht werden, solche Maßnahmen zu beraten und umzusetzen. Wissenschaftler:innen und Aktivist:innen können sie auf globalen Klimagipfeln platzieren. Auch der Ausbau von Solar- und Windenergie hat sich trotz unterschiedlicher Tempi in der Umsetzung überall als Maßnahme durchgesetzt. Einst belächelt und umstritten, wird die Energiewende heute als notwendig anerkannt. Entsprechend können auch klima-kommunistische Maßnahmen von vielen Ländern ergriffen werden. Sie müssen dazu global propagiert werden. Aufgabe der Klima-Aktivist:innen weltweit wird es sein, solche Forderungen vehementer als bisher in die politische Diskussion und die globale Öffentlichkeit zu tragen. Der Klima-Kommunismus wird nicht die Sache einer einzelnen Partei oder Bewegung sein. Er muss erstritten, ausprobiert und weiterentwickelt werden. Er kann zum Werkzeug all jener Kräfte werden, die dem Selbstbetrug beim Klimaschutz ein Ende setzen wollen. Die mithilfe des Klimaschutzes unsere Gesellschaft gerechter machen. Er liegt längst in der Luft. Er ist eine Sache der Vielen. Es ist daher an der Zeit, in die Welt hinauszurufen: Klima-Kommunistas aller Länder, vereinigt euch!

Harpreet Kaur Paul & Dalia Gebrial (Hg.)

Eine Welt – ein Klima

Globale Perspektiven auf einen gerechten Green New Deal

184 Seiten | 14,80 €
ISBN 978-3-89771-171-6

Interventionen für eine weltweite sozial-ökologische Transformation

Wirkliche Gerechtigkeit kann es nur als globale Gerechtigkeit geben – das gilt auch im Hinblick auf die Bewältigung einer der größten Herausforderungen unserer Zeit. Eine Vernachlässigung der Anerkennung wechselseitiger Abhängigkeiten sowohl in der Klimakrise als auch in ihrer Eindämmung birgt die Gefahr, in einem grün-gewaschenem Kolonialismus zu enden. Der Sammelband geht über abstrakte Plattitüden internationaler Solidarität hinaus und lässt insgesamt 37 Stimmen aus aller Welt zu Wort kommen, die im globalen Norden bzw. im deutschsprachigen Raum bisher kaum Gehör gefunden haben.

»Genau das richtige Buch zur richtigen Zeit, möchte man dem Unrast Verlag zujubeln.«
Beate Willms | taz - futurzwei

Andy Robinson

Gold, Öl und Avocados

Die neuen offenen Adern Lateinamerikas

320 Seiten | 19,80 €
ISBN 978-3-89771-092-4
eBook | 17.99 €

Die Plünderung Lateinamerikas im 21. Jahrhundert

In seinem Welt-Klassiker *Die offenen Adern Lateinamerikas* stellte Eduardo Galeano bereits 1972 fest:

»Wir Lateinamerikaner sind arm, weil der Boden, auf dem wir stehen, reich ist.«

Andy Robinson folgte nun einigen der Reiserouten, die Galeano vor 50 Jahren genommen hat, und ist mit einer Sammlung persönlicher Reportagen voller Humor und klarer Worte zurückgekehrt.

Robinson blickt dabei in die noch immer offenen Adern Lateinamerikas und beschreibt schonungslos, was er vorfindet: sowohl ökologische als auch menschliche Katastrophen, die durch Ausbeutung und die Plünderung der Ressourcen, etwa Eisen, Gold, Öl, Soja, Rindfleisch und – neuerdings – Avocados, bis heute verursacht werden.

Elias König

Klimagerechtigkeit

Warum wir eine sozial-ökologische Revolution brauchen

128 Seiten | 12,80 €
ISBN 978-3-89771-088-7

Einführung in eines der herausforderndsten Themen unserer Zeit

Die Klimakrise ist längst mit voller Wucht in der Gegenwart angekommen. Sie konfrontiert die Gesellschaft mit entscheidenden sozialen Fragen unserer Zeit. Denn ausgerechnet diejenigen Menschen, die am wenigsten zur Entstehung des Klimawandels beigetragen haben, sind am stärksten von seinen Folgen betroffen. Ob in den Bergen Nordindiens, im städtischen England oder im brasilianischen Regenwald – stets sind Kolonialismus, Kapitalismus und Patriarchat untrennbar mit der Klimakrise verwoben.

Der Begriff ›Klimagerechtigkeit‹ verweist darauf, dass die Klimakrise nicht effektiv bekämpft werden kann, ohne auf die sozialen Ungerechtigkeiten einzugehen, die sie bedingen. Dieses Buch stellt einige der spannendsten Gedanken, Geschichten und Argumente der Bewegung vor.

UNRAST Verlag | www.unrast-verlag.de | kontakt@unrast-verlag.de
UNRAST

Bini Adamczak

Kommunismus

Kleine Geschichte, wie endlich alles anders wird

7. Auflage 2021
80 Seiten | 8 €
ISBN 978-3-89771-231-7
eBook | 6.99 €

»Kommunismus« ist für alle da. Einsteigerinnen und solche, die schon immer an diesem verflixten Fetischkapitel verzweifelt sind.

Wie lässt es sich – jetzt! – fast 25 Jahre nach dem Ende der Geschichte über das Ende der Vorgeschichte, über Kommunismus schreiben, ohne der Lächerlichkeit eines ohnmächtigen Pathos zu verfallen? Es bedarf einer kinderleichten Sprache um ein kommunistisches Begehren zu erfinden. »Den Kommunismus machen: das kann ja wohl nicht so schwer sein.«

»Dass die Autorin eine gesellschaftspolitische Agenda hat, bestreitet sie gar nicht – doch wer ihrem Buch eine kritische Haltung abspricht, hat es eben nicht gelesen.«

Johanna Bruckner,
Süddeutsche Zeitung

Peter Bierl

Einmaleins der Kapitalismuskritik

2018 | 84 Seiten | 7,80 €
ISBN 978-3-89771-144-3

Kapitalismus ist ein System, dem alle unterliegen, nicht nur wildgewordene Banker*innen und Börsianer*innen.

Die wichtigsten Ansätze der Kapitalismuskritik aus den vergangenen zwei Jahrhunderten werden in ihrem Kontext dargestellt und kritisch analysiert. Dabei zeigt sich, dass Kapitalismuskritik kein Privileg der Linken war oder ist. Es gab und gibt konservative, reaktionäre, rechte und völkische, nationalliberale und sozialreformerische Ansätze, neben anarchistischen, sozialistischen und kommunistischen Theorien.

»Der Band ist eine kompakte und hervorragende Zusammenfassung der historischen sowie aktuellen Kapitalismuskritik von links und rechts, zudem ist er sehr verständlich geschrieben.«

Gerhard Neumeier,
Zeitschrift für
Geschichtswissenschaften

Laura Harvey,
Sarah Leaney &
Danny Noble

Klasse

Ein illustriertes Handbuch

184 Seiten | 18 €
ISBN 978-3-89771-361-1

Was bedeutet soziale Klasse im 21. Jahrhundert?

Was sagt Klasse über Gentrifizierung, prekäre Arbeitsverhältnisse, die Rolle von Eliten oder den Zugang zu Bildung aus? Welchen Einfluss hat Klasse auf Aktivismus und sozialen Wandel? Wie haben Denker*innen und Wissenschaftler*innen in der Vergangenheit auf Klasse geschaut und was hat das heute noch mit uns zu tun?

Klasse. Ein illustriertes Handbuch ist eine unterhaltsame und zugleich erhellende Einführung für Studierende, Aktivist*innen und alle, die im sozialen Sektor tätig und zugange sind. Die Graphic Novel stellt eingefahrene und stigmatisierende Annahmen über die Arbeiterklasse infrage, nimmt kritisch die kolonialen Ursprünge des Klassensystems in den Fokus und durchleuchtet, wie sich Klasse mit Race, Gender, Disability und Alter überschneidet.